AF278330

Necesidades psicológicas

del niño

Necesidades psicológicas
del niño

Paz Perea Castellanos

LIBSA

A ti Lucía, eres mi mayor regalo y orgullo; a ti Alfredo, qué suerte la mía tenerte de compañero de vida. A mi familia por ser mi piña y a mis amigas del alma que siempre me acompañan en mis aventuras (Anita, gracias por creer siempre en mí, incluso desde allí arriba). A ti Gloria, siempre seré tu eterna becaria y a las mariposas que tanto admiro y quiero.

© 2025, Editorial LIBSA
C/ Puerto de Navacerrada, 88
28935 Móstoles (Madrid)
Tel.: (34) 91 657 25 80
e-mail: libsa@libsa.es
www.libsa.es

Ilustración: Archivo LIBSA, Shutterstock images
Textos: Paz Perea Castellanos
Maquetación: Javier García Pastor

ISBN: 978-84-662-4432-9

Queda prohibida, salvo excepción prevista en la ley, cualquier forma de reproducción, distribución, comunicación pública y transformación de esta obra sin contar con autorización de los titulares de propiedad intelectual. La infracción de los derechos mencionados puede ser constitutiva de delito contra la propiedad intelectual (arts. 270 y sgts. Código Penal). El Centro Español de Derechos Reprográficos vela por el respeto de los citados derechos.

DL: M-18111-2024

CONTENIDO

PRÓLOGO

S i observamos con detenimiento la evolución del significado de crianza, podremos percibir cómo ha pasado de ser algo meramente biológico, centrado en nutrir y alimentar al niño y que principalmente era una tarea que recaía en la madre, a ser en la actualidad un término más incluyente y complejo y que da lugar a conceptos como el de la **crianza respetuosa,** también conocida como crianza o apego natural.

Este concepto se desmarca de los anteriormente conocidos y pone el foco en tener una visión de la educación basada en la **empatía** frente a las necesidades psicológicas de los niños, de acuerdo con su etapa de desarrollo, para así poder responder ante dichas necesidades.

Este libro invita a fomentar la reflexión sobre este tema y, si bien se sabe que la crianza no es una ciencia, sino más bien un arte, se espera que el contenido del libro aporte **una guía** que oriente a los padres y profesionales en este asunto. Se resalta la importancia de desmitificar varias ideas que de manera errónea se asumen como verdad, entre ellas: que la única necesidad de un niño es ser amado, que hay que ser padres perfectos o que todo el esfuerzo se debe centrar en establecer un apego correcto, o que si no imponemos castigos, no estamos educando.

Asumir esto como únicas verdades o entenderlo de una forma rígida nos lleva a poder pasar por alto otras necesidades psicológicas que los niños presentan desde el nacimiento y a lo largo de todo su desarrollo. De ahí que un objetivo central de este libro sea acercarnos a conocer estas otras necesidades a fin de poder identificarlas, acompañarlas y trabajarlas durante el proceso de crianza.

En consecuencia, el contenido que abarca este libro va dirigido tanto a los padres que próximamente se embarcarán en la aventura de la crianza, o que ya se encuentran transitando este proceso, como también a profesionales, ya que se puede emplear con el propósito de complementar conocimientos o bien en su práctica clínica a través de las dinámicas propuestas extraídas de una variedad de terapias con evidencia científica, como la terapia cognitivo conductual, Theraplay, EMDR (Desensibilización y reprocesamiento por movimientos oculares) o la Neurociencia.

ROMPIENDO MITOS

Se sabe que los niños no llegan al mundo con un manual de instrucciones. Por ello solemos recurrir a nuestro instinto para la crianza, pero también a ideas que hemos escuchado, formas de hacer las cosas que hemos vivido en nuestro núcleo familiar o que las figuras que tenemos de referencia nos han transmitido como ejemplo válido de educación.

Algunas de las ideas que se enumeran en este capítulo se han extendido culturalmente durante generaciones, convirtiéndose en mitos sobre la crianza, que, lejos de ser adecuados, podrían resultar perjudiciales para el niño. De ahí la importancia de poder rebatirlos con los datos que la ciencia ha aportado al respecto.

Entendamos que en este caso el uso del término «mito» no se justifica por hacer referencia a él de una manera literal, esto es, como un relato de fábula ni de héroes, sino por su característica basada en ser una narrativa muy extendida de manera tradicional que se va asumiendo con cierto nivel de realidad y que se da por sentada a veces sin ser cuestionada.

MITO N.º 1: «SE PUEDE CRECER SIN AMOR»

Está comprobado que **el amor es el motor de las relaciones** y uno de los componentes principales para los vínculos sanos. En concreto, el cariño y el amor recibido durante las primeras etapas de la vida, como numerosos estudios ya han probado, resultan fundamentales para conseguir un buen desarrollo cerebral y emocional.

Y también hay datos que revelan que la **falta de amor** (carencia afectiva) puede tener consecuencias muy negativas como, por ejemplo, *la incapacidad de desarrollar la empatía o comprensión hacia los demás.* En efecto, los niños que no reciben suficiente afecto no tienen en su repertorio conductual los recursos necesarios para mostrarse interesados en las emociones de los demás, puesto que el lenguaje emocional es algo que no se ha manejado en su ámbito familiar. En ocasiones, esta incapacidad de empatizar con los demás se confunde con una actitud de indiferencia o apatía y les ocasiona numerosos problemas para relacionarse y expresarse.

Otra secuela de la falta de afecto durante la infancia es que genera en el niño un gran sentimiento de *desconfianza hacia los demás,* haciendo que se relacione con ellos desde la emoción del *miedo* principalmente, aunque también pueden estar presentes emociones como la rabia, angustia, tristeza, frustración, vergüenza, etc.

Veamos a continuación un par de casos clínicos donde puede observarse cómo la forma de relacionarse de un niño puede estar guiada desde el miedo, pero presentando conductas distintas:

 Juan se ha llevado al colegio sus nuevos cromos de animales para poder jugar con ellos, a Juan le encantan los animales y prefiere pasar tiempo con sus mascotas porque los deportes no le generan gran interés.

A la hora del recreo cuando el resto de los niños se acerca a ver qué hace y él le enseña sus cromos, un chico del grupo le dice que eso es de «niños pequeños» y que los «chavales» juegan al fútbol, no con cromos, y le pide que se una a ellos porque le falta un jugador para igualar los equipos.

Automáticamente, Juan se deshace de sus cromos tirándolos a la basura y se va con ellos a jugar al fútbol.

En este caso, el niño presenta una tendencia a agradar a los demás por encima de sus propias necesidades, se mueve por el miedo al aislamiento o el rechazo social y desconfía de su propio criterio a la hora de escoger y mostrar sus propios gustos.

 *Alicia se encuentra jugando sola en el parque mientras un grupo de niños juegan todos juntos alrededor de los columpios.*

Ella prefiere quedarse en la parte de atrás del tobogán, resguardada y jugando sola con sus juguetes y cuando un niño del grupo se acerca para preguntarle qué hace y si le apetece ir con los demás, Alicia se muestra irritable y le responde airadamente que no.

Cuando el niño le insiste diciendo: «es que siempre juegas sola vente que será divertido», Alicia estalla y le grita varias veces que no quiere jugar con ellos.

Aquí puede observarse la falta de habilidades sociales que presenta Alicia y cómo su miedo al rechazo o a poder ser dañada por el grupo origina que se muestre retraída, buscando pasar desapercibida. En el aislamiento encuentra una falsa sensación de seguridad y si percibe que alguien intenta romperla, pueden mostrarse a la defensiva mostrando incluso estallidos de ira.

Aun siendo los cuidados físicos imprescindibles para la supervivencia durante la infancia, los cuidados emocionales son los que aportan el desarrollo de una salud y bienestar psicológico y permite que los niños se conviertan en adultos equilibrados.

MITO N.º 2: «EL AMOR ES SUFICIENTE»

En el apartado anterior se ha puntualizado la idea de que el amor es un elemento clave para el adecuado desarrollo emocional de una persona, pero **¿qué pasaría si solo nos centráramos en el amor?**

Si cogemos por bandera frases tópicas como que «el amor todo lo puede» o «el amor todo lo cura», caeremos en el riesgo de desatender otro tipo de necesidades que el niño presenta en su desarrollo y que complementaria-mente al afecto resultan también de vital importancia en su bienestar psicológico y emocional. El amor tiene la particularidad de que es expresado según nuestras creencias, cogniciones y aprendizajes previos, por lo que, volviendo a las frases comunes, «cada quien quiere a su manera», esto puede no ser funcional o adecuado en todos los casos.

Si comenzamos por las mayores y más evidentes necesidades, encontraremos las necesidades fisiológicas, entre las que están el cuidado y la alimentación. El bebé es totalmente dependiente de los adultos para satisfacer estas necesidades y, aunque nos detendremos en esto en el capítulo dos, conviene ahora señalar que esto debe hacerse más desde la responsabilidad y la lógica que desde decisiones tomadas por amor.

> *Aitor tiene dos semanas de vida, ha pasado la noche inquieto, molesto y no ha comido demasiado desde su última toma a las doce de la noche. Por fin, a las cuatro de la madrugada, consigue alcanzar un sueño profundo. Son las seis de la mañana y el bebé sigue durmiendo, su madre piensa «pobrecito estará muy cansado, voy a dejarlo dormir un rato más...».*

En este caso, la mamá, desde el cariño que profesa por su hijo, piensa que es mejor que duerma porque apenas ha descansado, pero han pasado demasiadas horas desde la última toma y, siendo un niño tan pequeño, no se deberían sobrepasar las cuatro horas, por lo que sería más adecuado (desde la responsabilidad) intentar darle de comer, para evitar perjuicios peores como una bajada de azúcar.

Otro de los motivos que nos hacen reducir las necesidades del niño a «darle amor» casi de una manera exclusiva podría basarse en que se desconoce el despliegue de necesidades emocionales, más allá del amor, que un niño tiene.

De aquí nace el objetivo principal de este libro y, si bien nos sumergiremos en estas otras necesidades capítulo a capítulo en este libro, nombraremos ahora algunas para entender de qué estamos hablando:

PRESENCIA	SEGURIDAD	RESPETO
AUTONOMÍA	VALIDACIÓN	REGULACIÓN EMOCIONAL
ACEPTACIÓN	RECONOCIMIENTO	LÍMITES

MITO N.º 3: «HAY QUE SER EL PADRE/MADRE PERFECTO»

Respecto a este mito, hemos de hacer una distinción que marca un poco el perjuicio que esta creencia puede ocasionar en el desarrollo del niño, y se basa principalmente en diferir de dónde sale la presión o la **tendencia a la perfección.** Desarrollemos este punto. Si existe una tendencia externa, entenderemos que la presión por ser o ejercer un rol de cuidador perfecto proviene de la sociedad o nuestro entorno, mientras que, si la tendencia a la perfección

viene desde nuestro interior, será porque traemos de nuestra propia historia de crianza este bagaje adquirido.

Centrándonos primero en la **presión externa,** encontramos que actualmente existe una gran inundación de información acerca de la crianza, a la que se está muy expuesto: desde redes sociales hasta medios de comunicación, internet, numerosísimas publicaciones, nuestro entorno más cercano que ha pasado ya por este proceso, etc. Está sobreexposición de información, que a veces puede resultar incluso contradictoria, puede dar lugar a que cuestionemos nuestra capacidad como padres en más de una ocasión en la que se cometa un error, haciendo que sintamos una **culpa excesiva** que intentaremos compensar o evitar desde esa tendencia a la perfección.

En este caso, la mayoría de las veces encontraremos a **cuidadores inseguros, inflexibles y ansiosos por cumplir el rol** de *padres perfectos,* un estándar imposible de alcanzar, por lo que posiblemente durante el proceso de crianza no se mostrarán lo suficientemente regulados para acompañar al niño en sus necesidades o establecerán unos límites demasiados estrictos, además de que exhibirán poca tolerancia ante el error o la frustración. Aquí es vital poder llegar a entender que se debe rebajar el ideal y ser conscientes de que no existen los padres perfectos, pero sí **los buenos padres que aceptan y reparan sus errores,** gracias a lo cual al niño le resultará más fácil aprender y responsabilizarse de los suyos propios.

Sin embargo, si estamos ante un caso de presión interna por la perfección, podemos observar cómo bajo diferentes conductas los cuidadores imponen esta tendencia de manera explícita o implícita al niño, y el resultado suele ser una herida emocional por no poder cumplir las expectativas que los padres les transmiten. Veámoslo a través de estos casos clínicos:

Diana es la hija de Pedro, suelen tener conflictos a menudo porque Diana a pesar de tener casi diez años, no respeta los límites de uso de las tecnologías que hay establecidos en casa.

Pedro siempre fue alabado y admirado por sus padres por lo buen estudiante que era, cuando él creció decidió estudiar medicina como también lo hicieron sus padres (los abuelos de Diana). Sin embargo, Diana ha bajado su rendimiento escolar, el curso pasado comenzó por suspender algunos exámenes y es probable que este curso suspenda alguna asignatura, cosa que tiene muy preocupado a su padre.

En este caso se puede apreciar cómo para Pedro pasa desapercibido que es muy probable que Diana tenga idealizado a su padre en el papel de perfecto estudiante. Ello ejerce mucha presión para ella, hasta el punto de bajar su rendimiento escolar y aumentar el nivel de conflictos con su padre.

Beatriz es la madre de Felipe, de ocho años. Tras una tarde de juegos en casa, le pide al niño que recoja la habitación que sigue llena de juguetes.

A los diez minutos entra de nuevo Beatriz y observando que aún siguen algunos juguetes esparcidos y que otros han sido colocados sin ningún «criterio», decide decirle: «quita Felipe que mejor lo hago yo». Es algo que la madre suele hacer a menudo, porque está convencida de que tan bien como ella lo hace, nadie puede hacerlo.

En este caso, la conducta de Beatriz viene sostenida por un nivel de perfección que esperamos que los niños tengan, tratándolos como adultos, y esto hace que el niño jamás tenga una verdadera oportunidad de pasar por el proceso de aprendizaje, con errores incluidos. Esta actitud de Beatriz, si se mantiene en el tiempo, puede hacer que Felipe tenga una autoestima muy baja.

MITO N.º 4: «EL VÍNCULO SE CREA AL NACER»

Este mito puede tener su origen en la confusión en torno a la importancia de los primeros minutos de vida del bebé, habida cuenta de que existen estudios que determinan que algunas prácticas fomentan durante ese periodo un ambiente propicio para que el sistema nervioso del bebé responda adecuadamente y se puedan dar las circunstancias necesarias para que exista un **apego seguro** con los progenitores. Se puede incluir en estas prácticas el hecho de hacer piel con piel tras el nacimiento, dar el pecho o alimentarle, mantener el contacto visual con el niño y establecer una mirada con amor, acariciarlo, etc.

Tampoco sería adecuado, entonces, decir que el vínculo madre-hijo se establece en el **embarazo,** ya que ese dato es erróneo: ese momento representa tan solo el *inicio del vínculo,* tal y como avalan numerosas publicaciones científicas. Pero, de nuevo, no sería suficiente para que se diese por totalidad este proceso de apego.

Se entiende que el proceso de vinculación comprende acciones de cuidado y también afectivas, pero lo imprescindible para que el vínculo se desarrolle es que estas conductas deben ser mantenidas en el tiempo de manera estable y regular. Por lo que, aunque tanto el momento del embarazo como el nacimiento y las primeras acciones son un punto de partida muy importante, no resultan suficientes para determinar que el vínculo se da en el embarazo o al nacer.

Se entiende, por tanto, que el proceso de vinculación es algo más complejo y que comprende un período más amplio, tal y como indica la investigación recopilada durante los últimos 15 años sobre la primera infancia. En estas publicaciones se ha ido desarrollando la idea de que la etapa comprendida entre *los cero y tres años* resultaría una **edad crítica** en el desarrollo del niño, dado que es entonces cuando **desarrolla su máxima capacidad cerebral y una alta proliferación neuronal** (fase en la que nacen las células nerviosas). Además, en este período se establece el vínculo con el cuidador, siendo especialmente sensible el primer año, ya que lo vivido durante ese tiempo tiene repercusiones en cómo el niño se relacionará posteriormente.

MITO N.º 5: «EL BEBÉ SOLO SE VINCULA CON SU MADRE»

La idea de que el bebé solo puede establecer el apego con la madre es otro mito que debemos desmontar, puesto que estas tareas de cuidado y afecto pueden ser compartidas por ambos progenitores, permitiendo así que se establezca un vínculo afectivo adecuado con los dos, o incluso con otros cuidadores que estén a cargo de estas tareas.

Esto se entiende mejor si se comprende el concepto de persona o **figura de apego.** Esta es quien, en definitiva, de una manera consistente, se encarga de los cuidados principales del niño, así como de atender sus necesidades emocionales, como cuando se cae en el parque y comienza a llorar. También puede ser un signo significativo de ser una figura de apego para el niño si este llora cuando el adulto se marcha o ambos se separan.

Karl Heinz Brisch, psiquiatra y defensor de la teoría del apego, destaca una especialmente, entre las características de la figura de apego: *la sensibilidad del adulto al reaccionar ante las emociones del niño.* Según Brisch, los niños priorizan y suelen tener una o dos personas de apego. «Los niños suelen jerarquizar según quien sea más sensible en el trato con ellos», explica. Y estas personas no tienen que ser necesariamente la madre o el padre, sino que **pueden ser otras personas.**

Además, la psicóloga de la Universidad Hebrea de Jerusalén, **Heidi Keller,** en su libro *Mythos Bindungstheorie,* sostiene que en muchas culturas no es habitual que solo la madre o el padre se ocupen del niño, sino que también los familiares, vecinos y hermanos juegan un papel importante en su crianza, destacando cómo ese contacto con otras personas es especialmente importante para adquirir y desarrollar habilidades sociales.

MITO N.º 6: «A LOS NIÑOS HAY QUE DEJARLOS LLORAR O SE MALACOSTUMBRAN»

Ante todo, sería conveniente pararnos a tratar de **entender qué hay detrás de la conducta del llanto en un niño,** sabiendo que esta es una medida que se ha desarrollado para la supervivencia, como si fuese un mecanismo de defensa que los bebés activan en momentos en los que se sienten vulnerables, o que sus necesidades básicas o emocionales se encuentren insatisfechas. Por ello, los niños carecen de esa intencionalidad que a menudo se les otorga desde el conocimiento popular de «manipularnos». (Recordemos que se encuentran aún en una etapa de proliferación neuronal y desarrollo cerebral, por lo que carecen de estos recursos).

Uno de los momentos que más controversia ha creado alrededor de «dejar llorar» al niño es el de adquirir el hábito de dormir solo, ya que distintos especialistas provenientes de diferentes enfoques en el ámbito de la crianza han realizado aportaciones contrapuestas. Veamos algunas de ellas:

Comencemos por los años 80, cuando el **Dr. Richard Ferber** propuso el método del llanto controlado, que consiste en **enseñar a un bebé a conciliar el sueño por sí mismo.** Se aplica a partir de los seis meses de edad del niño, dado que antes se considera que, debido al alto número de despertares por hambre, no sería adecuado ponerlo en práctica. El llanto controlado está destinado a que el pequeño aprenda a calmarse solo. **La técnica implica un proceso gradual de dejar al niño llorar durante ciertos periodos** antes de ofrecerle consuelo. Este método fue introducido en España por el **Dr. Eduard Estivill** en su libro *Duérmete niño.*

El objetivo es aumentar poco a poco el tiempo que el niño pasa solo antes de dormirse, enseñándole a que lo logre sin ayuda, debiendo aplicar los siguientes pasos a seguir:

- Cuando llegue la hora de dormir, se debe comenzar con una **rutina relajante,** antes de acostarse, que puede incluir bañar al bebé, leer un cuento o cantar una canción de cuna.

- Después de la rutina, se tumba al bebé en la cuna, aún somnoliento, y los padres deben salir de la habitación. Ese es el momento en el que el bebé seguramente llorará.

- Después de **cinco minutos,** los padres acuden y, sin sacarle de la cuna, intentan consolarle explicándole que ellos están muy cerca y que debe dormir solo. A los tres o cuatro minutos, vuelven a salir del cuarto.

- Si el bebé sigue llorando, los padres acudirán de nuevo, pero esta vez a los **10 minutos,** y repetirán el paso anterior.

- Si el bebé sigue llorando, los padres acudirán a los **15 minutos,** etc.

- Si aun así el bebé no se duerme, se deben repetir todos los pasos otra vez desde cero.

Si bien en posteriores reediciones se ha ido suavizando la rigidez con la que establecían las pautas y recomendaciones, sigue siendo un método que divide a los padres. En contraposición a esta propuesta encontramos, por ejemplo, la del pediatra **Carlos González,** que defiende que los niños que duermen con sus padres tienen y tendrán menos problemas. En este sentido, y recurriendo a diversos estudios, encontramos que durante la Segunda Guerra Mundial se comprobó que los niños que estuvieron en cunas, pero sin ninguna atención ni estímulo como ser cogidos en brazos, comenzaron por llorar mucho y, tras estar privados de afecto, dejaron de emitir llanto, todo ello provocó que a largo plazo presentaran rechazo, agresividad y problemas psicológicos.

Pablo, de tres meses, es el hijo de Antonio y Marisa.

Ambos padres decidieron al nacer Pablo que harían caso de esto que tanto habían oído «no hay que coger siempre en brazos al niño siempre que lloren que se pueden malacostumbrar», por lo que muchas veces cuando llora Pablo antes de acudir dejan pasar un tiempo para atenderlo y lo aumentan progresivamente, creyendo que así podrían ayudar a que el niño aprenda a calmarse solo.

Cuando una vecina viene a visitarlos le hace el siguiente comentario: «Hay que ver que niño más bueno y calmado es Pablo, que ni cuando le toca comer llora...».

Este ejemplo nos ilustra cómo a través de dejarle llorar a un niño se puede alcanzar el objetivo de que llore menos, pero será a costa de un aprendizaje por medio de la resignación, no porque tenga los recursos a tan corta edad de calmarse solo. Pablo ha dejado de llorar porque ha entendido que no será atendido a la primera y, si bien a ojos de los demás puede parecer un niño muy calmado, que no llora, por dentro presentará una gran activación nerviosa porque se encuentra sin recursos internos ni externos, puesto que no se le atiende cuando llora, para hacer frente a su entorno intentando controlar todos los estímulos a su alrededor (ruidos, luces, personas desconocidas, sensaciones nuevas), algo que provoca en el niño un gran malestar interno y un alto nivel de estrés.

Se ha demostrado ampliamente que el llanto de un niño es algo a tener siempre en cuenta. Los adultos han de entender qué necesidad presenta el niño en cada circunstancia, y que ante esto debemos saber que el tacto de los bebés se encuentra distribuido a lo largo de todo su cuerpo y que tocarles o cogerles en brazos les proporcionan una estimulación agradable y con efecto calmante, por lo que la práctica de cogerlos en brazos está ampliamente recomendada por los beneficios a largo plazo que aporta en el desarrollo del bebé.

MITO N.º 7: «LA EDUCACIÓN SIN CASTIGOS NO FUNCIONA»

Dentro de este mito podemos incluir tantas frases que hemos oído de las generaciones anteriores, y también incluso hoy en día, como:

- Hay que castigarlo para que aprenda...
- Un castigo a tiempo ahorra muchos disgustos...
- Si no le castigas, no te va a respetar nunca...

El castigo es una herramienta que, a lo largo del tiempo, ha ido modificándose y adaptándose a nuevos tiempos, pero siempre ha tenido como objetivo principal la **modificación de la conducta** del niño, intentando reducir las posibilidades de que se repitan ciertos comportamientos o acciones inadecuados.

Independientemente del tipo de castigo que se aplique, a nivel genérico está demostrado que **los castigos solo tienen efecto a corto plazo y la mayoría no consiguen su objetivo.**

Veamos qué tipos de castigo existen para poder entender cuáles son sus consecuencias a largo plazo:

- **Físico:** emplear la fuerza física como palmadas, bofetadas, pellizcos y azotes al niño.

- **Verbal:** formas de humillar, ofender, ridiculizar o menospreciar de manera verbal.

- **Suspensión de recompensas:** prohibir o restringir permisos, salidas, actividades, objetos, etc.

Otro tipo de clasificación de los castigos sería la que proviene del **conductismo,** que hace hincapié en la naturaleza positiva o negativa de los estímulos que se presentan o retiran al ejercer ese castigo. En este sentido encontramos:

- **Castigo negativo:** al niño se le retira algún estímulo que le resulte agradable. Encontramos, como ejemplos de esto, el no permitir ver su programa favorito de la tele, retirarle el uso de un dispositivo o juguete, no dejarle salir a jugar con los amigos, etc.

- **Castigo positivo:** al niño se le aplica un estímulo aversivo. En este sentido encontraríamos el dejar los juguetes que no han sido recogidos encima de su cama, se les impone una tarea extra, etc.

Se entiende que un **castigo físico** sería un castigo positivo, y, como muy ampliamente han demostrado los estudios, este tipo de represalias que se emiten tienen **consecuencias muy negativas** en el desarrollo del niño y el adolescente.

En primer lugar, el **desarrollo cerebral** se vuelve atípico en áreas como la corteza prefrontal, que es vital para el manejo cognitivo y de las emociones. Como resultado de ello, se pueden generar problemas académicos, ya que podrían presentarse dificultades en el aprendizaje, trastornos mentales como depresión o ansiedad, menor autocontrol y manejo de sus emociones y en ocasiones una mayor agresividad.

Aunque la literatura se ha centrado mucho en las consecuencias de los castigos físicos, a nivel general se ha demostrado que todo tipo de castigos a largo plazo pueden afectar de manera negativa a los niños, en particular a su bienestar emocional y psicológico.

EFECTOS SECUNDARIOS DE LOS CASTIGOS			
Genera respuestas emocionales negativas	Dificulta el aprendizaje de una respuesta adaptativa	Deteriora el autoestima del niño	Dificulta la comprensión
• Miedo • Tristeza • Ira • Culpa • Vergüenza	• Si se impone un castigo y no se les da oportunidad a emitir una conducta alternativa que sea adecuada.	• Cuando se aplica un castigo de manera repetida el niño puede aprender que lo que hace «está mal».	• Impide que el niño reflexione sobre la situacion y evite repetirlo solo por miedo al castigo.

Además de lo visto anteriormente, también encontramos que el castigo afecta negativamente al vínculo entre el niño y el adulto (padres, cuidadores, profesores), dado que este produce en muchas ocasiones una desconexión y desigualdad, al situar al adulto en una posición de poder.

Lo conveniente en este sentido sería poder **mirar más allá de la conducta** que está emitiendo el niño, intentar averiguar si está motivada o movida por una emoción que no consigue manejar o si el niño presenta alguna necesidad que no está siendo atendida y que es posible que esté manifestando de una manera errónea.

De cualquier modo, una vez que se entiende la motivación de la conducta indeseada, se puede actuar de una manera adecuada, ofreciéndole alternativas a ese comportamiento y estableciendo los límites necesarios desde el amor, el respeto y la empatía. En esto se centra concretamente la **Disciplina Positiva**.

Aparece como una corriente de crianza que se basa en favorecer un cambio de comportamiento en el niño mediante el razonamiento y no el castigo.

Con la Disciplina Positiva se pretende transmitir valores y conocimientos con bondad y firmeza, pero evitando los estilos de crianza extremos como el autoritarismo o la sobreprotección. Un **principio básico** de esta teoría radica en el hecho de que **todas las personas merecen ser tratadas con dignidad y respeto.** Asimismo, tal enfoque reconoce la importancia del **adulto como guía del proceso de formación.**

Esta disciplina se convierte, por tanto, en una herramienta fundamental para que los padres, cuidadores o profesores puedan entender la motivación de la conducta de un niño en un momento de mala actitud. Promueve esto, a través de la comunicación y reforzándola, poniendo mucho énfasis en que el niño entienda que está presentando un comportamiento erróneo y lograr que comprenda una alternativa correcta, ya que el hecho de que el niño obedezca por miedo a las represalias o castigos no es aprendizaje, y tampoco invita a que pueda reflexionar si lo que ha acaba de hacer está bien o está mal.

MITO N.º 8: «ESTO NO HAY QUE CONTÁRSELO, ES SOLO UN NIÑO»

El mundo de los adultos es mucho más complejo que el de los niños. Por eso en demasiadas ocasiones, de manera errónea, se cree que ciertas informaciones no se deben compartir con ellos porque se trata de «lo mejor».

Comencemos por analizar qué es una mentira. Se define esta por ser una declaración realizada por alguien que sabe, cree o sospecha que es falsa en todo o en parte, esperando que los oyentes le crean.

Se han llegado a definir hasta 15 tipos de mentiras distintas y conviene que conozcamos algunas que pueden ser relevantes para entender de qué manera transmitimos la información a los niños:

- **Mentiras por error.** Son mentiras que decimos sin darnos cuenta. No es un acto deliberado o premeditado, sino que la persona dice algo que cree que es cierto, aunque realmente no lo es.

- **Mentiras blancas.** Son las tipicas mentirijillas, son mentiras que se dicen con buena intención, para no hacer daño a otras personas.

- **Mentiras azules.** Están a medio camino entre los conceptos de bien y mal. Esto va a depender de la perpesctiva moral y ética con la que se analice.

- **Mentiras negras.** Se trata de mentiras que contamos para obtener un beneficio propio a causa del daño a otras personas.

- **Mentiras por omisión**. Cuando no se expresa la informacion de manera total, sino que se omiten u ocultan ciertas partes del relato.

- **Mentiras de reestructuración.** En este caso, al contar algo se cambia el contexto de lo sucedido a fin de que la información se vea desde la perspectiva que al emisor le conviene.

- **Mentiras de negación.** Las mentiras de negación son aquellas en las que simplemente no se reconoce una verdad.

- **Mentiras de exageración.** Las mentiras de exageración se apoyan en el recurso de la hipérbole, que consiste en magnificar una situación.

- **Mentiras de minimización**. Como su propio nombre sugiere, son aquel tipo de mentiras en las que reducimos la importancia de algo, minimizando sus cualidades y atributos.

- **Promesas rotas**. Las promesas rotas son mentiras en tanto que el emisor se compromete a hacer algo pero que sabe que no lo va a cumplir o que cree que es poco probable que así sea.

Las **razones por las que los adultos suelen mentir son diversas,** desde querer evitar un sufrimiento o malestar a los niños, hasta la intención de ahorrarse el momento de tener que dar explicaciones sobre alguna situación que les resulta incómoda. Lo que no se suele tener en cuenta, a la hora de mentir de cualquier modo a un niño, es que ellos suelen percibir la verdad a través de la intuición de las emociones de los adultos y del estado del ambiente en la dinámica de su entorno.

Lucía es la hija de Pedro y Carmen, tiene siete años. Paty es la mascota de la familia, es una perrita de 12 años a la que Lucía adora por su compañía y los ratos de juego que comparten. Aunque su estado de salud era bueno, Paty falleció de repente mientras Lucía se encontraba en el colegio, A su vuelta de clase, se da cuenta enseguida de que su perrita no se encuentra en casa, y sus padres, para intentar no disgustarla, le cuentan que Paty se ha ido a vivir a una granja con otros animales y que es posible que algún día la visiten.

En este caso se producen varios tipos de mentira con respecto a la situación real: por un lado, una mentira blanca; por otro lado, una promesa rota. Hay que ser consciente de que no saber la verdad podría hacer que Lucía intentase completar la información que no tiene acerca de por qué ha pasado esto, incluso pudiendo llegar a culparse por ello.

No hacer llegar la verdad provoca en todos los casos que la información llegue de manera entrecortada, con muchos vacíos que los niños suelen completar para poder tener una imagen completa de la realidad, por lo que, intentando salvaguardar su bienestar contando una mentira, estamos transmitiendo el mensaje de una manera muy disfuncional para los **pequeños, dado que necesitan poner palabras a lo que sucede** a fin de intentar comprender que las sensaciones, emociones y pensamientos que tenemos acerca de lo ocurrido encajan de manera coherente.

Si bien esta necesidad de poner nombre a lo que ocurre es universal, **los niños generalmente requieren que alguien les ayude a construir una narrativa coherente y real** sobre lo que ocurre a nivel personal y también a nivel familiar. Si esto no sucede, se pueden producir sensaciones de confusión, o de estar incompletos, impidiendo poder comprender y desarrollar un vocabulario emocional.

Llegados a este punto, en el que se sugiere que el camino más funcional es el de decir la verdad, veamos unas pautas acerca de cómo sería la manera más adecuada de hacerlo:

- **Adecuar el lenguaje a la edad del niño:** es muy importante usar palabras y frases que sepamos que pueden entender en todo momento; en este sentido, evitar tecnicismos o un lenguaje demasiado adulto.

- **Dar la información de manera sencilla:** si bien hay que hacerlo de manera clara, podemos omitir detalles que sabemos que son demasiado precisos o que pueden complicar la comprensión general de lo ocurrido; la sobreinformación puede resultar desbordante.

- **Hablar lento y de manera pausada:** se debe narrar lo ocurrido despacio, y haciendo pausas de vez en cuando para que los niños puedan ir procesando e integrando lo que les estamos contando, usando un tono cálido.

- **Mantener el contacto visual y físico:** es muy adecuado mantener durante la narrativa el contacto visual para asegurarnos de que no están intentando completar ellos solos la información y que se encuentran presentes escuchando lo que se les está contando. Durante ese tiempo podemos mantener el contacto físico, cogiendo su mano y dando todos los abrazos que sean necesarios.

- **Dejar que realicen preguntas:** después de haber transmitido el mensaje, es un momento oportuno para permitir que puede formular todas las preguntas que necesite para terminar de comprender lo que ha oído, y que puede realizarlas en ese momento o en el que le resulte adecuado.

- **Son bienvenidas las emociones:** tanto durante la narrativa, incluyéndolas como adjetivos sobre lo que ha ocurrido, como después, dejando fluir las emociones de manera que resulten naturales y coherentes. Esto les ayudará a comprender cómo se sienten y también aumentará su vocabulario emocional.

Los **beneficios de contar la verdad,** entre otros, tienen que ver con que **los niños aumentan la confianza en el vínculo.** No podemos olvidar que la relación es bidireccional, por lo que si los adultos le hacen partícipe de las vivencias y emociones, es más probable que ellos también hagan lo mismo. Además, **se fomenta un sentimiento de pertenencia** a la familia cuando sienten que están integrados en las cosas que ocurren en el núcleo familiar.

MITO N.º 9: «MI HIJO YA SABE QUE LO QUIERO, NO HACE FALTA QUE SE LO DEMUESTRE»

El motivo detrás de este mito puede residir en que en ocasiones los adultos presentan dificultades en la expresión de sus emociones cuando se relacionan con los demás; entendiendo que el vínculo con su hijo es otra relación más, tiene sentido que en este también se manifieste dicha dificultad. Otras veces,  sin embargo, simplemente se da por hecho que no es importante **verbalizar las emociones** que sentimos porque, como dice el mito, «no hace falta, el niño ya lo sabe». Sin embargo, la realidad es muy distinta. Los niños de por sí no suelen saber lo que no se les muestra o explica.

Aunque si bien es una necesidad que se puede dar a cualquier edad y en cualquier relación, centrándonos en los niños, entenderemos que esta es aún mayor, puesto que dependen de los adultos para poder conseguir su seguridad en el mundo. Ya hemos ido hablando acerca de cómo una de las necesidades del niño para alcanzar esta seguridad y bienestar emocional es **sentirse amado,** por lo que para que ellos perciban ese amor se necesitarán que las conductas del adulto se centren en la demostración y verbalización de su cariño.

¿Y cómo sabemos si un niño se siente amado? Encontramos que un niño que percibe el amor de sus padres o cuidadores reflejará seguridad, se *mostrará curioso y seguro de explorar* el entorno porque confía en que tiene un soporte desde el amor que lo sostiene y le brinda ayuda; además, se muestran felices y relajados, sin sentir presión o miedo ante los fallos.

Por el contrario, **cuando un niño no siente suficiente amor** por parte de su entorno, se producen en él ciertas **heridas emocionales** que pueden mostrar a través de conductas, como, por ejemplo:

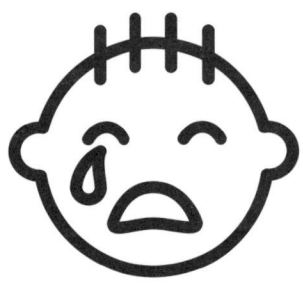

• **Berrinches frecuentes:** cuando hay más personas en el entorno, usan el llanto como herramienta para intentar conseguir atención por parte de sus padres o cuidadores, además de por sentir inseguridad en presencia de personas ajenas a su círculo.

• **Inseguridades incluso en su propio entorno:** no consiguen mostrarse cómodos y se suelen mostrar cohibidos, tristes o miedosos en diferentes situaciones, siendo un signo de que no se sienten lo suficientemente valorados.

• **Aislamiento:** no suelen relacionarse demasiado con sus iguales, ya que carecen de la seguridad necesaria para establecer un vínculo con los demás. Asumen la falta de amor como algo que depende de ellos, pudiendo desarrollar un concepto negativo sobre sí mismos que les dificulta considerablemente las relaciones sociales.

• **Uso de lenguaje negativo:** interiorizan múltiples mensajes negativos que les impiden tener confianza en sí mismos y en el mundo que les rodea, por lo que en muchas ocasiones se muestran actitudes muy derrotistas tanto en su día a día como en los desafíos.

• **Autoestima baja:** como consecuencia directa de la falta de seguridad propia.

• **Miedo al abandono:** en casos donde hay una ausencia de cariño y afecto, o el amor se presenta de una manera muy inconsistente y puede reflejarse en todos y cada uno de los vínculos que intenten establecer a lo largo de su desarrollo.

• **Falta de gestión emocional**: puesto que, debido a la falta de cariño, experimentan emociones negativas más intensas y que son más difíciles de gestionar.

• **Problemas académicos:** habitualmente presentan un alto nivel de estrés emocional que dificulta el proceso de nuevos aprendizajes.

En caso de que el niño dé muestras de que no percibe que le quieran lo suficiente, la **solución** reside en que el adulto realice varios cambios en la forma de relacionarse con el infante: fundamentalmente, **brindar más atención al niño y manifestar verbalmente de manera clara y cercana el amor que se siente por él, además de demostrar el cariño con contacto físico, abrazos, besos y caricias.**

❙❙Los hijos amados se convierten en adultos que saben amar❙❙

MITO N.º 10: «ESTE NIÑO SE PORTA MAL PARA LLAMAR LA ATENCIÓN»

Este es uno de los mitos por excelencia, el dar por hecho que, cuando un niño se porta mal, lo hace para llamar la atención. Constituye una creencia tan común en el repertorio popular que se ha ido asumiendo como una verdad absoluta. Sin embargo, asumir que un niño que muestra una conducta incorrecta o indeseada lo hace para que se le preste mayor atención es algo demasiado reduccionista y no del todo correcto, dado que existen muchos más motivos que pueden estar detrás de este comportamiento.

En la base de toda conducta disruptiva se encuentra un malestar que el niño experimenta ante cierta situación y que no encuentra una forma alternativa de expresarlo. Pero veamos qué otras **causas existen de que se presenten este tipo de comportamientos.**

- **Necesidad de atención:** esto se produce cuando el niño siente que el adulto o cuidador no le hace demasiado caso, y si bien a través de estas conductas consiguen una atención negativa, la prefieren ante la indiferencia.

- **Prueba de límites:** en determinadas etapas del desarrollo, suele ser común que los niños les lleven la contraria a los padres para poder probar cuán firmes o flexibles son los límites que se les han impuesto; a partir de esa interacción aprenderán y actuarán con base en esos resultados.

- **Necesidades no atendidas:** puede deberse a que sus padres o cuidadores ignoran a menudo las necesidades que el niño presenta, o bien a que el niño presente dificultades para reconocerlas y expresarlas.

- **Falta de habilidades:** cuando manifiestan una falta de destreza en el manejo de problemas o bajas habilidades sociales, pueden hacer que no consigan sus objetivos y que ello les provoque un sentimiento de frustración.

- **Imitación:** si observan este tipo de comportamientos en su entorno, o en alguna figura que les resulte relevante para ellos.

- **Falta de gestión emocional:** es posible que no hayan aprendido a gestionar emociones básicas como el miedo, enfado, tristeza o frustración, por lo que carezcan de métodos de autorregulación y esta carencia les provoque actuar de manera impulsiva.

- **Sensación de injusticia:** cuando entienden como desmesurados algunos castigos que se les imponen o sienten desigualdad en el trato con respecto a los demás. Se da un sentimiento de injusticia que tampoco sabe cómo gestionar.

- **Aprendizaje previo:** si en algún momento, a través de este tipo de comportamientos, han obtenido un beneficio, es muy probable que lo repitan y a largo plazo lo conviertan en una estrategia para conseguir aquello que desean.

- **Independencia y autonomía:** cuando el niño va creciendo, en especial durante la adolescencia, expresa su necesidad de espacio e intimidad mediante este tipo de comportamientos. Suele ser un momento muy difícil de la crianza que se sobrelleva mejor cuando se entiende en profundidad.

Asimismo, es conveniente conocer los **motivos por los que este tipo de conductas se ven reforzadas:**

- **Si los padres prestan especial atención a este tipo de conductas,** mientras que, cuando el niño se porta de manera adecuada, no la recibe suficientemente. Es decir, que, al portarse mal, los adultos dejan lo que están haciendo y le dedican tiempo, aunque sea para regañarle y este nota que hay una desproporción entre el rato que le dedican cuando se porta bien.

- **Si el niño no es tenido en cuenta.** En este caso el niño muestra una necesidad de irse a casa, pero los padres hacen caso omiso y el niño acaba por desbordarse y protestar de manera desproporcionada.

- **Si sigue obteniendo beneficios,** esto es, si a través de portarse mal existe alguna recompensa, aunque sea para que deje de emitir esa conducta. «Si dejas de gritar, te dejo el móvil para ver los dibujos». Esto a largo plazo puede convertirse en una estrategia que les otorga el poder de manejar ciertas situaciones y respuestas de sus padres o cuidadores, exigiendo ciertos beneficios a cambio de emitir la conducta deseada o a través de la amenaza de actuar de manera inadecuada.

Si nos encontramos ante la situación en la que estos comportamientos disruptivos del niño comienzan a aparecer, existen unas claves para tener en cuenta y que pueden ayudarnos en el intento de solucionarlo:

En primer lugar, **identificar la conducta problemática** es vital poder concretar qué se considera un mal comportamiento en el niño.

En segundo lugar, **elaborar una lista de las conductas a mejorar** que incluya de una manera específica todas aquellas que os gustarían que se modificasen. Ahora bien, se deben redactar estableciendo un orden de prioridad, ya que, como es normal, no se pueden emitir todos los cambios de manera simultánea, por lo que conviene comenzar por los cambios que se consideren más necesarios o relevantes.

En último lugar, **definir la estrategia de cambio.** Se debe elegir un método que modifique esas conductas partiendo de unas premisas razonables y que siempre estén centradas en el bienestar del niño. Esto le brindará la ayuda necesaria para lograr el cambio. A este respecto, es muy importante recordar que una vez iniciada la estrategia, el adulto **se debe mantener coherente** en sus conductas de ayuda, siendo constante y consistente en todo momento que el niño presente un mal comportamiento, porque si se cede o se hacen excepciones, se suele fracasar. A la hora de elaborar la estrategia, es conveniente seguir ciertas pautas como, por ejemplo:

- **Actuar tras la conducta** que se quiere corregir. Ese sería el momento ideal para que el adulto intervenga, de manera que el niño entienda que hay una consecuencia a determinado acto.

- **No es conveniente generalizar.** El adulto se debe centrar en el problema específico e intentar evitar etiquetas o frases del estilo «siempre estás igual».

- **Escuchar con atención y validar** que el niño exprese sus emociones. Se debe dar la oportunidad de que se explique, incluso aunque después no se le dé lo que pide.

- **No distanciarse emocionalmente.** Pese a regañarle, se debe hacer hincapié al niño en que se le sigue queriendo y que es importante para el adulto. No puede pensar que se le dejará de querer por portarse mal.

- **No se deben realizar comparaciones** ni con otros niños ni tampoco con gente de su entorno. La comparación constante es muy dañina para los niños.

- **No infundir miedo.** No se debe recurrir a la corrección del comportamiento a través de las amenazas. Así, se debe evitar el uso de gritos o insultos. Se trata de educar en positivo, siempre desde el respeto.

- **No perder la calma.** Los adultos también pueden ponerse nerviosos o perder la compostura, por lo que si fuese necesario, se tomarían unos minutos para intentar estar calmado antes de actuar.

- **Ser coherente.** No servirá si un día se le corrige una conducta, pero al siguiente se le permite, o si se hacen multitud de excepciones en su aplicación.

- **Invitar a la reflexión.** Esto se consigue haciendo saber al niño las consecuencias de sus acciones y ofreciéndole siempre una alternativa de comportamiento que se considere adecuado para que tenga una guía clara que seguir.

Carlos es un niño de siete años, estaba jugando en casa cuando en el momento en el que se encontraba jugando en su habitación con sus juguetes preferidos después de haber hecho sus deberes, su madre, Violeta, entra para decirle que debe preparase para ir a la ducha y de repente Carlos le grita a su madre: «¡No quiero bañarme!».

Ante esta situación, Violeta se toma un momento para respirar antes de actuar y seguidamente le pregunta a Carlos «¿por qué me has gritado?» Y él le contesta, «porque quiero seguir jugando un rato más», su madre tras escucharlo atentamente le dice, «Cariño, es normal que te enfades por tener que terminar tu rato de juego y entiendo que eso te haya hecho gritar, pero esa no es la forma correcta de expresar tus emociones, no está bien gritar a los demás. Te quiero, pero la próxima vez puedes decirme que quieres seguir jugando de una manera más tranquila y si esto no es posible entre los dos buscaremos una forma distinta de resolver tu enfado».

En este caso se ilustra una estrategia para ayudar al niño a cambiar la conducta no deseada. Se han usado algunas de las pautas recogidas anteriormente, como calmarse antes de intervenir haciendo unas respiraciones, escuchar la explicación que tenga que dar el niño, validar que puede expresar sus emociones, darle la seguridad de que se le quiere igual a pesar de su conducta además de invitarle a la reflexión y darle una pauta alternativa que pueda seguir.

Por supuesto, es difícil tener en cuenta todos estos puntos en un momento que suele ser de crisis y caracterizarse por el nerviosismo, ya que es el instante en el que ha surgido un conflicto que puede terminar con una gran discusión, pero con la práctica, también los adultos aprenderán a aplicar estrategias de este tipo, capaces de construir relaciones más sosegadas y mejor futuro emocional tanto para ellos como para los niños. Tengamos en cuenta que la autorregulación emocional no es solo cosa de los más pequeños y demos ejemplo.

CUIDADOS BÁSICOS AL NACER

Cuando la etapa de la «dulce espera» va llegando a su fin, comienza la aventura de la crianza, donde todo puede ser algo nuevo y desafiante, especialmente en el caso de los padres o madres primerizos. Para poder brindar el mejor comienzo de vida a un recién nacido, los padres deben tener los conocimientos adecuados acerca de los cuidados básicos tras el nacimiento, ya que durante las primeras semanas de vida los bebés son particularmente vulnerables y requieren atención y cuidados especiales para su bienestar.

Si bien algunos de estos cuidados son popularmente conocidos, otros en ocasiones pueden resultar algo totalmente desconocido, por lo que en este capítulo nos detendremos en explorar los distintos aspectos de las necesidades que presentan los bebés. Proporcionaremos, entonces, una información práctica para los padres y cuidadores, desde mantener la adecuada higiene y otros aspectos fisiológicos hasta otras **necesidades de índole social o psicológica** que igualmente son vitales para el desarrollo saludable del recién nacido. Es crucial entender la importancia de todos estos cuidados a fin de que sienten unas buenas bases para el crecimiento físico y emocional a largo plazo de los niños.

Entendiendo que en muchas ocasiones la presión por querer ejercer una buena crianza puede resultar estresante, hemos querido elaborar esta guía de cuidados a fin de que se tenga la seguridad de conocer la información esencial que permite brindar al niño una vida saludable, llena de amor y atención.

Necesidades fisiológicas

Comenzaremos por conocer las **necesidades de cuidado y salud más esenciales** del recién nacido, algunas incluso de forma superficial, aunque en medida suficiente como para saber entre cuándo sería necesario buscar información complementaria o consultar con el pediatra, partiendo de la premisa de que siempre se deben seguir las pautas que establezca el especialista.

ALIMENTACIÓN

Una de las formas en las que podemos saber que el bebé tiene hambre es el **llanto,** por cuanto que un niño con hambre llora muy a menudo. Además de esto, en muchas ocasiones se presentan otras señales que conviene conocer a fin de que podamos evitar que el bebé comience a llorar. Esta conducta suele presentarse de forma tardía, como último recurso y, una vez que la inician, puede resultar difícil que el niño se calme y coma adecuadamente.

Otras **señales de hambre** típicas incluyen:

- Relamerse los labios.
- Sacar la lengua.
- Reflejo de búsqueda (mover la mandíbula y la boca o la cabeza en busca del pecho).
- Poner su mano en la boca reiteradamente.
- Abrir la boca.
- Estado de irritabilidad.
- Succionar todo lo que encuentra.

Si bien estas señales pueden orientarnos, se debe tener en cuenta que el llanto y la succión no siempre se deben a que el niño tenga hambre. En el caso del llanto, también puede existir otra necesidad no atendida como, por ejemplo, incomodidad por un pañal sucio, cólicos, sueño, etc.

En cuanto a la succión, los recién nacidos cuentan con un instinto básico, conocido como **reflejo de succión,** que provocará que todo lo que se acerque a su boca lo chupe, incluidos sus puños, y además, en muchas ocasiones usan esta conducta para sentirse reconfortados. Puede parecer complicado, entonces, diferenciar cuándo esta señal representa una necesidad de ser alimentado; lo más común es que, junto a la succión, se presenten otras señales conjuntamente que nos permitan averiguarlo.

Como recomendaciones orientativas sobre la cantidad de veces que se debe alimentar a un recién nacido, independientemente de si es alimentado por lactancia materna o por lactancia artificial, se indica que **los bebés necesitan ser alimentados entre ocho y 12 veces al día,** aproximadamente cada dos o tres horas.

En el caso de que se alimente mediante lactancia materna al bebé, al principio las madres pueden amamantarlos durante un periodo de 10 a 15 minutos en cada pecho y luego ir modificando la duración de la toma según sea necesario, pero en todo momento bajo la premisa de que la lactancia debe ser **a demanda;** esto es, que se debe ofrecer el pecho al recién nacido siempre que presente señales de tener hambre, sabiendo que, a medida que crezca, necesitará mamar con menor frecuencia y pasará más tiempo entre tomas. Si se tienen dudas, es mejor consultar con un especialista.

Si el niño va a ser alimentado con **lactancia artificial,** se debe seleccionar una leche de fórmula adecuada para un recién nacido y tener en cuenta algunas **consideraciones establecidas por la Organización Mundial de la Salud (OMS)** a la hora de prepararla:

- **Limpieza del biberón.** Se deben lavar bien las manos antes de la preparación, así como también lavar con agua y jabón y aclarar con agua potable todos los utensilios que se vayan a utilizar para preparar y administrar el alimento al niño. Se recomienda el uso de los cepillos especiales para la limpieza del biberón.

- **Esterilización.** Puede recurrirse a un hervidor automático o usar una cazuela de agua para el proceso de esterilización de los productos usados para administrar la alimentación del bebé.

- **Preparación de una toma.** Lee las instrucciones que figuran en el envase del sucedáneo en polvo para saber qué cantidad de agua y de producto necesita.

Si bien cada niño presenta unas necesidades distintas, tanto en el número de tomas como en la cantidad de leche que necesita tomar, y que esto debe ajustarse a su demanda, en cuanto a la lactancia artificial existen unas tablas orientativas sobre la frecuencia y la cantidad de tomas, como puede verse en la página siguiente.

CANTIDAD Y NÚMERO DE TOMAS		
1.ª semana	30-60 ml por toma	A demanda
2.ª semana	90 ml por toma	7-8 tomas
3.ª y 4.ª semana	90-120 ml por toma	6-7 tomas
2.º mes	120-150 ml por toma	7 tomas
3.er mes	180 ml por toma	6-7 tomas
4.º y 5.º mes	180-210 ml por toma	5-6 tomas
6.º mes	240 ml por toma	4 tomas

Es imprescindible hacer hincapié en que en ninguna de las alternativas de la lactancia se debe establecer una rutina fija para la alimentación del bebé; esta se irá creando según las necesidades particulares de cada niño, ya que ellos saben cuándo tienen hambre y cuándo se encuentran satisfechos, y así lo hacen notar. Algunas **señales de saciedad** son:

- Soltar el biberón o el pecho.
- Cerrar la boca.
- Alejarse del biberón o del pecho.
- Comenzar a hacer pausas muy largas o tomar más despacio de lo habitual.

¿Cómo puedo saber si mi recién nacido come lo suficiente? Esta pregunta es muy recurrente, sobre todo en padres primerizos. Los bebés se están alimentando adecuadamente si ocurre lo siguiente:

- Parece estar satisfecho y tranquilo tras la toma.
- Mojan entre seis y ocho pañales al día.
- Tienen deposiciones regulares.
- Duermen bien.
- Están despiertos y en estado de alerta.
- Aumentan de peso.

Si se tiene alguna preocupación acerca de si el niño no está comiendo adecuadamente, es conveniente consultar con el especialista.

Por último, vamos a dar a conocer algunos procesos que están relacionados con la alimentación: el eructo, la regurgitación y los cólicos del lactante. Los bebés suelen tragar aire mientras comen. Por ello, es conveniente que, tras la toma, se les ayude a expulsarlos haciéndoles **eructar**, evitando así que se encuentren molestos o incómodos, pero teniendo en cuenta que no todos los bebés eructan después de las tomas y que, generalmente, los niños que se alimentan con lactancia materna suelen tragar menos aire.

Para poder ayudarles a eructar se debe colocar al bebé en posición vertical, sobre el hombro del adulto o sentado en su regazo (si se sienta en el regazo, se debe poner la mano bajo el mentón para sujetar su cabeza). Es necesario frotar o dar palmadas suavemente en la espalda del bebé y, si tiene gas acumulado, terminará por eructar, algo que no siempre se consigue, ya que no siempre tragan aire, por lo que se debe recordar que esto es algo preventivo.

El **cólico del lactante** se define como episodios de llanto intenso e inconsolable que suelen aparecer por la tarde-noche, acompañados de movimientos de encogimiento de las piernas y enrojecimiento de la piel, que no tienen por qué ser diarios, pero que ocurren por lo menos dos o tres veces a la semana y durante varias semanas.

No se ha establecido consenso acerca de cuál es el origen de los cólicos. Los médicos indican que puede darse por problemas digestivos, por la sensibilidad a algún ingrediente de la fórmula o por gases acumulados en el estómago. Generalmente, la característica de presentar gases es la más habitual en el caso de los cólicos. A fin de aliviar estas molestias, se puede recurrir a ciertos ejercicios como tumbar al bebé boca arriba en una superficie plana y encoger y estirar sus piernas para ayudarle a expulsar **los gases.**

En cuanto a **la regurgitación,** suele ser normal que el recién nacido expulse una cantidad pequeña de leche mientras eructa o después de las tomas. Si esto se hace demasiado frecuente o aumenta en cantidad convirtiéndose en vómito, es posible que tenga algún problema digestivo, por lo que en ese caso conviene consultarlo con el especialista.

SUEÑO

Debido a que **su sistema nervioso es inmaduro,** los recién nacidos duermen alrededor de 16 horas, pero solo mantienen el sueño en periodos de dos a cuatro horas, independientemente de que sea de día o de noche. Entre las cuatro y seis semanas de edad, algunos lactantes consiguen tener un ciclo de cuatro horas de vigilia y cuatro horas de sueño. Cuando alcanzan el periodo entre los cuatro y seis meses de edad, habitualmente son capaces de conseguir adoptar una rutina de sueño basada en el patrón día/noche. No es hasta el primer año de vida cuando la mayoría de los niños duermen de ocho a nueve horas de una forma continuada durante la noche.

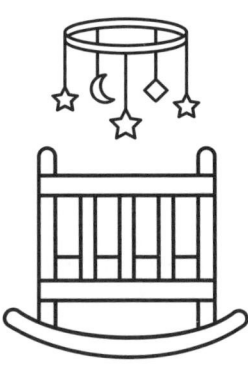

No obstante, algunos lactantes pueden presentar alteraciones del sueño. Es bastante infrecuente que tales problemas se presenten antes de los seis meses de edad, siendo en ocasiones el cólico del lactante el problema más común.

Encontramos que a partir de los nueves meses de edad y alrededor de los 18 meses de edad las **alteraciones de sueño más frecuentes** se deben a uno de los siguientes factores:

- El niño ha desarrollado ansiedad por separación.
- El período de siesta durante la tarde ha sido excesivo.
- Se ha producido una sobreestimulación mientras juega antes de la hora de ir a dormir.
- Sufre pesadillas de manera recurrente.
- Existe algún tipo de apnea del sueño.

A la hora de ir a dormir, y sobre todo cuando se van logrando patrones de sueño más estables y continuos, es aconsejable acompañar este proceso con **una rutina que le facilite conciliar el sueño** al bebé:

- **Establecer una rutina tranquila** para la hora de dormir, aspectos como bajar un poco las luces o hablar un poco más bajo para evitar la estimulación del bebé. Esto también se aplica si durante la noche el bebé necesita ser alimentado o que se le cambie el pañal.

- **Llevar al niño a la cama cuando esté somnoliento,** y no cuando se encuentre despierto, le ayudará a establecer la relación entre cansancio y la hora de ir a dormir.

- **Darle tiempo para que el bebé se acomode:** en ocasiones hasta que consiguen conciliar el sueño pueden mostrarse inquietos e incluso llorar; si, pasado un tiempo, no consigue calmarse, es posible que debas cogerlo para reconfortarlo y volver a intentar que se duerma.

- **Estimulación sensorial que induzca a la calma.** Dependiendo del lactante, en ocasiones cantarles una canción de cuna, ponerles música de fondo o ruido blanco, darles un masaje en sus brazos y piernas pueden ser de gran utilidad para conciliar el sueño.

En cuanto a la **posición para acostar a un recién nacido,** lo que se recomienda es colocarlo **boca arriba,** dado que esta postura ayuda a reducir el riesgo del síndrome de muerte súbita del lactante. La OMS desaconseja, durante los primeros seis meses de vida del bebé, acostarlo para dormir de lado o boca abajo, puesto que, hasta el quinto o sexto mes, el bebé no es capaz de darse la vuelta solo. Si, pasados los seis meses o cuando el niño es capaz de cambiar de postura por sí solo, se le recuesta de lado, es aconsejable intentar alternar entre izquierda y derecha el lado sobre el que se le recuesta.

Otro aspecto que en ocasiones resulta objeto de debate es si realizar colecho con el bebé, usar una cuna anexa, colocarla o no dentro de la misma habitación de los padres…, si bien esto es una elección libre, se debe tener en cuenta que, al menos durante los primeros seis meses de vida, el niño va a necesitar comer durante la noche con frecuencia, por lo que el factor de la cercanía y comodidad es muy importante.

El **colecho seguro** se refiere a la práctica de dormir con el bebé al lado de los padres, o no, pero siempre habilitándole un espacio propio e independiente que permita el descanso, si bien evitando todo tipo de riesgos. Esto dejaría fuera la opción de dormir con el recién nacido en la misma cama, ya que lo que se recomienda en guías como la elaborada por el Ministerio de Sanidad es que, con objeto de garantizar una práctica segura de colecho, se opte por el uso de una cuna con sidecar, una cuna de colecho o una cama con características especiales para este fin. Si bien nos decantamos por usar una cuna, las consideraciones básicas son que los barrotes tengan una distancia suficiente que evite que el bebé pueda meter la cabeza, que el colchón tenga una consistencia más bien dura y el uso de almohadas. Además, es conveniente saber que algunos recién nacidos necesitan sentirse arropados para encontrarse reconfortados o seguros, motivo por el cual, en general, los espacios demasiado grandes no les suelen agradar más.

HIGIENE Y CAMBIO DE PAÑAL

Uno de los cuidados necesarios de un recién nacido es el del **cordón umbilical,** por cuanto que es una zona que está por cicatrizar y que necesita mantener un alto nivel de higiene y cuidado. El cordón umbilical es el canal por donde el bebé recibe los nutrientes y el oxígeno necesario para desarrollarse adecuadamente durante el periodo de gestación. Una vez que nace el bebé, el cordón se pinza y se corta.

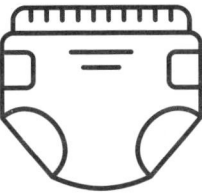

Las curas del cordón umbilical del recién nacido deben ser diarias y con una frecuencia de dos a tres veces al día. Se pueden realizar con agua y jabón neutro, aunque también es posible usar un antiséptico. No obstante, sí hay que evitar sustancias yodadas. Asimismo, después debe secarse muy bien la zona, usando para ello una gasa estéril y manteniéndolo siempre fuera del pañal. Además, la persona que lleve a cabo este proceso ha de seguir una serie de medidas de higiene básicas, como el lavado de manos previo a la realización de la cura.

Lo más importante para facilitar la cicatrización es mantenerlo seco y sin secreciones, por lo que durante estos primeros días de vida, hasta que el cordón se caiga, son convenientes los baños con esponja.

Si bien la cura del cordón umbilical no suele revestir complicaciones, puede existir un cierto riesgo de que el ombligo no cicatrice correctamente. Las **situaciones que podrían ser motivo de consulta** con el especialista serían:

- Sangrado por la zona del cordón umbilical.
- Secreción con mal olor.
- Inflamación alrededor del cordón/ombligo.
- Enrojecimiento de la zona.
- Retraso en la caída del cordón.

Generalmente, el cordón umbilical suele caerse entre los días cinco y quince de vida del recién nacido. Si, pasado este tiempo, esto no se ha producido, conviene consultar con el especialista de referencia.

Otra medida de higiene para tener en cuenta es la referente al **cambio de pañal.** Esto es algo que se hará de manera recurrente, ya que durante las primeras semanas de vida el recién nacido puede miccionar hasta 20 veces al día (los menores de un año pueden hacerlo alrededor de siete veces diarias).

Como resulta imposible tener previstos los cambios de pañales que serán necesarios, se ha de estar pendiente de en qué momento han manchado el pañal, sabiendo que un momento propicio para hacerlo será después de la toma, dado que es muy frecuente que orinen durante la toma de leche.

En caso de que el bebé sea propenso a regurgitar cuando tiene el estómago lleno, se aconseja que el cambio de pañal se realice antes de las comidas, evitando siempre que el niño permanezca con el pañal húmedo demasiado tiempo.

En cuanto a las heces, se debe realizar el cambio de pañal inmediatamente después de defecar. En este sentido, el olfato será nuestro gran aliado: marcará cuándo es necesario cambiarle. Durante los primero días, el bebé expulsa unas heces, conocidas como **meconio,** que presentan una consistencia más espesa y pegajosa y que manchan la piel de una manera más intensa, por lo que se necesita efectuar una limpieza más minuciosa. Para ello, el algodón suele ser bastante funcional; una vez eliminado el grueso, se pueden retirar, con algodón humedecido o una toallita, los restos adheridos a la piel.

En caso de que el recién nacido muestre señales de presentar una piel sensible o atópica, se debe tener especial atención al cambio de pañal, pues, si su piel permanece demasiado tiempo en contacto con la orina o las heces, se puede producir irritación o inflamación de la zona. Además, es pertinente utilizar productos específicos para su tipo de piel y consultar con el especialista en caso de ser necesario.

Otras situaciones a las que prestar atención al cambio de pañal son antes de salir de paseo y antes de acostar al bebé, ya que esto puede ayudar a que el niño pueda estar tranquilo y cómodo durante el paseo o conciliar el sueño a la hora de irse a dormir.

Independientemente de que se opte por pañales desechables o de tela, es conveniente tener en cuenta las siguientes **recomendaciones** al cambiarle los pañales al bebé:

- Ten todos los elementos necesarios a tu alcance y no dejes al bebé sin supervisión.
- Limpia a tu bebé de adelante hacia atrás suavemente con agua, bolas de algodón, una toallita o toallitas húmedas.
- Aplica crema para pañales si es necesario a fin de tratar la dermatitis del pañal.

De cara a asegurar la máxima higiene del bebé, es necesario lavarse las manos antes y después del cambio del pañal, así como lavar también las manos del bebé. Algo que evitará las posibles infecciones o irritaciones es mantener una ventilación de manera regular de las partes del bebé, dado que las principales causas de la dermatitis suelen ser la fricción y la poca ventilación. En caso de haberse producido una irritación, se recomienda el uso de agua y jabón neutro, y se desaconseja el uso de toallitas, puesto que puede agravar la dermatitis.

BAÑO

La información acerca del primer baño del recién nacido se ha ido modificando a lo largo de los últimos años. No hace demasiado tiempo, desde las instituciones se solía aconsejar dar un baño tras una o dos horas del nacimiento. Sin embargo, en la actualidad, desde la OMS se recomienda **esperar 24 horas** después del nacimiento. Por ello, algunas de estas instituciones están realizando cambios en sus protocolos acerca de la higiene y baño del bebé.

Las razones por las que la OMS recomienda postergar el primer baño son:

- La temperatura corporal y el nivel de azúcar en sangre del bebé, ya que cuando nacen, tienen más probabilidad de sentir frío y podría existir el riesgo de sufrir **hipotermia,** además de que el estrés, si bien menor, que representa el momento del baño podría reducir el nivel de azúcar en sangre.

- Se establecen como prioritarias acciones como la formación del **vínculo** y la lactancia materna.

- Mantener el **unto sebáceo o vérnix caseoso,** que es la sustancia blanca y cerosa que recubre al bebé antes del nacimiento y que actúa como hidratante natural, pudiendo contener propiedades antibacterianas.

Cuando ya estamos en el domicilio y mientras que el cordón umbilical se encuentra en proceso de cicatrización, los baños del recién nacido deben realizarse con una esponja humedecida. Se ha de descartar sumergir al bebé en una bañera durante ese periodo para evitar infecciones y favorecer una correcta cicatrización. Una vez que ya se ha cicatrizado el cordón, la frecuencia del baño sería suficiente realizarlo de dos a tres veces por semana, ya que un recién nacido generalmente no transpira o se ensucia demasiado como para necesitar un baño completo todos los días, aumentar la frecuencia más de lo necesario podría resecar la piel del bebé, que es de por sí muy delicada.

Para realizar el baño, se preparará una bañera con agua caliente, verificando la temperatura del agua con la parte interna del brazo o usando un termómetro de baño (se ha de saber que la temperatura media del agua debe mantenerse en torno a los 35-37 grados y que la temperatura ambiente adecuada sería de 22 grados). Debemos sumergir tan solo las extremidades inferiores y parte del abdomen del recién nacido en el agua, y esto debe realizarse de forma progresiva y lenta para reducir el impacto del estrés que al bebé le produce el frío por el cambio de temperatura.

En cuanto a la higiene del cuero cabelludo, se realizará con agua y jabón neutro si fuese necesario, realizando movimientos suaves y sin frotar. Para aclarar, se puede verter agua con una taza manteniendo los ojos lejos del agua y del jabón. La zona genital debe limpiarse siempre en dirección de delante hacia atrás, para evitar las infecciones por microorganismos.

Si el recién nacido presenta mucosidad reseca de manera externa, la forma indicada de realizar su limpieza es mediante una gasa humedecida. Si la mucosidad se encontrase de manera abundante taponando las fosas, se debería realizar un **lavado de fosas nasales.** Para ello lo más recomendable es hacerlo mediante el uso de:

- Suero fisiológico de 0,9 %, hipertónico o agua de mar.
- Jeringa de 5 mililitros.
- Empapadores.
- Gasas.

Respecto al **cuidado de las uñas** del recién nacido, anteriormente se solía asumir que durante las primeras semanas no era necesario cortarlas y que esto podría ser incluso contraproducente, aconsejándose el uso de guantes de recién nacido para evitar que el bebé pudiera arañarse. En la actualidad, se ha demostrado que esto no es así: pueden cortarse desde el primer día, pero debe hacerse usando unas tijeras de punta redonda o un cortaúñas específico de bebé, siendo una opción muy recomendable también el uso de limas especiales para este fin.

Necesidades cognitivas y motoras

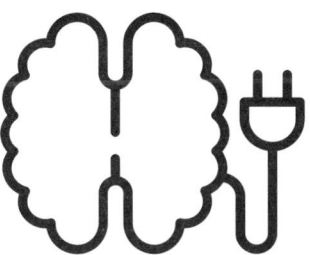

Los recién nacidos presentan una gran necesidad de comprender y poder darle un sentido al mundo que les rodea, el cual, obviamente, les resulta totalmente desconocido. Para ello cuentan con sus propios cuerpos y pondrán en marcha numerosos procesos neurológicos como la atención, la memoria, la percepción, el lenguaje y también la incipiente capacidad de pensar y reflexionar que les servirán como motor para el desarrollo de sus sentidos. Si bien este proceso se va dando de manera natural, es altamente recomendable que los adultos acompañen y estimulen sus sentidos y capacidades para que puedan adaptarse al entorno y evolucionar como personas.

Hablemos de tres conceptos que estarán muy presentes durante este capítulo y que son de vital importancia en el desarrollo de los niños:

- **La estimulación:** es el mayor recurso con el que contamos para conseguir que el niño tenga la disposición de repetir de nuevo ciertas tareas o acciones que resultan adecuadas para su edad y que promueven el desarrollo de la mente infantil. Podemos conseguirlo a través de fomentar su curiosidad y que así se encuentren motivados para explorar el mundo que les rodea, al mismo tiempo que pueden aprender sobre sí mismos.

- **La experimentación:** permite al niño conectar con esa capacidad exploratoria del entorno mediante ensayo y error, que hace que lleven a cabo distintos modos de actuación y así adquieran las habilidades necesarias para la resolución de problemas.

- **El refuerzo:** el refuerzo positivo es la respuesta que experimenta un niño cuando ha realizado una tarea o ha proporcionado una respuesta que el adulto valora y elogia de manera positiva, lo cual aumentará las probabilidades de repetición de esta.

DESARROLLO PSICOMOTOR

Adquirir el control y la sincronización de los músculos del cuerpo es un proceso gradual en el desarrollo de los niños. A medida que crecen, aprenden a dominar los movimientos de las piernas, el torso, los brazos y las manos. Así es como empiezan a explorar y entender el mundo que los rodea, utilizando sus sentidos: la vista, el tacto, el gusto, el olfato y el oído, por lo que este aspecto evolutivo se convierte en una progresiva adquisición de habilidades basadas en los conocimientos y experiencias que el niño acumula. Este proceso se conoce como desarrollo psicomotor; gracias a este, podemos observar de una manera externa la maduración del sistema nervioso central.

En definitiva, el desarrollo psicomotor o psicomotriz del niño se basa en alcanzar el control de los movimientos e impulsos emocionales, algo que se da a tres niveles:

- **Motriz o motor.** Se refiere a los movimientos del niño.
- **Cognitivo.** Alude a capacidades mentales como la concentración, la memoria y la creatividad.
- **Socioafectivo.** Lo referente a la capacidad de relacionarse con los demás de manera adecuada.

HABILIDADES PROPIAS DE LA PSICOMOTRICIDAD
- **Dominio y toma de conciencia del movimiento.** Permite al niño moverse y usar su cuerpo como medio para aprender.

- **Equilibrio.** Capacidad de manterner una postura estable mientras realiza actividades motrices.

- **Habilidades espaciales.** Capacidad que tiene el niño de comprender la relación entre su cuerpo y el espacio, y tambien la relación espacial entre los objetos.

- **Control del movimiento.** Habilidad para ejecutar movimientos de una forma concreta y para mantener el ritmo cuando lo ejecutan.

- **Motricidad gruesa.** Control y coordinación de movimientos que implican todo el cuerpo para realizar activades como bailar, saltar, correr, caminar, etc.

- **Motricidad fina.** Capacidad para controlar y coordinar movimientos que entrañan el uso de partes finas como los dedos, manos y pies.

Si bien el desarrollo psicomotor puede tener como responsables algunos procesos neurológicos que nos indiquen los progresos alcanzados por el bebé, generalmente en la maduración del sistema nervioso se sigue un patrón de desarrollo con una secuencia predecible. Sin embargo, no se trata de una secuencia que deba cumplirse en cada caso particular, sino que más bien hay que entenderlo como una guía orientativa. Los hitos más característicos son los siguientes:

- **Un mes tras el nacimiento:** los bebés levantan su cabeza durante periodos muy breves, ya que los músculos del cuello no se encuentran lo suficientemente desarrollados. El resto de los miembros se mueven en función de los reflejos que tiene el recién nacido; por ejemplo, durante el reflejo de sobresalto, el bebé echa los brazos al aire y separa los dedos (estos reflejos comienzan a desaparecer en torno a las seis semanas, cuando se empieza a ganar más coordinación y fuerza).

- **Tres meses:** el bebé consigue tener un mayor control de los movimientos de cabeza. Además, ya se puede poner boca abajo, bajo supervisión y durante periodos en los que esté despierto para ayudarle a desarrollar los músculos de la cabeza y del cuello.

- **Cuatro meses:** en este periodo el bebé suele adquirir el control y equilibrio de la cabeza, cuello y torso, consiguiendo mantener la cabeza erguida durante períodos breves si se encuentra en una posición estable. Además, comienza a jugar con sus manos a propósito y no como un reflejo.

- **Entre cuatro y seis meses:** desarrolla el uso y coordinación de músculos grandes, por lo que consigue girar sobre sí mismo y puede sentarse con las manos apoyadas delante de él. Al extender sus brazos hacia un objeto, el bebé puede agarrar los juguetes palmeándolos con ambas manos.

- **Entre seis y nueve meses:** a medida que continúan las conexiones del sistema nervioso, el bebé consigue mayor control de sus músculos. A los siete meses alcanza la coordinación de las piernas y el tronco, y se sienta solo, sin caerse; puede gatear usando sus manos y los pies, y algunos niños consiguen poder permanecer parados de pie de manera breve.

- **Entre los nueve y 12 meses**: en esta franja de edad el bebé se encuentra en plena exploración del mundo con todos sus sentidos, y posee mayor control de las manos y los dedos, razón por la cual consigue ser capaz de agarrar firmemente objetos pequeños con los dedos índice y pulgar. Es una etapa en la que su necesidad de experimentar lo lleva a meterse en la boca distintos objetos para explorar sus texturas; se inicia el proceso del aprendizaje de caminar, por lo que es habitual que comience a desplazarse agarrado a distintos muebles y objetos de la habitación, lo que, a su vez, hace que se desarrollen los músculos y la coordinación.

- **Entre los nueve y 15 meses:** este lapso es en el que se suele comenzar a caminar, existiendo una amplia variedad entre los niños gracias a los cambios que el cerebro y la médula espinal han ido experimentando.

El desarrollo psicomotor depende de factores como:

- La dotación **genética** del individuo.
- Su nivel de **maduración.**

- La oportunidad de entrenamiento o **aprendizaje** en el momento oportuno, que será facilitado por el entorno adecuado.

Entendamos, pues, que cada niño tendrá su propio ritmo de maduración dependiendo de estos factores y que los padres tienen un papel activo en su estimulación, facilitando que el desarrollo pueda ser favorecido precisamente a través de la estimulación. Más adelante nos adentraremos en la parte práctica, en la que mostraremos ejemplos de estimulación adecuada según las edades del niño.

MES	HITO MOTOR
1	Levanta la cabeza. Actos reflejos.
3	Se pone boca abajo.
4	Juega con las manos.
4-6	Se gira y se sienta.
6-9	Puede gatear.
9-12	Explora y se pone de pie.
9-15	Aprende a caminar.

DESARROLLO SENSORIAL

El indicador que mide cómo se desarrolla sensorialmente el recién nacido es la evolución de los sentidos. Se trata de un proceso que se da poco a poco y en el que, aunque existen unas pautas generales, al igual que sucede con el desarrollo psicomotor, el niño puede presentar un ritmo distinto de maduración. Siempre es recomendable poder acompañarlo en este proceso de maduración y estimular sus sentidos para facilitar su desarrollo.

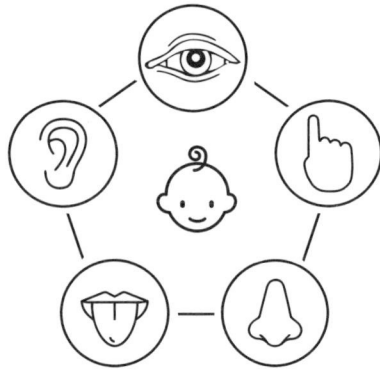

- **La vista del bebé.** Este sentido se desarrolla de forma gradual durante los primeros meses de vida del bebé, dado que, al nacer, el cerebro aún no se encuentra preparado para procesar las imágenes correctamente. En general, durante los primeros días tras el nacimiento, el recién nacido permanece con los ojos cerrados, y no es hasta que cumple el primer mes cuando consiguen enfocar ambos ojos y comenzar a seguir objetos que se mueven.

- **El oído del bebé.** Este sentido se halla desarrollado en el bebé durante la semana 20 del embarazo, por lo que tras el nacimiento se encuentra totalmente formado, de tal modo que el bebé puede reconocer la voz de su madre. El sentido del oído es el que le permitirá después adquirir el lenguaje.

En su primer mes de vida, el bebé comienza a prestar atención a otros tipos de voces y responde a sonidos que le resultan familiares. También puede asustarse ante sonidos fuertes, aunque la percepción del ruido dependerá del carácter del bebé y de su entorno, por lo que ante ciertos sonidos, algunos niños pueden permanecer tranquilos y otros pueden asustarse.

- **El gusto del bebé.** Teniendo en cuenta que la boca y la lengua se encuentran formadas en el feto ya en la novena semana de gestación, encontramos que el sentido del gusto es otro de los sentidos que se encuentra desarrollado durante la gestación. Durante el primer mes de vida, el recién nacido es capaz de detectar los sabores amargos y dulces, aunque muestra cierta preferencia por el sabor dulce, como el de la leche materna.

- **El olfato del bebé.** De nuevo, tenemos otro sentido que se desarrolla durante el periodo de gestación, por cuanto que durante la séptima semana comienza a formarse la nariz y, alrededor de la décima semana, se forman las fosas nasales. Este sentido se encuentra suficientemente formado y comienza a usarse incluso dentro del vientre materno. Al nacer, el sentido del olfato del recién nacido es muy sensible y le permite reconocer fácilmente a la madre por el olor de su leche materna.

- **El tacto del bebé.** Resulta especialmente importante durante las primeras semanas del bebé el sentido del tacto, ya que le permite facilitar que se cree el vínculo entre la madre y el bebé. Sus primeras exploraciones y comunicaciones con el entorno las tienen a través de este sentido. Además, hay que saber que la piel del bebé resulta muy sensible y delicada.

Algunas de las maneras en las que podemos **estimular sus sentidos** durante los primeros meses pueden ser acciones muy sencillas y cotidianas como:

- Hablar gesticulando mucho.
- Cantar y tararear.
- Usar sonajeros con colores vivos.
- Jugar con espejos.
- Realizar masajes o caricias.
- Dejar que el bebé huela alimentos como, por ejemplo, frutas.
- Hablar con palabras cortas y sencillas.

DESARROLLO DEL LENGUAJE

Este proceso se produce en el útero cuando el bebé ya ha desarrollado el sentido del oído, por lo que le permite responder a las voces conocidas. Ello se hace evidente cuando, poco después del nacimiento, el bebé es capaz de reconocer e incluso mostrar preferencia por unas voces frente a otras. Los bebés van adquiriendo habilidades del lenguaje a través de las interacciones frecuentes con sus cuidadores; por ejemplo, cuando les leen o les hablan, y, como todos los desarrollos madurativos, resulta ser un proceso con hitos genéricos que pueden presentar diferencias individuales.

Pasemos a ver los hitos de desarrollo del lenguaje más característicos durante los dos primeros años de vida.

- Entre los **cero y seis meses,** el lenguaje del bebé se categoriza como un **lenguaje preintencional.** Estas formas de comunicarse tienen como finalidad llamar la atención de los adultos, manifestar una necesidad no atendida o expresar un estado de ánimo. Algunas habilidades lingüísticas que se alcanzan durante este periodo son:

- A partir del **segundo mes,** los bebés comienzan a emitir sonidos cortos, como las vocales.

- **Entre los tres y cuatro meses** empiezan a hacer ruidos que parecen una conversación.

- **A partir del cuarto mes de vida**, los bebés pueden emitir sonidos de manera espontánea.

Por tanto, el recurso más importante de comunicación durante estos primeros meses para el bebé será el llanto y la comunicación no verbal que produce a través de los gestos y algunas expresiones. En esta etapa conviene que el adulto hable al bebé con calma y en un tono cariñoso para poder captar su atención.

De los **seis a los 12 meses** el bebé entra en la etapa de la **comunicación intencional.** Es entonces capaz de usar sus gestos con una intención clara de comunicarse, como cuando sacude la cabeza para decir que no o señala un objeto porque lo quiere. Igualmente, aparecen algunos gestos simbólicos como decir «hola» con la mano.

El niño es capaz de reaccionar cuando oye su nombre. Así pues, en cuanto a la capacidad lingüística, encontramos que:

- A los **siete meses** es capaz de imitar sonidos de animales o de objetos.
- Entre los **seis y ocho meses,** comienza a repetir sílabas como «mamá» o «papá».
- **A los 10 meses** el niño puede comprender hasta 50 palabras de uso común o entender lo que significan.

Durante estos meses, como forma de estimular su cerebro y para facilitar la adquisición del lenguaje, se recomienda leer y explicar cuentos sencillos, cantar canciones o ponerle música al bebé.

Desde los **12 a los 18 meses** se da la **primera fase lingüística,** que se refiere al período en que el niño comienza a relacionar las palabras con objetos y es capaz de utilizarlas adecuadamente. Algunas características distintivas de esta fase son:

- **Aparece el juego de «Hacer como…»:** por ejemplo, telefonear o cocinar con una olla.

- Además, el niño **sabe decir su nombre** y pregunta el nombre de las cosas.

Una manera de ayudar al niño a ampliar el vocabulario es explicarle de forma sencilla todas las palabras que no entienda, además de corregirle cuando haga un uso inadecuado o incorrecto del léxico.

Durante los **18 a los 24 meses** se desarrollará la **segunda fase lingüística,** donde predomina el *enriquecimiento del vocabulario del niño.* Para adquirir un mayor conocimiento, el niño recurre a la exploración por medio de las preguntas; es el período de los «porqués». Además de esto, el niño comienza a componer frases usando varias palabras de manera sucesiva y emplea verbos, artículos y adjetivos.

Por último, en la fase de los **24 a los 36 meses** se da la **fase de conclusión** en la adquisición del lenguaje, por la cual el niño puede usar nombres, pronombres, artículos y verbos con una secuencia lógica a fin de formar frases completas.

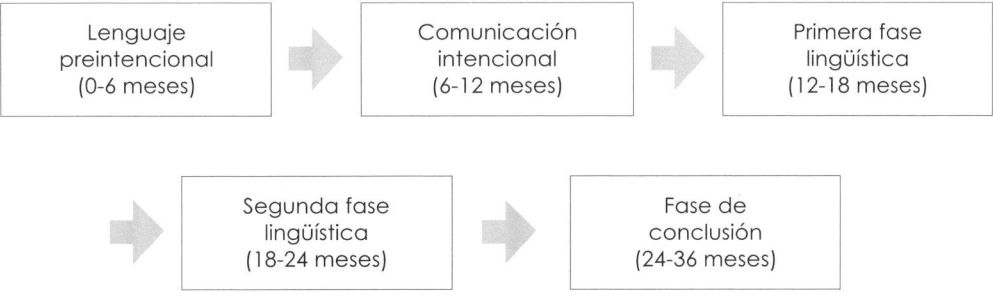

Algunas pautas muy recomendables para ayudar en el proceso del desarrollo del lenguaje del bebé en todas sus etapas son:

- Al hablar con el bebé, es importante **mantener una conexión visual directa.** Ponerse a su altura y mirar profundamente a sus ojos, transmitiendo así dedicación y atención. Se debe usar un **tono de voz suave y claro,** vocalizando adecuadamente las palabras mientras se varía la entonación para captar su atención y comprensión.

- **Utilizar sonidos y palabras que imiten los sonidos del entorno.** Hablar como lo haría el bebé, utilizando un lenguaje más simple y repetitivo.

- **Expresar las palabras con gestos y una gran dosis de expresividad** al interactuar con el bebé, ya sea mientras se lee un cuento o se canta una canción. Exagerar la entonación y acompañar las palabras con gestos y movimientos faciales aumenta la atención del niño.

- **Mientras se leen cuentos al niño, nombrar y señalar los objetos,** las comidas, los animales y los colores que aparecen en la historia facilita la comprensión y la asociación de la palabra con los objetos.

- **Incorporar música en la rutina diaria del bebé.** Escuchar distintos tipos de música y cantar nanas o canciones infantiles. La música estimula y aumenta el disfrute de los bebés, contribuyendo a su desarrollo.

- **Aprovechar cada momento de juego con el niño** para jugar con las palabras y mencionar todo lo que utilizan durante el juego. Hablar constantemente con el bebé es fundamental para estimular su lenguaje y desarrollo comunicativo.

- **Respetar y responder a los primeros sonidos que emite el bebé,** animándole a que los reproduzca. Antes de comenzar a hablar con palabras, los niños emiten sonidos preverbales durante los primeros meses. Es aconsejable responder ante estos sonidos con sonrisas y palabras, e incluso imitar sus sonidos para motivarlos a repetirlos.

- **Enseñar al bebé los diferentes sonidos que hacen los animales,** como la vaca, el perro, el gato, etc., e invitarle a que los imite también. Esto contribuirá a su comprensión del entorno y al desarrollo de su lenguaje.

- **Ayudar al bebé a ejercitar los músculos de su boca y lengua.** Retirar el chupete lo antes posible y, gradualmente, introducir alimentos sólidos en trozos pequeños a medida que vaya creciendo. Masticar es un ejercicio que involucra los músculos necesarios para el lenguaje, por lo que es importante fomentar esta práctica desde temprana edad.

- **Evitar hablar en nombre del bebé o terminar sus palabras por él.** Se debe dar el tiempo y el espacio suficientes para que él mismo intente comunicarse.

Necesidades sociales

Dentro del proceso de crecimiento y desarrollo de los niños, encontramos un aspecto fundamental: sus necesidades sociales. Desde temprana edad, los niños comienzan a explorar su entorno, a interactuar con otras personas y a construir relaciones significativas. No olvidemos que, desde que nacemos, **somos seres sociales.**

Desde los primeros meses, los bebés empiezan a establecer conexiones con las personas que los rodean, respondiendo a estímulos sociales y emocionales. A medida que crecen, desarrollan habilidades comunicativas y emocionales más complejas, permitiéndoles expresar sus emociones, interactuar con otros niños y establecer lazos de **amistad.** Además, los niños exploran su identidad y su sentido de pertenencia en su entorno social, experimentando el compañerismo, la colaboración y el juego compartido.

En definitiva, la necesidad social de un niño es como su deseo innato de estar con otras personas, sentirse querido y formar parte de un grupo. Y lo expresan desde el nacimiento en determinadas acciones, como cuando un niño busca abrazos y sonrisas de los que lo cuidan, evolucionando a medida que crece con conductas de juego con otros niños en el parque haciendo amigos nuevos. Cuando un niño interactúa con otros, aprende muchas cosas importantes, como compartir, hablar y entender cómo se sienten los demás. También se siente más seguro y querido cuando está rodeado de personas que lo cuidan y lo apoyan emocionalmente. La necesidad social del niño asienta sus bases en:

- **Vinculación emocional:** los niños necesitan establecer vínculos afectivos seguros con sus cuidadores y otras personas significativas en sus vidas para sentirse amados, protegidos y seguros.

- **Interacción social:** los niños anhelan la interacción y el juego con otros niños y adultos. A través de estas interacciones, desarrollan habilidades sociales, como compartir, cooperar y comunicarse de manera efectiva.

- **Sentido de pertenencia:** los niños necesitan sentir que forman parte de una comunidad o grupo social. Esto les proporciona un sentido de identidad y pertenencia, y les ayuda a desarrollar su autoestima y confianza en sí mismos.

- **Aprendizaje social:** la interacción con otras personas es fundamental para el aprendizaje social y emocional de los niños. Aprenden a entender y regular sus propias emociones, a interpretar las señales sociales de los demás y a desarrollar habilidades para resolver conflictos.

- **Apoyo emocional:** los niños necesitan sentirse comprendidos, escuchados y apoyados emocionalmente por los adultos y compañeros de su entorno. Ello les ayuda a desarrollar una autoestima positiva y a manejar el estrés y las dificultades de manera efectiva.

En resumen, la necesidad social de un niño es como su necesidad de amor, amistad y conexión con quienes lo rodean, lo que lo ayuda a crecer feliz y seguro de sí mismo.

ETAPAS DEL DESARROLLO SOCIAL INFANTIL

Una vez más, como con cada hito de desarrollo durante el crecimiento que hemos ido conociendo hasta aquí, se ha de tener en cuenta que esto no se produce de manera rígida, sino que se establece como una guía general que puede presentarse de forma distinta en cada niño.

- **Desde que nacen hasta los dos meses,** los bebés comienzan a mostrarse más interesados en los rostros humanos, reconociendo a quienes los cuidan mediante el calor, el olor y la voz, y siendo incapaces de reconocerse a sí mismos. Empiezan a responder a las voces familiares moviendo los brazos y las piernas como conducta social más reseñable.

- **Entre los dos y cuatro meses,** los bebés empiezan a sonreír en respuesta a los gestos que les hacen las personas a su alrededor, y a veces incluso sueltan risitas. Es lo que se conoce como sonrisa social.

- **De los cuatro a los ocho meses,** los bebés comienzan a balbucear, respondiendo con sonidos cuando se les habla. También empiezan a captar las emociones de su entorno, como cuando fruncen el ceño al escuchar un no serio.

- **Entre los ocho y los 12 meses,** los bebés disfrutan más del juego, a nivel cognitivo y social, y comienzan a echar de menos a las personas cercanas cuando están con extraños.

- **A los 12 meses,** los bebés empiezan a darse cuenta de que hay un mundo más allá de ellos mismos y de sus cuidadores. Socialmente, aunque muestran un poco de interés por los demás, tienden a jugar solos cerca de otros niños, lo que se llama juego en paralelo.

- **A los dos años,** los niños muestran más interés en el mundo que les rodea, pero aún se consideran el centro de atención y son incapaces de tener una comprensión profunda acerca de las emociones de los demás. También comienzan a imitar lo que ven, como cuidar de sus muñecos.

- **A los tres años,** los niños empiezan a interactuar más con otros niños y a jugar de forma cooperativa. Este interés por los demás les ayuda a comenzar a desarrollar relaciones sociales.

Atender las necesidades sociales de un bebé es fundamental para su desarrollo emocional y cognitivo. Algunas **pautas** muy recomendables son:

- **Interacción cara a cara:** estar presente y ofrecer tiempo de calidad al bebé es fundamental para su desarrollo social, ya que los cuidadores representan su primer paso en la integración al mundo. Hablarle, gesticular y jugar a juegos sencillos son acciones que facilitan el vínculo.

- **Responder a las señales sociales:** los bebés expresan sus necesidades sociales a través del llanto, las sonrisas y otros gestos.

- **El contacto piel a piel:** es esencial para fortalecer el vínculo emocional entre el bebé y sus cuidadores. Abrazar al bebé, acunarlo y cogerlo en brazos con frecuencia pueden transmitirle seguridad y afecto.

- **Proporcionar oportunidades de socialización:** aunque los bebés pequeños no pueden interactuar mucho con otros niños, es beneficioso exponerlos a diferentes personas y entornos para que se acostumbren a la presencia de otras personas y que desarrollen habilidades sociales. A medida que vayan creciendo, se pueden ir introduciendo oportunidades de juego con otros niños.

- **Establecer rutinas de juego:** dedicar tiempo cada día para jugar con el bebé de manera interactiva y estimulante.

- **Modelar los comportamientos sociales:** los bebés aprenden observando a los adultos que los rodean. Es fundamental intentar ser un modelo a seguir, mostrando comportamientos sociales positivos como el respeto, la empatía y la amabilidad.

Al atender las necesidades sociales del bebé de manera consistente y amorosa, se están propiciando las circunstancias necesarias para conseguir una adecuada salud emocional y, a su vez, para potenciar su capacidad para establecer relaciones saludables en el futuro.

Necesidades psicológicas

En esta etapa tan delicada y maravillosa de la vida, es fundamental comprender y atender las necesidades más profundas de nuestros bebés: aquellas que van más allá de la alimentación y el cuidado físico. Durante los primeros años de vida, los bebés experimentan una amplia gama de emociones y establecen conexiones afectivas con sus seres queridos. Es un momento especialmente importante para la configuración cerebral.

Entender cómo responden y se comunican a través de las emociones nos permitirá establecer un **vínculo fuerte y saludable** con ellos, así como comprender cómo nuestras acciones y palabras pueden influir en su bienestar emocional y en su capacidad para regular y expresar adecuadamente sus propias emociones.

Si bien este libro se centrará en los capítulos sucesivos en conocer a fondo algunas de estas necesidades psicológicas, resulta conveniente entender algunos términos que representan aspectos de gran importancia en la atención de las necesidades emocionales que presentan los niños independientemente de su edad:

PRESENCIA

Quizás este concepto represente una de las grandes dificultades de nuestra sociedad actual, dado que en muchas ocasiones existe la necesidad de que ambos progenitores o cuidadores deban estar trabajando para salvaguardar la economía familiar, y esto hace que resulte más complicado que los padres puedan pasar tiempo físicamente presentes para involucrarse en la crianza de los niños. Tampoco lo hace especialmente fácil el hecho de que a veces los niños se ven matriculados en numerosas actividades extraescolares, lo cual provoca que se encuentren la mayor parte de su tiempo disponible fuera de casa.

Sea como fuere, la cuestión es que la necesidad de presencia es vital para el desarrollo del bebé, como hemos venido explicando, por una cuestión biológica y de supervivencia para el niño, debido a su vulnerabilidad. Pero este término va un poco más allá: no solo se hace referencia al aspecto físico del concepto de presencia, sino también al emocional, por cuanto que estar presentes tanto física como emocionalmente es el estado en el que puede darse un acompañamiento de calidad al niño.

Ahora bien, ¿qué es estar presentes? Es mantener una **observación atenta**, una **escucha activa y consciente** centrada en las necesidades que puede presentar el bebé en cada momento. Por tanto, una presencia plena del cuidador tiene la misión de facilitar y promover el circuito neurológico de seguridad y bienestar del niño.

El médico y profesor clínico de psiquiatría de la Universidad de California, Daniel J. Siegel, establece cuatro efectos principales de la presencia del adulto en el cerebro del niño:

- **Se sienten seguros,** ya que el adulto es capaz de estar presente para ellos.

- **Se sienten vistos;** saben que son importantes para el adulto.

- **Se sienten aliviados;** les consuela sentirse acompañados ante las dificultades.

- **Sienten el mundo como un lugar seguro;** basándose en las sensaciones descritas anteriormente, son capaces de establecer como referencia un adulto en el que confían, pudiendo inferir de ello que el mundo es un lugar agradable.

Esta experiencia de tener a un adulto plenamente presente, si se produce de manera continuada y repetida, es capaz de construir en el cerebro del niño un conjunto de redes neuronales o esquemas mentales que le permitan establecer un sentimiento de confianza para explorar el entorno y establecer relaciones significativas con otras personas.

SEGURIDAD

Más allá de atender las necesidades fisiológicas, los niños necesitan otros aspectos como un hogar y un núcleo familiar **estable y saludable** para garantizarles un ambiente seguro y armónico durante su crecimiento. Dejando de lado las variables socioeconómicas, en lo que respecta a aspectos más emocionales, esta necesidad de seguridad que presentan los niños se basa en que se encuentren disponibles de manera coherente, respetuosa y receptiva (con presencia) las figuras de los cuidadores.

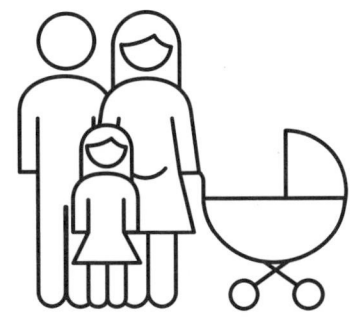

Sentirse seguros durante el desarrollo permite a los niños establecer la base para el aprendizaje, las habilidades sociales y la capacidad de gestión emocional, además de mantener y fortalecer el vínculo de **apego** con los cuidadores.

VALIDACIÓN

Por definición, la validación emocional se refiere al deseo de ser notados, aceptados y apreciados por los demás en diversos aspectos de nuestras vidas. El niño necesita sentir sin juicios, críticas o maltratos que es correcto expresar sus emociones y que ser y pensar como lo hace está bien. Esta necesidad, junto a la de aceptación, resulta imprescindible para desarrollar la sensación de seguridad.

Especialmente en el caso de los bebés, es de gran importancia **validar sus emociones,** porque guardan gran relación, como hemos visto, con la sensación de seguridad y sirven de base para establecer conexiones emocionales significativas. Además, habida cuenta de que los bebés carecen de los recursos necesarios para poder gestionar sus emociones, dependen en gran medida de que los cuidadores las validen y atiendan, y, teniendo en cuenta que el modo más característico de expresión de sus necesidades durante los primeros meses de vida es el **llanto,** se debe aceptar como modo de comunicación emocional y ver más allá de la conducta del llanto o rabieta.

Si el cuidador es capaz de validar las emociones del bebé, le facilitará el proceso de reconocerlas y gestionarlas a medida que crecen. Además, contribuirá al desarrollo de una autoestima adecuada y una confianza en sí mismo, ya que validando lo que sienten le están enseñando que sus emociones son importantes.

Veamos algunos ejemplos de validación emocional:

• **Reconocer con aceptación y nombrar las emociones.** Si el bebé se encuentra molesto y se pone a llorar, en una etapa en la que ya tiene mayor comprensión de las palabras, al acercarnos a él podemos decirle frases como: «Veo que estás llorando, ¿te sientes triste o necesitas algo?». Eso le ayudará a relacionar determinados actos con las emociones y ponerles nombre.

• **Proporcionar consuelo incondicionalmente:** si un bebé se encuentra asustado o quizás irritado, debemos abrazarlo y hablarle en un tono calmado, pues esto le transmite calma, además de la seguridad de que va a ser consolado y atendido cuando lo necesite. Ignorarle o no acudir cuando se encuentra mal, le crea inseguridad. En caso de que el niño presente una conducta no deseada, tras el consuelo estableceremos una alternativa de comportamiento más funcional.

• **Ayudarnos de gestos para validar sus emociones:** si, mientras estamos observando o interaccionando con el bebé, se encuentra contento y sonríe, podemos devolverle una sonrisa e incluso hacer gestos con las manos, como dar palmadas para acompañar su emoción. También sería muy adecuado ponerle nombre a lo que está sintiendo, diciendo algo del tipo: «Parece que estás feliz». Así comprenderá que la sonrisa tiene que ver con el bienestar.

- **Darle tiempo y espacio para expresarse:** imaginemos que al bebé se le ha caído el juguete con el que se encontraba jugando y ahora no consigue alcanzarlo por sí mismo; seguramente se encuentra frustrado, lo más recomendable es dejarle que lo exprese sin intervenir inmediatamente y dejarle un tiempo para que intente solucionarlo por sí mismo. Si esto no fuese posible, le ayudaríamos. Es importante que sientan que confiamos en sus capacidades para resolver problemas y que intervengamos en los momentos adecuados.

- **Escuchar y estar presente:** cuando un bebé vocaliza o balbucea, se puede responder con atención y entusiasmo, demostrando que se valora su comunicación y que estamos ahí presentes. Esto les hará sentir importantes y probablemente tenderán a repetir los balbuceos con más éxito.

- **Aceptar y validar todas las emociones:** es esencial no desestimar las emociones del bebé, incluso si parecen pequeñas o irracionales desde nuestra perspectiva de adultos o son principalmente expresiones hechas desde el llanto. Cada emoción que experimenta es válida y merece ser reconocida.

Lo importante sobre la interacción con los niños es poder mostrar comprensión ante la expresión de sus emociones, ver más allá para indagar acerca de qué nos quieren decir con ellas y mostrarles empatía por lo que sienten, así como un amor incondicional. En esto reside en realidad la clave de la validación emocional.

REGULACIÓN EMOCIONAL

Se refiere al proceso de modulación de las emociones, que pueden ser tanto positivas como negativas, que presenta el bebé ante las interacciones que tiene con el entorno, así como con sus cuidadores principales. Esta capacidad de regulación emocional que se desarrolla en la primera infancia parece ser un factor determinante en el buen funcionamiento psicológico posterior.

Durante estas primeras etapas de vida, la función de la regulación emocional del bebé recae principalmente en el cuidador como un proceso externo hasta que las estructuras necesarias se desarrollan y maduran. Si el adulto se encuentra disponible y aplica unas buenas habilidades de regulación, se facilitará el paso de la regulación emocional diádica hacia la **autorregulación,** por la que el niño será capaz de aplicar sus propias habilidades para atender sus emociones de manera autónoma.

Esto no quiere decir que el bebé carezca de estrategias de regulación, puesto que encontramos que desde los primeros meses presentan un repertorio de estrategias que pueden dividirse en dos:

1. **Conductas de regulación autodirigidas.** Son estrategias de regulación emocional que tienen como objetivo controlar el propio estado emocional, como, por ejemplo, apartar la mirada de un estímulo estresante o realizar conductas de autoestimulación como chupar o manipular partes del cuerpo u objetos a fin de regularse u obtener un efecto calmante. Un buen ejemplo es cuando el bebé se chupa el puño o el dedo o cuando chupa su mantita o cualquier objeto que tenga en la cuna o en el carrito.

2. **Conductas de regulación heterodirigidas**: son las que se centran en llamar la atención de un adulto para que pueda prestar ayuda en la regulación, desde el llanto a una expresión facial, intentos de ser recogidos o acunados o cualquier actividad motora que represente un estado de malestar. Un ejemplo es cuando grita, se sacude o se remueve en la silla, cuando echa los brazos o las manos para pedir que lo cojan, etc.

A partir del segundo año de vida, cuando aparecen hitos como la aparición del lenguaje, el juego simbólico o la capacidad de narrar eventos, las estrategias de regulación serán más maduras y complejas y darán paso, si las bases se han asentado adecuadamente, a las estrategias de autorregulación a medida que se adquieren nuevas habilidades cognitivas.

En este sentido, el juego simbólico es un instrumento que se proyecta en la mente del niño como si fuese una situación real en la que se establecen relaciones y se presentan conflictos. Es un lugar idóneo para que los niños procesen y expresen emociones y comprendan las distintas perspectivas con las que se pueden observar las situaciones. «Escenificar» la vida através del juego es una buena herramienta para liberar la tensión y establecer estrategias cuando aparezcan los arrebatos emocionales en la vida.

A continuación, veremos de modo esquemático algunas otras necesidades emocionales y psicológicas, que iremos desgranando mejor y de una manera más profunda en próximos capítulos y que pueden presentarse en los niños en etapas vitales posteriores.

1 Aceptación

2 Reconocimiento

3 Límites

4 Mentalización

5 Respeto

6 Autonomía

7 Apego

8 Conexiones sociales

9 Autoestima

10 Pensamiento crítico

11 Empatía

APEGO SEGURO: ESTABLECIENDO LAZOS DE AMOR

El apego infantil es un aspecto fundamental en el desarrollo emocional y social de los niños. Desde los primeros momentos de vida, los seres humanos establecen vínculos afectivos con sus cuidadores principales, lo que les proporciona seguridad, protección y una base sólida para explorar y relacionarse con el mundo que les rodea.

El concepto de apego ha sido ampliamente estudiado y teorizado por psicólogos y expertos en desarrollo infantil, y se ha demostrado que tiene un impacto significativo en la salud mental y el bienestar a lo largo de toda la vida. Comprender cómo se forma y **se desarrolla el apego en la infancia** es crucial para promover relaciones saludables y fomentar un crecimiento emocional positivo en los niños.

En este capítulo exploraremos los fundamentos del apego infantil, la importancia de las primeras relaciones de apego y cómo estas conexiones influyen en el desarrollo cognitivo, emocional y social de los niños. Analizaremos los **tipos de apego** más relevantes y examinaremos las consecuencias de un apego seguro versus un apego inseguro. Asimismo, abordaremos las posibles dinámicas y estrategias para promover un apego saludable.

Es fundamental comprender el papel del apego en la formación de relaciones saludables, la regulación emocional, la autoestima y la capacidad de adaptación en etapas posteriores de la vida. Al comprender los procesos que subyacen al apego infantil, podemos proporcionar un entorno seguro y apoyar de manera adecuada el desarrollo emocional y social de los niños, sentando las bases para una adultez saludable y satisfactoria.

Marco teórico

La teoría del apego infantil fue desarrollada por **John Bowlby** entre 1969 y 1980. La línea principal de investigación de este autor se centró en la tendencia que tienen los niños de buscar la proximidad con otras personas estableciendo una relación afectiva con ellos y que dará como resultado un estado emocional de seguridad o inseguridad, dependiendo del nivel de presencia y atención a sus necesidades por parte de estas personas.

Si bien John Bowlby es considerado el padre de la teoría del apego, sus estudios se basaron en los trabajos realizados por Konrad Lorenz en los años 50 sobre la impronta como compartimiento instintivo en los gansos y patos, poniendo en valor la importancia del apego para la supervivencia. De aquí nació la idea, que posteriormente desarrolló Bowlby, de que las conductas de apego tienen un carácter instintivo.

Otra figura muy relevante, por su gran aportación en el campo práctico y experimental, fue **Mary Ainsworth,** una psicóloga estadounidense que realizó en 1960 un experimento llamado la «situación extraña». En este procedimiento de laboratorio observó de manera encubierta los compartimientos que presentaban los bebés ante la exposición a distintas situaciones de presencia o ausencia de dos personas de manera alterna: su cuidador y una persona extraña. Encontró diferencias individuales en los comportamientos de los niños realizando una valiosa aportación, la clasificación de los distintos tipos de apego; además, este experimento permitió establecer una forma de evaluación del apego en niños.

¿Qué es el apego?

Pasemos ahora a la definición del apego. Este término hace referencia a la **vinculación** o relación que el niño establece los primeros años de vida con las personas que tiene en su entorno.

El apego tiene un carácter emocional, ya que se trata de un **vínculo afectivo** y consiste en una relación que el niño establece con las personas (figuras de apego) que están al cargo de atender sus necesidades básicas, pero también de sus cuidados emocionales. Ahora bien, para que se establezca correctamente y se mantenga el vínculo, es necesario que estos cuidados y atenciones perduren en el tiempo de una forma estable.

El apego tiene algunas funciones básicas para el ser humano:

- **Función biológica:** un buen apego es vital para la supervivencia.

- **Función psicológica:** es necesario para adquirir seguridad en la exploración del mundo; nos permite aprender y, además, tiene un papel fundamental en la regulación emocional.

- **Función social:** favorece el desarrollo social, permitiendo establecer nuevos vínculos.

Características

Según la teoría de Bowlby, las **características principales** que constituyen el apego son:

1. **Mantenimiento de proximidad.** Representa la necesidad o deseo de mantenerse próximo a las personas con las que se ha establecido el vínculo de apego. En este sentido, el tipo de apego establecido vendrá marcado por el nivel de presencia o ausencia que mantenga su figura de apego.

2. **Refugio seguro.** Hace referencia a la conducta que presenta el niño frente a una amenaza o miedo, consistente en volver a la figura de apego en busca de comodidad, consuelo y seguridad.

3. **Base segura.** En este caso, la figura de apego tendría la función de actuar como una base de seguridad con respecto al mundo desde la que el niño puede sentir que explorar el ambiente que le rodea no representa un peligro.

4. **Angustia de separación.** Esta característica está definida por la ansiedad generada ante la ausencia de la figura de apego.

La teoría de Bowlby se sustenta bajo **tres ideas fundamentales:**

1. En primer lugar, propuso que, si los niños se crían con la confianza de que sus figuras de apego estarán disponibles para ellos, es menos probable que experimenten **miedo** en comparación con los niños que son criados sin esa esa convicción.

2. En segundo lugar, desarrolló la idea de que esta confianza en sus cuidadores se desarrolla durante lo que se conoce como **período crítico de desarrollo,** fundamentalmente en los primeros años de la infancia. Las expectativas que los niños desarrollan sobre el vínculo en dicho período suelen permanecer de una forma bastante estable durante el resto de vida de la persona. De ahí el papel tan importante que se da al apego.

3. Por último, hace hincapié en que esas expectativas se basan en **la experiencia,** por lo que los niños la desarrollan con base en lo acontecido durante el proceso de vinculación. Esto es, si ha desarrollado esa confianza en que su figura de apego va a responder ante sus necesidades, es porque en el pasado esto se ha cumplido.

Fases de la construcción del apego

Es importante, de nuevo, hacer hincapié en que la formación del apego no es algo que se dé en un momento o etapa única, como podría ser el embarazo, parto, lactancia, etc., sino que es el resultado de la relación afectiva basada en la atención de las necesidades del niño y mantenida durante aproximadamente su primer año de vida. Solo así podremos afirmar que se ha construido de forma estable el vínculo de apego.

LAS SEIS PRIMERAS SEMANAS DE VIDA: FASE DE PREAPEGO

Debido a su vulnerabilidad y poca autonomía, para el bebé resulta vital vincularse a fin de poder atender sus necesidades fisiológicas y emocionales. Esto induce a que el bebé desarrolle de manera innata conductas con el objetivo de llamar la atención de los adultos. El ejemplo más representativo es la forma en que los recién nacidos responden a los estímulos externos, intentando así provocar un contacto físico.

Por lo general, durante esta primera etapa el bebé suele aceptar a cualquier persona que le cuide, sin mostrar predilección por nadie, puesto que en esta fase de preapego el niño tiene un reconocimiento de la figura materna demasiado básico y el vínculo es bastante débil.

No obstante, sí suele mostrar, dentro de las figuras de apego, ciertas preferencias basadas en las voces, los rostros, los aromas o la temperatura.

DE LAS SEIS SEMANAS A LOS TRES MESES

Este período representa la antesala de la formación del apego. Es el momento en que empiezan a vislumbrarse las preferencias del niño hacia su cuidador principal. En este caso el bebé se decanta por la persona que le alimenta regularmente, responde ante la incomodidad que presenta cuando necesita un cambio de pañales, quién le atiende cuando llora (en la mayoría de los casos, la madre se hace cargo de estas tareas, y es por ello por lo que se establece un vínculo especial entre ellos).

DE LOS TRES A LOS SEIS MESES DE VIDA: FASE DE FORMACIÓN

Se siguen marcando las conductas de preferencia del bebé ante los cuidadores que responden a sus necesidades. En este momento, el niño quiere permanecer junto a ellos.

En esta etapa ya comienza a ser perceptible la capacidad que desarrolla para identificar a estas figuras de apego: el niño ya es capaz de buscarlos y seguirlos con la mirada, sonríe y emite sonidos cuando los ve; además, la presencia y la voz de sus cuidadores le hacen sentir tranquilo y seguro, mientras que, si se ausentan, puede mostrar incomodidad o desagrado. Estos meses resultan clave para la formación de la confianza en la figura de apego que podrá conseguirse si esta se muestra disponible y responde adecuadamente ante las necesidades del bebé.

Del mismo modo, el bebé responde de una manera diferente ante las personas extrañas respecto a la respuesta que muestra ante sus seres queridos, aunque no rechaza por completo la interacción con los desconocidos.

DE LOS SEIS A LOS 12 MESES DE VIDA: FASE DE APEGO

Si el vínculo se ha establecido de una forma segura (que, como hemos visto anteriormente, es resultado de la presencia y atención de las necesidades del bebé) en las etapas anteriores, en este período termina por consolidarse.

El niño ya mantiene un vínculo especial y una preferencia muy evidente hacia el adulto que se define como cuidador principal y, ante su separación, reacciona angustiado, llorando e incluso con ansiedad. Igualmente, el niño comienza a mostrar un rechazo hacia personas extrañas que a menudo perciben como amenazantes, por lo que el bebé realiza de manera activa la búsqueda de la presencia de su figura de apego para poder sentirse a salvo.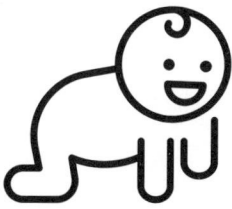

En muchos casos, durante este período el niño comienza a asistir a guarderías o servicios de cuidado alternativos, por lo que a lo largo de los primeros días puede mostrar angustia por la separación de las figuras de apego, necesitando un periodo de adaptación que permita afrontar y gestionar esa sensación.

ENTRE LOS 12 Y LOS 18 MESES: SUBFASE DE APEGO

De nuevo encontramos una «subfase», en este caso perteneciente a la etapa de consolidación. Aunque no es algo generalizado, hay niños que a partir de los 12 meses ya consiguen mantener la calma, tanto ante la presencia de figuras que no son de su referencia como ante la ausencia de sus cuidadores. Sin embargo, otros niños pueden necesitar algo más de tiempo para conseguir mantenerse calmados en estas situaciones.

Este período viene marcado por una mayor independencia, al conseguir hitos como caminar solos, y por la transformación del vínculo en una relación más madura, gracias al desarrollo emocional e intelectual del bebé. Un ejemplo de esto es la capacidad que algunos niños muestran de comenzar a entender que, si el cuidador se marcha, regresará, y esto suele mostrar que el vínculo es seguro.

DESDE LOS 18 MESES: RELACIONES RECÍPROCAS

Esta fase puede iniciarse entre los 18 y los 24 meses. En esta etapa el niño va adquiriendo cada vez una mayor autonomía: consigue andar por sí solo, empieza a verbalizar lo que quiere, busca ayuda si la necesita y comienza a explorar el mundo. Por consiguiente, la relación de apego se manifiesta de un modo distinto debido a que el niño presenta una identidad más clara, y puede expresar cariño y mantiene un papel más activo y recíproco en las relaciones. Ello, sumado a todo lo aprendido hasta ahora en la relación que mantiene con sus figuras de apego, dará como resultado que se relacione de manera confiada o con desconfianza, que presente autonomía o dependencia en el vínculo.

Además de la adquisición del lenguaje, se desarrolla la capacidad de poder **representar mentalmente** a la figura de apego, sin que esta se encuentre presente, y, gracias a esta habilidad, los niveles de ansiedad ante la separación se reducen. Cabe mencionar que se reducen especialmente si previamente se le ofrece una breve explicación que indique por qué se va a ir y cuándo está previsto que vuelva, por ejemplo: «Voy a salir a comprar, volveré en media hora» o «Tengo que irme a trabajar, pero vengo a la hora de comer».

Es importante resaltar que, cuando esta última fase de apego finaliza, el vínculo es lo suficientemente sólido para que se mantenga la seguridad que le proporciona al niño la presencia de su cuidador, aunque exista una separación física puntual; por ejemplo que se vaya al trabajo o lo deje en la guardería. Que el niño entienda que esa ausencia no es permanente es lo que le permite no realizar una búsqueda permanente de contacto físico y poder desarrollar estrategias de autorregulación.

En este punto ya hemos hablado de las cuatro fases más importantes de la construcción del apego que Bowlby estableció (preapego, formación, consolidación del apego y relaciones recíprocas), pero nos parece interesante mencionar otras etapas de vida en la que esta vinculación se va transformando, así como analizar de qué manera lo hace. Partiremos de nuevo de la premisa de que, llegados a esta etapa, la vinculación se ha realizado de una manera segura. Así pues, destacaremos las siguientes etapas vitales:

TRES AÑOS EN ADELANTE: ACTIVACIÓN DEL APEGO
Desde esta edad y hasta la adolescencia, se produce la activación del apego. El niño ya comienza a percibirse como un individuo separado de los cuidadores, dado que hasta entonces se consideraba parte de un mundo muy pequeño, formado por mamá y papá o por los principales cuidadores. Empieza, por tanto, a poder hacer un despegue de estas figuras.

ADOLESCENCIA: DESAPEGO, DUELO Y REAPEGO
Esta etapa se dan simultáneamente varios procesos como la poda neuronal (eliminación de las conexiones sinépticas que no se utilizan) y los cambios hormonales, que producen frecuentes desregulaciones a modo de «turbulencias emocionales».

Del mismo modo, el proceso de apego sufre también transformaciones, por cuanto que durante este periodo se da un cierto desapego de las figuras paternas y el adolescente en ocasiones debe aprender a tolerar esta pérdida como si de un duelo se tratase. Por otra parte, el adolescente manifiesta la capacidad para apegar con nuevas figuras, tanto adultos como también con iguales.

LA EDAD ADULTA: APEGO ENTRE PARES
Durante la edad adulta, es en el ámbito de la pareja donde se manifiesta el apego entre iguales, aunque en esta etapa ya no es un vínculo tan imprescindible y relevante como lo era en la infancia.

Tipos de apego

Partiendo de la clasificación del experimento realizado por **Mary Ainsworth**, encontramos tres estilos de apego, pero, gracias a las investigaciones de **Main y Solomon** (1990), se sumó un cuarto estilo a la clasificación existente.

Se divide, por tanto, en dos categorías principales: **apego seguro** y **apego inseguro.** Este último, a su vez, se divide en tres subcategorías: evitativo, ansio-so-ambivalente y desorganizado.

En este apartado vamos a ver las características que presenta el niño según el estilo de apego desarrollado. Asimismo, analizaremos qué conductas presentan los padres respectivamente, así como las consecuencias a largo plazo, tanto emocionales como psicológicas, de desarrollar cada uno de estos estilos de vinculación.

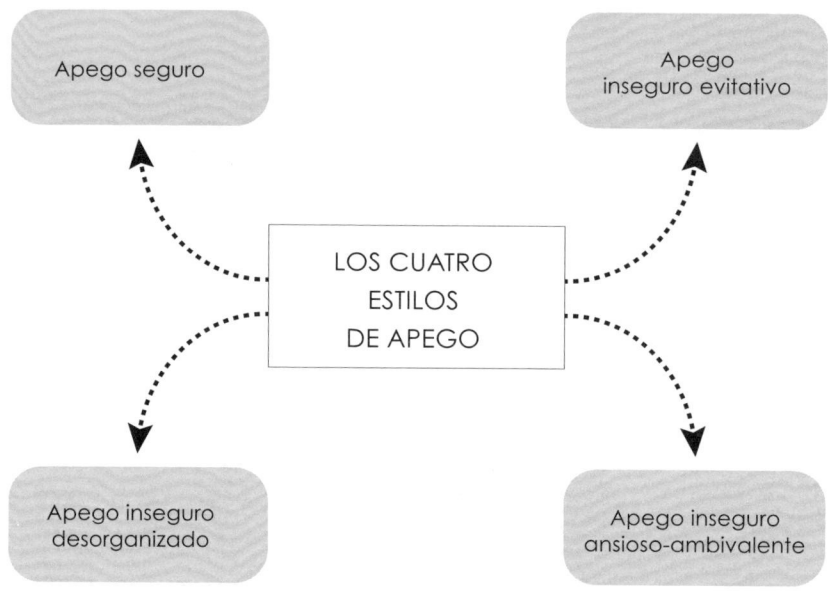

APEGO SEGURO

Los niños que presentan un apego seguro con sus figuras de apego presentan las siguientes características:

Son capaces de estar calmados cuando sus padres no están físicamente, por lo que **asumen bien la separación** porque confían en su regreso. En su ausencia, pueden explorar el entorno e interactuar con extraños, aceptando su consuelo en cierta medida, además de poder explorar con seguridad el entorno.

El hecho de que lleven de manera tranquila la ausencia de las figuras de apego no quiere decir que no se encuentren incómodos con su marcha. De hecho, una de las características del vínculo seguro es que el niño suele mostrar visiblemente molestia ante la marcha de los cuidadores, pero también expresa alegría ante su regreso.

En los momentos en los que el niño se encuentra asustado, busca el consuelo de sus figuras de apego, puesto que siente que **puede confiar** en que sus necesidades emocionales serán atendidas.

Hay estudios que han relacionado el hecho de que el niño presente un apego seguro con una mayor capacidad de empatía y madurez en las siguientes etapas de su desarrollo y con menor probabilidad de mostrar conductas disruptivas o agresivas con respecto a los niños con estilo de apego ambivalente o evasivo.

APEGO INSEGURO–EVITATIVO

En este caso, los niños, ante la marcha de sus figuras de apego, se muestran **inalterables;** aunque esperan su regreso, cuando esto sucede, no le prestan atención y se mantienen distantes, incluso evitativos.

Ante situaciones de miedo o malestar, el niño **no busca consuelo** en sus padres; si bien no llega a rechazar su atención, tampoco busca el contacto. Puede mostrar poca preferencia por sus padres frente a los desconocidos.

APEGO INSEGURO–ANSIOSO AMBIVALENTE

La característica principal de este estilo de apego es la **ansiedad** que el niño presenta ante la marcha de sus figuras de apego: cuando estos regresan, no consigue calmarse con facilidad, pudiendo llegar a mostrar rechazo ante ellos de manera violenta y no aceptando su consuelo ni contacto físico.

Cuando se relaciona con desconocidos, el niño se muestra muy desconfiado e incómodo si tiene que interactuar con ellos.

Si se desarrolla un estilo de apego inseguro-ansioso ambivalente en las siguientes etapas de desarrollo, el niño puede mostrar inseguridad y ser excesivamente dependiente en las relaciones tanto con sus figuras de apego como con las nuevas vinculaciones.

APEGO INSEGURO–DESORGANIZADO

La base de este estilo de apego está en que hay un contraste de comportamientos en el niño que van desde la evitación y el rechazo ante sus figuras de apego hasta su búsqueda.

Los niños con apego inseguro-desorganizado suelen mostrarse asustados y apáticos, y exhiben un **gran nivel de confusión** cuando sus cuidadores están presentes. Sin embargo, ante su ausencia, presentan una angustia que no pueden manejar durante la separación. Al regreso, el niño se encuentra desorganizado, desregulado incluso llegando a la hiperexcitación.

El apego desorganizado se manifiesta también, en ocasiones, en el rol que ocupan los niños, pasando a ser ellos los cuidadores de sus figuras de apego, asumiendo un rol parental.

El origen de esta vinculación suele localizarse en una situación caótica que el niño no puede asumir ni organizar en su mente, donde las figuras de apego suelen representar tanto la persona que consuela como un individuo que inspira temor.

Manteniendo un apego inseguro desorganizado en etapas posteriores, el niño desarrollará mucho miedo ante su cuidador y hacia el entorno a la hora de explorarlo, además de hipervigilancia, baja autoestima, sentimiento de culpa y pensamiento de que merecen ser castigados, déficits de atención o memoria e incluso disociación (pérdida de contacto con la realidad que se desarrolla cuando se presenta una emoción o sensación demasiado intensa como para ser tolerada).

Apego en la etapa adulta

Una parte interesante que debemos dar a conocer es cómo estos estilos de apego se reflejan en un adulto, ya que ante la crianza o la educación el estilo de apego que los cuidadores presentan puede influir en cómo se vinculan con sus hijos.

Por ello es conveniente que, en cuanto que figuras de apego (tanto padres como cuidadores, e incluso familiares o profesores) sepamos identificar cuál ha sido nuestra historia de apego previa y reflexionemos sobre si esta tiene un reflejo en nuestras vinculaciones de manera negativa o positiva.

APEGO SEGURO

Como aspectos más indicativos de que un adulto puede vincularse con los demás de manera segura, podemos destacar:

La calidad del vínculo que establece con los demás, las **relaciones duraderas** y basadas en la **confianza,** una buena **autoestima** y el hecho de ser capaz de buscar el apoyo social si lo necesitan.

También suelen sentirse bien al compartir sus emociones con su pareja o sus amigos.

Un cuidador con apego seguro responde de manera afectuosa, con rapidez y consistencia, a las necesidades de los niños, siendo más receptivos ante la expresión de sus emociones, y dedican tiempo de calidad al juego.

APEGO INSEGURO–EVITATIVO

Los adultos con este estilo de apego rehúyen la cercanía y evitan la intimidad emocional, pudiendo percibir amenaza cuando se les muestra afecto. Además, es común que presenten dificultades tanto para expresar como para regular sus emociones, mostrándose **reservados o distantes.**

Una figura de apego con estilo inseguro-evitativo suele mostrar incomodidad, enfado o desagrado a las manifestaciones que el niño hace de sus necesidades, no pudiendo atenderlas. Cuando este tipo de personas se marchan, no brindan una explicación y, al regreso, no muestran alegría por ver de nuevo al niño, llegando a mostrar cierta **indiferencia.**

APEGO INSEGURO–ANSIOSO AMBIVALENTE

Las características principales que muestra un adulto que ha desarrollado este tipo de apego suelen manifestarse en una preocupación excesiva acerca de si su pareja los quiere, lo cual les lleva a buscar de manera continua la cercanía y validación constante.

Estos adultos presentan **gran inseguridad** y sienten un alto nivel de ansiedad si consideran que no están recibiendo atención o afecto. Cuando el vínculo se rompe, experimentan un gran desconsuelo. El **temor de ser abandonados** les provoca gran **dependencia emocional** hacia los demás.

Cuando un adulto con apego ansioso-ambivalente ejerce el rol de cuidador, presenta inconsistencia en responder a las necesidades del niño: a veces las atiende y otras veces no, dependiendo del estado emocional en el que el adulto se encuentre, pudiendo oscilar entre conductas afectuosas y la indiferencia. En ocasiones solo responden cuando, tras varias llamadas, el niño comienza a llorar o expresar su necesidad con una alta intensidad.

En cuanto a la separación, no dan explicación de su marcha y, cuando vuelven y el niño muestra desconsuelo, no lo atienden, llegando a mostrar enfado e incluso pudiendo volver a irse.

Si bien en este estilo de apego el cuidador da muestras de afecto de manera puntual y de forma correcta, la **inconsistencia** con la que lo hacen provoca que el niño no pueda desarrollar suficiente confianza en el vínculo y desarrolle una gran inseguridad.

APEGO INSEGURO-DESORGANIZADO

Un apego desorganizado en un adulto se puede inferir en los siguientes aspectos. El principal de ellos remite a la disparidad de comportamientos en una relación que van desde una conducta evitativa hasta comportamientos ansiosos, resultando por ello **impredecibles.** Pueden sentirse confusos acerca de sus sentimientos y necesidades dentro del vínculo y presentar gran dificultad a la hora de regular sus emociones y reacciones.

Si un adulto ejerce el papel de cuidador habiendo desarrollado este estilo de apego, encontramos que lo que despiertan en el niño, como principal emoción, es **miedo.** El hecho de tener una baja capacidad en la regulación y control de sus emociones hace que a la hora de atender al niño puedan mostrar conductas con un cierto nivel de hostilidad hacia este.

Presentan una baja tolerancia ante conductas que el niño muestra y que ellos consideran inadecuadas, siendo su respuesta, de nuevo, **agresiva.** Si el niño demanda ayuda o muestra una necesidad particular, ante la incapacidad que el adulto tiene de atenderlo, este se frustra y puede llegar a castigarlo por ello.

Implicaciones psicológicas según estilos de apego

Entendiendo que presentar un apego inseguro no es la razón única o directa de padecer un trastorno psicológico, sabemos que está estrechamente relacionado con una alta probabilidad de desarrollar tal trastorno. Veamos, pues, cómo se correlacionan entre ellos.

En el caso del **apego seguro,** lo que encontramos es que se desarrollan ciertas habilidades y recursos emocionales tales como:

- Mayor empatía.
- Mayor resiliencia y capacidad de afrontar situaciones estresantes.
- A nivel social, una mayor satisfacción en sus relaciones.

Si pasamos a analizar el **apego evitativo,** debido a su tendencia de aislamiento, podrían experimentar sentimientos de soledad, a la vez que también presentan dificultad en las relaciones, lo que aumenta el riesgo de desarrollar los siguientes trastornos:

- Trastorno de depresión.
- Trastorno de ansiedad.
- Trastorno de la personalidad evitativo.

Con respecto al **apego ansioso-ambivalente,** por su alto nivel de preocupación y desregulación podrían presentar:

- Trastornos de ansiedad.
- Trastorno obsesivo-compulsivo.

Por último, el estilo de **apego desorganizado,** por su carácter de alto impacto emocional durante su desarrollo, resulta el más propenso al desarrollo de patologías como:

- Trastorno de ansiedad.
- Trastorno de depresión.
- Trastorno disociativo.
- Trastorno de estrés postraumático.
- Trastorno de la personalidad.
- Trastorno de la conducta alimentaria.

Es importante mencionar que la forma de vinculación y sus consecuencias no son algo definitivo y estático, sino que se trata de una forma de relacionarse que se puede trabajar a fin de conseguir un nuevo estilo de apego más sano y funcional.

Neurobiología del apego

La parte del cerebro que está directamente implicada en la formación del apego es la que se conoce como «cerebro emocional». Se trata del sistema límbico. Es interesante, por tanto, conocer algunas de sus estructuras y su relación con el apego.

Estructuras del sistema límbico

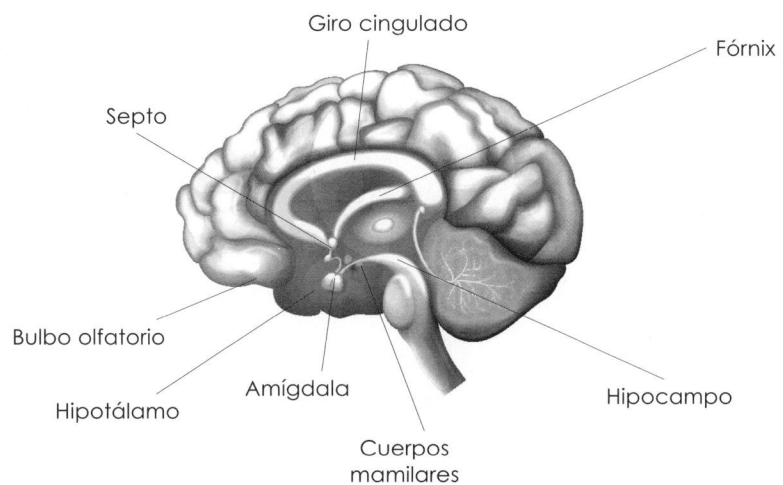

73

GIRO CINGULADO

Comencemos por el giro cingulado, que, como se puede observar, mantiene una importante conexión con partes como la amígdala, el hipocampo, el septo y, a su vez, está conectado con el neocórtex. Además, en lo respectivo al apego, mantiene funciones muy importantes como:

- Se ocupa de modular y procesar la expresión de los **matices** sutiles emocionales.

- Interviene en la **modulación de la voz** (tristeza, felicidad).

- Se encarga del aprendizaje de la **vocalización emocional** (expresar estados emocionales a partir de vocalizaciones), lo que facilita la formación de apegos a largo plazo, sobre todo el apego entre madre e hijo.

En diversos estudios se ha observado que mujeres que tenían una lesión en el giro cingulado tenían dificultades para los cuidados maternos, poniendo así en valor la importancia que mantiene en estas conductas.

AMÍGDALA

En lo que respecta a la amígdala, encontramos que tiene un papel crucial en las respuestas emocionales y en la regulación del **miedo.** Cuando la amígdala se encuentra regulada, se emiten respuestas adecuadas ante las situaciones estresantes, lo que nos permite una rápida recuperación cuando finaliza la situación de conflicto.

HIPOCAMPO

El hipocampo es fundamental para la **memoria** y el **aprendizaje,** motivo por el cual resulta vital a la hora de desarrollar la capacidad de aprendizaje de las experiencias durante el apego y se ve implicado en la creación de **recuerdos** positivos, además de ser el productor de oxitocina.

La neurobiología del apego se refiere al estudio de cómo nuestras redes neuronales se configuran en torno a las relaciones de apego. Estas redes neuronales son altamente plásticas, lo que significa que pueden cambiar y adaptarse a lo largo de nuestra vida. Dos neurotransmisores clave en este proceso son la **dopamina** y la **oxitocina.**

En los roedores, las respuestas de apego están influenciadas por la integración de la dopamina y la oxitocina en una región del cerebro llamada **cuerpo estriado.** En otras especies de mamíferos se producen procesos similares de apego, pero con distintos niveles de complejidad, duración y flexibilidad.

En los seres humanos, el circuito neurobiológico subyacente al apego es similar, pero con una diferencia importante: tenemos más capacidad para reparar apegos tempranos que no se establecieron adecuadamente en comparación con otras especies, incluyendo a los primates. Se ha observado que **la oxitocina** desempeña un papel central en la formación y continuidad del apego temprano humano, así como en la conectividad entre la oxitocina y la dopamina.

La oxitocina está implicada en diversas relaciones humanas, como pueden ser la maternidad, la paternidad, el apego sentimental y la amistad cercana. A través de sus receptores en una región del cerebro llamada **núcleo accumbens,** la oxitocina desempeña un papel fundamental en la formación del apego y en mantenerlo a largo plazo, así como de su transferencia de este apego a las relaciones de amistad y de pareja que se mantienen durante la edad adulta.

Además, se ha observado que la oxitocina regula la respuesta de la amígdala a estímulos sociales aversivos, lo que ayuda a promover comportamientos de acercamiento necesarios (búsqueda de consuelo) para el desarrollo del apego y reduce las respuestas de miedo.

Por otro lado, **la dopamina,** al actuar en el núcleo accumbens, es responsable de los comportamientos activos de búsqueda de las figuras de apego y de las recompensas sociales.

La integración de la oxitocina y la dopamina en los receptores específicos del cuerpo estriado es el mecanismo final que promueve la formación de un vínculo de apego complejo en los seres humanos, así como su consolidación a lo largo del tiempo. Es importante destacar que el establecimiento de un sistema de apego saludable es fundamental para promover la homeostasis, la salud y el bienestar a lo largo de toda la vida.

Figuras de apego

Llegados a este punto, y tras nombrar las figuras de apego de forma tan reiterada, conviene detenernos en este término para concretar su significado e implicaciones en el vínculo.

Las figuras de apego son todas aquellas personas que el niño busca cuando siente desconsuelo porque le ofrecen seguridad emocional y le calman. Esto amplía el término mucho más allá del vínculo que establece el bebé con la madre, porque si el tipo de relación de apego se basa en la seguridad y atención de sus necesidades, también serán figuras de apego: el padre, la abuela, un tío o tía, cuidador, educador y, a medida que vaya creciendo, amigos, parejas, etc.

PAPEL DEL PADRE O SEGUNDO CUIDADOR

Atendiendo a lo que los estudios nos indican acerca del inicio de la relación de apego, se sabe que esta comienza en el **embarazo;** es la **madre** la primera persona en vincularse con el bebé. Durante esa etapa, la madre tiene la oportunidad de poder alimentar ese vínculo. Además, después del nacimiento, si las tareas principales de atención como el cuidado y la lactancia del niño recaen en ella, de nuevo está abierta a un mayor número de posibilidades de trabajar el apego.

Por ello, queremos poner el foco en la **figura paterna** o segundo cuidador que se encuentre cercano a la madre tanto durante el embarazo como después del parto, a fin de promover que se mantenga como una figura activa dentro de la atención y cuidado del bebé desde su gestación, y pueda darse así una buena relación de apego entre ellos.

En lo que se refiere al embarazo, como cuidador se debe tener una implicación activa por la que se deben asumir responsabilidades como acompañar a citas médicas, brindar atenciones a la madre y desempeñar un papel de soporte; en resumen, se debe saber que implicarse y estar presente es el primer paso para vincularse.

Durante el último trimestre de gestación, el bebé ya cuenta con la capacidad de reconocer la voz de su madre como figura cercana. Asimismo, según un estudio de la Universidad de Helsinki, los bebés pueden reconocer las canciones que escuchan con frecuencia.

Esto nos lleva a que, si el segundo cuidador está presente y con frecuencia se comunica con el bebé de manera hablada, cantada o contando cuentos, tendremos en esta práctica una forma efectiva para que, en el momento del nacimiento, el niño reconozca igualmente su voz, haciendo que el vínculo se haya iniciado desde el embarazo.

Tras el nacimiento del bebé, el segundo cuidador debe seguir estando activo e implicado en los cuidados y aprovechar esas acciones diarias como cambiarle el pañal, alimentarle, dormirle, pasearle, para estar receptivo también a las necesidades emocionales del niño y poder calmarle cuando llore, hablarle, jugar, etc., fortaleciendo con esto el vínculo entre los dos.

FORMAS DE FOMENTAR EL APEGO TRAS EL NACIMIENTO
- **Contacto de piel a piel:** desde el momento del nacimiento, ambos padres o cuidadores pueden aplicar esta práctica que, si bien es fundamental en esos primeras horas de vida, puede ser algo que también se

realice durante los meses posteriores, cogiendo al bebé y acunándolo contra el pecho. Se puede realizar parcialmente vestido, ya que lo que es necesario es que alguna de las partes esté en contacto (por ejemplo, las caras, o la mano del cuidador en la espalda del bebé). Esto aumenta la conexión con el cuidador y proporciona beneficios emocionales para el desarrollo del bebé.

- **Leer y cantarle al bebé:** como se ha visto anteriormente, esta práctica se puede realizar desde el embarazo. Para mantenerla con posterioridad, se pueden cantar esas mismas canciones, o leer cuentos. También es beneficioso hablarle con regularidad mientras se encuentra despierto, siempre con un tono suave y amable.

- **Participar a la hora de bañarlo:** cuando el niño empieza a conseguir hitos, como mantenerse sentado, va ganando en independencia, pero el papel del cuidador debe mantenerse presente, interactuando en un momento tan bonito como puede ser el baño. Mantener el contacto visual, hablarle mientras se encuentra jugando y, por supuesto interactuar en el juego, pueden ayudar a fortalecer la conexión, del mismo modo que al secarlo, echarle crema, etc.

- **Explorar el mundo juntos:** dar paseos desde que nacen, llevarlos al supermercado o al parque cuando son algo mayores, o darles incluso paseos en el coche, proporciona momentos de contacto e interacción que pueden resultar muy positivos.

- **Desarrollar rutinas especiales para el padre/ cuidador y el bebé:** realizar de manera directa ciertas actividades concretas o crear algunas a través del juego aportan rutina y garantizan un tiempo de conexión al día, además de darle una sensación de estabilidad y presencia continua al niño. En este sentido, son muy recomendables actividades como encargarse del baño o de acostar al niño, creando para ello una rutina especial con juegos como leer cuentos o cantar alguna canción. Estos momentos pueden ser parte de su rutina o crearse desde cero, como un rato de juegos en la manta de actividades cuando son bebés, realizar algunas actividades manuales cuando son algo más mayores, o practicar juntos algún deporte.

CONSTRUYENDO UN APEGO SEGURO

Hemos ido hablando a lo largo de este capítulo sobre los aspectos teóricos del apego, aconsejando y señalando continuamente la idoneidad de que construyamos un vínculo seguro con los niños. Ha llegado el momento de que nos centremos en los aspectos prácticos, pudiendo recoger diversas dinámicas que nos permitan conseguirlo.

Los beneficios de este tipo de apego seguro en el niño reportarán un mayor bienestar y salud psicológica. Invitamos a todas las figuras de apego, por tanto, a estar abiertas a la práctica de las actividades que vamos a proponer y que así el niño tenga como referencia una diversidad de figuras de apego sano a las que recurrir en búsqueda de **seguridad y consuelo.**

Una vez más, hacemos hincapié en que, independientemente del estilo de apego previo que los cuidadores hayan desarrollado, esto es algo que se puede trabajar para poder vincular a través de una dinámica distinta. Puntualizamos que, si se encuentran dificultades o grandes limitaciones ante la práctica de estos ejercicios, resultaría conveniente consultar con un especialista de la psicología para evaluar e incluso trabajar acerca de la historia de apego que se ha desarrollado como adulto.

Aletha Solter es una psicóloga con gran reconocimiento por su aportación al estudio y con multitud de publicaciones sobre la crianza con apego, al tiempo que sobre el impacto del estrés y el trauma que un vínculo disfuncional puede provocar.

Bajo la clasificación de esta terapeuta, existen unas **características** comunes a los juegos y dinámicas que podemos realizar para favorecer el apego con el niño:

- El centro del juego siempre será el niño; se deben tener en cuenta sus preferencias.
- Se debe procurar que los juegos implican risa y diversión.
- No requieren de ningún material especial ni específico.
- Pueden hacerse en cualquier lugar y en cualquier momento.
- No son competitivos.
- No tienen reglas fijas.
- El cuidador o el niño puede tener la iniciativa de comenzar la sesión de juegos.
- Fomentan la conexión y aumentan la seguridad emocional.

Ahora vamos a conocer las **nueve formas de juego de apego** que podemos realizar para después ir a centrarnos en dinámicas concretas adecuadas a cada etapa.

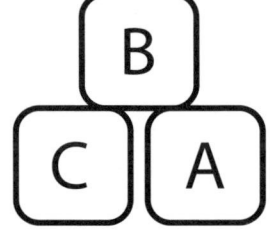

1. Juego libre y sin supervisión
A partir de dar al niño ciertos juguetes e incluso distintos materiales como pueden ser cubos, coches, muñecos,

plastilina, marionetas, disfraces, animales, figuras, etc., tenemos que dejar que el pequeño tome la iniciativa y use su imaginación para interactuar con ellos. El papel del cuidador es simplemente acompañar e involucrarse en los escenarios de juego que el niño mantiene, hacer una escucha empática, sin enjuiciar ni dirigir la sesión de juego.

En ocasiones, durante estas actividades el niño puede expresar sus preocupaciones, sus preguntas, sus realidades más cercanas incluyéndolas dentro de las escenas del juego. Se debe estar atento como figura de apego para responder ante estas necesidades expresadas o las solicitudes que pueda ir haciendo el niño, puesto que aunque sea un juego, para él es casi un «ensayo» de lo que ocurre en la vida.

Como recomendación, sería muy adecuado dedicar semanalmente una media hora a este tipo de juego libre.

2. Juego simbólico

Es un tipo de juego en el que, a través de una metáfora o la reproducción de una experiencia de carácter angustioso, se intenta poder ponerle palabras a lo que sucedió, superar la situación y, finalmente, llevarse un aprendizaje.

En el caso de un conflicto con un hermano o amigo, se pueden usar figuras para representar esa escena por medio de la imitación, dándole una solución alternativa que le permita encontrar una resolución.

Es vital entender que esto podrá usarse en situaciones en las que el nivel de angustia no sea tan elevado que pueda resultar en un impacto emocional de carácter traumático. En ese caso, es necesario acudir a un profesional de la psicología.

3. Juego de causa y efecto

En esta modalidad de juego encontramos todas aquellas actividades en las que la conducta de un adulto se muestra repetitiva y el niño es capaz de entenderla como algo predecible, algo que sabe que ocurrirá poco después y ante lo que emitirá una respuesta concreta. La práctica de este juego hace que el niño pueda ganar confianza.

Es un tipo de juego que puede comenzar en las primeras etapas. Por ejemplo, cuando se imitan los balbuceos, las expresiones o risas de un bebé, la conexión nace de la observación que el bebé mantiene para poder comprender cuál es la relación causa-efecto de la interacción, comprendiendo así las emociones expresadas.

4. Juego de los absurdos

Se da cuando el niño o el adulto reproducen de manera intencionada una acción errónea (ponerse un calcetín en la mano). Una de sus funciones principales es la de poder liberar tensiones con experiencias que representan ansiedad. Como ejemplo de esto, podría ser un juego basado en descolocar palabras e inventar nuevas cuando se presente un miedo de base a hablar delante de los demás.

5. Juegos de separación

Aquí encontramos el clásico «cucú-tras», que, a través de esconderse momentáneamente, es capaz de provocar la risa por medio de la sorpresa. Se debe no exceder el tiempo de separación para no generar estrés. Existen muchas modalidades de este juego básico, desde esconderse tras una toalla o una manta, hasta hacerlo con las propias manos sobre el rostro. A partir de los tres meses, el bebé entiende el juego y a partir de ocho o nueve querrá ser él quien se esconda.

6. Juegos de inversión de poder

Estos juegos se basan en el cambio de rol que se produce entre el adulto y el niño. Los adultos pueden fingir ser débiles, estar asustados, tener menos capacidades o fuerza; es en el niño en quien cae la tarea de salvar, cuidar o ayudarles con sus miedos.

7. Juegos de regresión

Aunque podría confundirse con la inversión de poder, este se centra en que el adulto o el niño actúan como si fuesen más jóvenes de su edad natural, es decir, como si fuesen un niño o bebé.

En ocasiones, los niños lo usan cuando quieren expresar una necesidad de ser atendidos y piensan que, mostrándose como un bebé, pueden conseguirlo. Algo que suele suceder ante la llegada de un nuevo hermano y que habitualmente desaparece cuando consideran que no les hace falta.

8. Actividades con contacto corporal

Este tipo de juego o actividad cubre una de las necesidades básicas que los niños tienen: mantenerse conectados físicamente con los demás. En esto debe basarse la dinámica en el contacto. Un buen ejemplo es hacer cosquillas o dar un pequeño masaje, juegos de chocar las manos, etc.

9. Juegos cooperativos

Los juegos cooperativos no deben estar basados en la competitividad, sino que han de fomentar la complicidad y la conexión para poder desarrollar la consciencia de que tienen algo que aportar y son valiosos. Hay infinidad de ejemplos de juego cooperativo, desde los que se basan en pasar el balón o no dejar que un globo toque el suelo dando golpecitos entre todos hasta el clásico juego en el que un niño cierra los ojos y el adulto le va guiando explicándole paso a paso qué debe hacer para no tropezar ni chocar con nada. Todos se caracterizan por fomentar el trabajo en equipo y la inclusión, favoreciendo los vínculos y la confianza.

PARTE PRÁCTICA

DINÁMICAS PARA FORTALECER EL VÍNCULO

Si bien hemos recogido una idea general de los distintos juegos que deben estar presentes para construir un apego seguro, pasaremos ahora a proponer dinámicas concretas.

Formulando como objetivo el vínculo de apego, nos centraremos en las etapas de desarrollo en las que este se forma, y, más adelante, en próximos capítulos, propondremos distintas actividades y juegos como motor de la atención de otro tipo de necesidades que los niños presentan.

Un tiempo adecuado de juego sería el que se aproxima a media hora diaria, pudiendo encontrar el momento adecuado que permita dedicarles un tiempo de calidad.

0-3 meses-Juegos de causa y efecto
- Descubriendo el cuerpo: para fomentar la consciencia de los miembros que forman su cuerpo, podemos anudar un sonajero a fin de que agite y mueva su mano o pierna.

- Conociendo el bienestar: se trata de usar una acción diaria, como el cambio de pañal, y un estímulo agradable, como cantar una canción, que la asociará a una emoción grata.

0-3 meses- Juegos de contacto físico
- A secarse: después del baño, dedicar un tiempo para poder hacer un recorrido por las distintas partes de su cuerpo, acariciándole y dándole golpecitos muy suaves.

- Te quiero: mientras se mantiene al bebé en brazos, realizar balanceos y repetir en tono agradable: «te quiero» a la vez que se le dan besos por todo el cuerpo.

3-6 meses- Juego de causa y efecto

- Juguete con sonido: puede ser de los que pitan o emiten algún sonido para, que cuando lo apriete, pueda oírlo. Al cabo del tiempo aprenderá la relación entre estrujarlo y oír su sonido.

3-6 meses-Juego de contacto físico

- Caballito: sentamos al bebé en nuestro regazo, simulamos un caballito y cantamos una canción.

6-9 meses-Juego de separación

- Marioneta: colocándonos delante del bebé y mostrándole una marioneta, después la escondemos tras la espalda y le preguntamos: «¿Dónde está?». Con posterioridad, sacamos la marioneta y saludamos al pequeño, acercándosela a la cara.

6-9 meses-Juego de contacto físico

- Reflejo: con el bebé en el regazo, nos sentamos delante de un espejo y, frente a él, comenzamos a mover partes de su cuerpo mientras le hablamos o hacemos preguntas cortas. Aprovechamos para finalizar cada frase dándole un beso en cada parte de su cuerpo.

9-12 meses-Juego de contacto físico

- Bailando: cogiendo al niño en brazos, ponemos una música para poder bailar junto a él, manteniéndolo cerca y abrazándolo de vez en cuando.

9-12 meses-Juego de cooperación

- Todo en su lugar: aprovechamos distintas canciones o inventamos una nueva que acompañe el momento de guardar alguno de sus juguetes para colaborar en esa tarea.

12-18 meses-Juego de causa y efecto

- Al agua, patos: durante el baño, cogemos un vaso o recipiente que el niño pueda llenar estrujando su esponja, hasta que asocie que, si lo hace, puede llenar su recipiente.

12-18 meses-Juego de inversión de poder

- A comer: simulamos, a través de varios objetos, que no podemos comer nuestra propia comida para que el niño nos ayude a poder hacerlo.

18-24 meses-Juego de contacto físico

- Huellas de colores: colocando pintura de dedos en un plato, ayudamos al niño a aplicársela en sus manos y pies, así como a pintar con ellos en un folio en blanco.

18-24 meses-Juego de cooperación
- <u>Puzles</u>: podemos hacer de manera conjunta puzles o construcciones por piezas. El objetivo es completar el puzle o construcción desde la colaboración.

2-3 años-Juego de separación
- <u>Escondite</u>: se trata de jugar por turnos a que uno se esconda y el otro le pueda encontrar, recordando que no se debe exceder el tiempo de permanecer escondido.

2-3 años-Juego de contacto físico
- <u>Dibujar en la piel</u>: dibujamos en su tripa o en su espalda formas sencillas que pueda reconocer, o le damos toquecitos para que adivine el número exacto de toques.

ESTIMULACIÓN SENSORIAL Y PSICOMOTORA: ALIMENTANDO SUS SENTIDOS

Los primeros años de vida resultan claves para los procesos de aprendizaje y también para el desarrollo cognitivo de una persona. El niño va a aprender sobre el mundo que le rodea a través de la exploración, y para ello se sirve de sus sentidos, que le permiten comprender el entorno y realizar nuevos aprendizajes que servirán de base al resto del desarrollo (motor, cognitivo, lingüístico, social y afectivo).

El cerebro infantil, desde el nacimiento, cuenta con la capacidad de recibir e interpretar información sensorial tanto del entorno como de la que proviene de su propio cuerpo. Esto se hace posible, en gran parte, mediante el proceso de **sinapsis** de las neuronas, que consiste en la unión que realizan estas entre sí para transmitir información. Las sinapsis resultan esenciales para funciones como sentir, pensar o actuar.

Un dato curioso es que el cerebro de un niño, durante los seis primeros años, realiza más conexiones y a una velocidad 500 veces mayor que un adulto para poder asumir todos estos nuevos aprendizajes; asimismo, cuanto más favorable y rico en estímulos resulta el entorno, más conexiones pueden establecerse. Teniendo en cuenta esto, podemos concluir que el entorno condiciona la manera en la que se desarrolla el cerebro del niño y, por tanto, el proceso de estimulación cobra mucha importancia para poder favorecerlo adecuadamente.

Numerosos estudios indican que una de las formas más efectivas y recomendables de estimulación que favorece el desarrollo del cerebro del niño hasta los tres años es la estimulación sensorial. No olvidemos que los sentidos son la entrada directa de información acerca del mundo para los bebés, así que será usándolos como aprendan sobre el entorno.

Por eso durante este capítulo abordaremos primero el desarrollo del cerebro de un niño para conocer qué procesos se dan y cómo se van desarrollando las distintas estructuras que lo componen, permitiendo así adquirir nuevas habilidades. Pasaremos después a centrarnos en la importancia y los beneficios que tiene un entorno que resulte estimulante para facilitar este desarrollo, además de ver formas prácticas para poder conseguirlo.

Desarrollo cerebral del niño

El desarrollo del cerebro podríamos entenderlo como el punto de inicio desde donde se da todo el resto del desarrollos. Se considera como la base de la inteligencia y de las capacidades cognitivas del bebé para el resto de su vida. Si bien no hace demasiado los científicos concluían que el desarrollo del cerebro solo estaba determinado genéticamente y se veía guiado por una trayectoria biológicamente predeterminada, ahora, gracias a la investigación, se sabe que las experiencias tempranas afectan al desarrollo del cerebro e influyen de manera específica en las conexiones y los circuitos que se establecen en el cerebro.

Este proceso de desarrollo se inicia ya en el embarazo, aunque, después de su nacimiento, prosigue la maduración de muchas de sus estructuras. Existen numerosos factores que influyen en el desarrollo del cerebro en el niño como, por ejemplo, la genética, la alimentación, la nutrición, las experiencias vitales, la actividad física y el apego.

DESARROLLO A NIVEL CELULAR

En primer lugar, veamos cómo se produce el desarrollo del cerebro en el niño a nivel celular. Es aquí donde las neuronas tienen el papel principal como núcleo operante del cerebro.

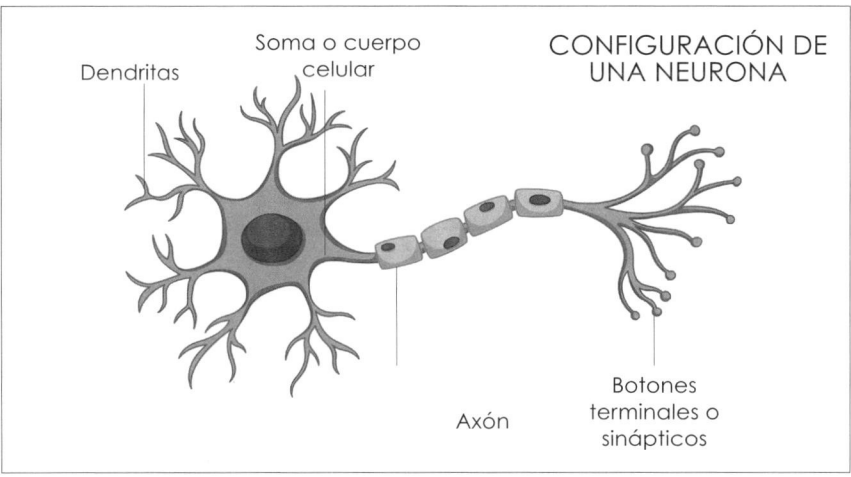

Como podemos ver en el esquema superior, la neurona posee ramas o **dendritas** que salen de su **soma** o cuerpo celular. Estas son las encargadas de recoger los mensajes o señales químicas de otras células a través de la sinapsis, llevando esta información en forma de impulso eléctrico a lo largo de unos tubos largos llamados **axón.**

A su vez, cada rama del axón tiene unos sacos conocidos como **botones sinápticos,** que contienen **neurotransmisores** (mensajes en forma de sustancias químicas) en la punta y se liberan cuando se produce el impulso eléctrico. La función de estos neurotransmisores es estimular o inhibir las dendritas de las neuronas vecinas, como si fuese un interruptor de encendido y apagado que permite o impide las nuevas conexiones.

A su vez, esta red tan compleja de conexiones que se forma se conoce como **circuitos o conexiones del cerebro.**

El cerebro construye o establece los circuitos necesarios para usar funciones específicas como pueden ser la visión o el lenguaje. Tales conexiones o circuitos se forman siguiendo un patrón que permite, por ejemplo, que los recién nacidos puedan percibir el olor de su madre, la voz de su cuidador u otros aspectos de su entorno.

Dicho circuito se construye gracias a lo que el niño experimenta: cada vez que siente una textura nueva y ve un color vibrante, su cerebro recibe la información y se activa, fortaleciendo así las conexiones entre las neuronas, usando la experiencia del niño para reforzar estos circuitos y entender el mundo que le rodea. De modo que necesita una gran cantidad de experiencias para aprender.

Etapas del desarrollo del cerebro

Muy poco después de la concepción, el cerebro del feto comienza a crecer y no para de hacerlo hasta completar el crecimiento. Veamos qué etapas presenta.

EL CEREBRO FETAL

A las dos semanas de haberse iniciado el embarazo, comienza el desarrollo prenatal del cerebro. El primer paso de este proceso se da con la formación de la **placa neural.** Esta placa se curvará en el tubo neural, que procederá a cerrarse y que, al alcanzar la séptima semana, acabará de dividirse en cuatro secciones distintas:

- Prosencéfalo
- Mesencéfalo
- Rombencéfalo
- Médula espinal

En la imagen de abajo se puede observar la evolución del cerebro de un niño desde unos días después de la gestación hasta el nacimiento, aunque vamos a ir viendo poco a poco los cambios en esta fase del cerebro fetal.

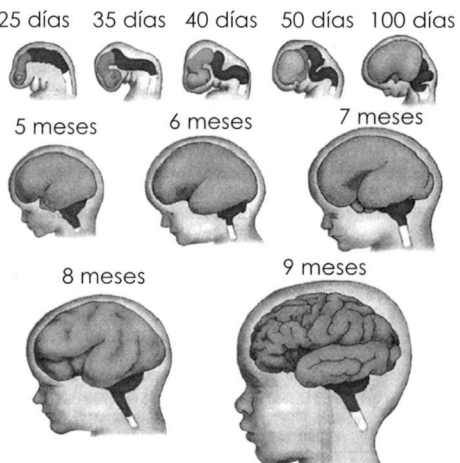

La actividad eléctrica del cerebro comienza entre los días 40 y 43 de gestación, aunque no es una actividad que pueda considerarse como coherente o funcional. A partir de la octava semana es cuando aparecen las **neuronas** y se extienden por todo el cerebro. También se desarrolla la **comisura anterior,** la considerada como primera conexión entre los hemisferios cerebrales. Además, durante el período entre la octava y la décima semana aparecen los primeros reflejos.

Los **polos temporal y frontal** del cerebro se desarrollan entre las semanas 12 y 16. La superficie del **córtex** parece plana durante el tercer mes, pero al final del cuarto mes aparecen los surcos. Surgen, asimismo, los **lóbulos** del cerebro, y las neuronas continúan proliferando por el córtex.

Si bien en la semana 13 de gestación el feto comienza a moverse, según algunos investigadores no puede atribuirse consciencia, ya que esto se da gracias a un cúmulo de procesos motores y sensoriales inducidos por actos reflejos. Una vez alcanzada la semana 17, se forman numerosas **sinapsis.** Durante la semana 23 el feto puede responder a los estímulos aversivos y, una vez alcanzado el séptimo mes de gestación, el desarrollo de sinapsis se encuentra disparado, alcanzando su máximo desarrollo durante el tercer o cuarto mes tras el nacimiento. En la semana 32 el cerebro fetal es capaz de controlar funciones como la respiración o la temperatura corporal.

Durante el período de gestación, la mejor manera de favorecer el desarrollo cerebral es que la embarazada lleve una vida saludable, manteniéndose bien nutrida, tomando vitaminas prenatales como el ácido fólico y DHA. Además, debe evitar el consumo de sustancias como el alcohol y otras drogas.

DE LOS CERO A LOS 12 AÑOS

Al nacer, el cerebro del niño ya está formado y ha crecido de forma importante. Sin embargo, aún tiene que madurar. Si bien ya posee casi todas las neuronas que necesitará durante el resto de su vida durante este período, se enfrentará a distintos cambios estructurales y funcionales en su cerebro.

Tras el nacimiento, el cráneo del bebé aún no se encuentra del todo fusionado y presenta unos «puntos débiles» llamados **fontanelas.** Este hecho no es aleatorio, sino que se da para facilitar dos objetivos claves: por un lado, favorecer que la cabeza pase a través del canal del parto, y, por otro, para ayudar a que el cerebro crezca durante la primera infancia.

El tamaño del cerebro del bebé pasa a ser de un 25 % del tamaño adulto al nacer a llegar al 80 % del tamaño del adulto cuando tiene aproximadamente tres años. El cerebro sigue un crecimiento en secuencias, haciéndolo de abajo hacia arriba; esto es, de la parte menos compleja (tallo cerebral) hacia el área más compleja (corteza).

Como puede apreciarse en la imagen esquemática, los elementos básicos del cerebro son:

- **El tronco cerebral:** está en la base del cráneo y controla la mayor parte de actividades básicas de la vida, incluyendo la presión sanguínea y la temperatura del cuerpo.

- **El cerebro medio o mesencéfalo:** está en la parte superior del tronco cerebral y controla la actividad motora, el apetito y el sueño.

- **El cerebelo:** está detrás del tronco encefálico y coordina el movimiento y el equilibrio.

- **El sistema límbico:** está en la parte central del cerebro y controla las emociones, el apego y la memoria.

- **La corteza:** es la capa superior del cerebro; constituye la «rama ejecutiva» del cerebro, la que regula la toma de decisiones y controla el pensamiento, el razonamiento y el lenguaje.

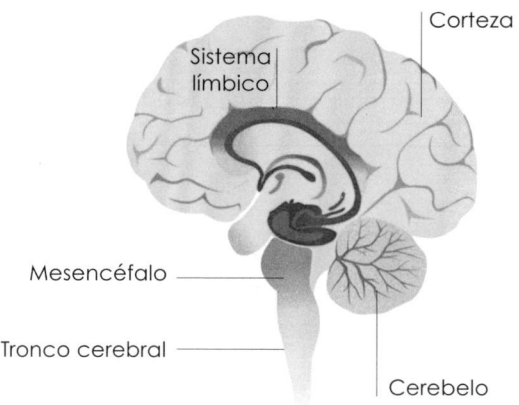

La corteza es la estructura cerebral que contiene el 80 % de las neuronas, pero, como al nacer es la parte del cerebro menos desarrollada, va a continuar en desarrollo hasta la adolescencia, incluso más allá. Además, la corteza cerebral es la parte más sensible a las experiencias que el resto de las partes del cerebro.

En este período maduran diferentes partes del cerebro:

- **Estructuras subcorticales.** Están relacionadas con las funciones de control y automatización de movimientos.

- **Estructuras límbicas.** Su función principal es la gestión emocional.

- **Estructuras vestibulares.** Son regiones relacionadas con el equilibrio.

- **Vías somatosensoriales.** En ellas está la entrada de la información visual, auditiva y táctil.

- **Áreas cerebelosas.** Es donde se establecen las capacidades de coordinación, secuenciación, precisión, equilibrio y adaptación de los movimientos al entorno.

- **Áreas primarias corticales.** En estas zonas se concentran los estímulos somatosensoriales.

Además, durante el desarrollo prenatal, extendiéndose igualmente a etapas como la infancia y la adolescencia (incluso hasta la adultez), se produce un proceso llamado **mielinización,** que se da en distintas estructuras, pero por etapas, desde las más sencillas hasta llegar a las partes más complejas del cerebro.

La mielina es una sustancia grasa y proteica que actúa a modo de aislante. Se sitúa alrededor de los axones de las neuronas y permite una transferencia más rápida de las señales eléctricas. Esto hace que el cerebro del niño pueda recibir y manejar la información de manera más efectiva. Al nacer el bebé, el proceso de mielinización está incompleto en muchas partes, pero el desarrollo durante su primer año de vida es rápido.

Estas estructuras continúan madurando y estableciendo nuevas conexiones durante la primera década de vida del niño, desarrollando nuevas capacidades. Será a partir de los 11 años cuando el cerebro comience a deshacerse de conexiones en desuso mediante un proceso llamado **poda neuronal.** De esta manera las conexiones más potentes, útiles y eficientes se consolidan y refuerzan facilitando la optimización del sistema nervioso.

PERIODO CRÍTICO Y PERIODO SENSIBLE EN EL DESARROLLO CEREBRAL

Mientras se produce el desarrollo cerebral de un niño, se dan dos periodos tanto en las áreas motoras del lenguaje como en las áreas sociales. Por un lado, tenemos lo que se conoce como el **periodo crítico,** que consiste en una ventana temporal o periodo específico en el que ciertas experiencias o estímulos son necesarios para que se desarrolle una habilidad de manera óptima. Como ejemplo del periodo crítico, cabe destacar el desarrollo de la vista, el cual se da durante los primeros meses de vida; a fin de que se desarrolle de manera normal, es muy recomendable una estimulación visual adecuada. Otros ejemplos del período crítico podrían ser el desarrollo de la agudeza visual y auditiva, desde el nacimiento hasta los cinco meses de vida. Es esencial que estas habilidades se desarrollen de manera adecuada, por cuanto que sirven de base para otras habilidades como el lenguaje.

Por otro lado, el **periodo sensible** es la ventana de tiempo en la que el cerebro es más receptivo, amplio y flexible a nuevos aprendizajes. Un ejemplo de periodo sensible sería el desarrollo del lenguaje, que, aunque se da durante la primera infancia, puede continuar más allá, en forma de aprendizaje continuo. El periodo sensible depende especialmente de la **neuroplasticidad,** a través de la cual se crean nuevas sinapsis que conformarán la funcionalidad cerebral en el futuro (y, en menor medida, también se favorece en el periodo crítico).

El término neuroplasticidad se refiere a la capacidad biológica innata que tienen nuestras neuronas y redes neuronales para cambiar sus conexiones y funciones en respuesta a nueva información, desarrollo, estimulación sensorial o daño cerebral. La neuroplasticidad permite a las neuronas ajustar la forma en que responden a experiencias repetitivas o a cambios en el entorno. Como resultado de ello, nos permite remodelar la forma en que nos comportamos, pensamos y recordamos.

Tal y como hemos venido indicando, el entorno es un factor determinante en el desarrollo del cerebro del niño. Por eso es conveniente tener en cuenta una serie de **recomendaciones** con objeto de promover y facilitar un desarrollo óptimo:

- **Interacción social:** las actividades sociales en las que el niño participa activamente con sus cuidadores, familiares o con otros niños son una oportunidad para aprendizajes significativos, como por ejemplo la adquisición del lenguaje; además, fomentan otras conexiones nuevas en el cerebro.

- **Dieta:** el cerebro necesita los nutrientes necesarios para disponer de la energía necesaria para desarrollarse y funcionar adecuadamente. Para ello, una dieta saludable y equilibrada durante la primera infancia es la mejor parte; dicha dieta es muy importante para un desarrollo adecuado del cerebro.

- **Actividad física:** se han publicado estudios que indican que el ejercicio durante la primera infancia tiene la capcidad de mejorar la función cognitiva. El ejercicio físico puede realizarse mediante actividades muy sencillas desde los primeros meses de vida, como por ejemplo pasar tiempo colocado boca abajo, que es una actividad que ayuda a desarrollar la fuerza muscular del cuello y la espalda y a mejorar el control de la cabeza.

- **Experiencias estimulantes:** un entorno creativo y abierto a nuevas experiencias ayuda al cerebro de los niños a través de la exploración y la curiosidad.

- **Desarrollar relaciones positivas:** un vínculo de apego seguro permite el aumento de conexiones neuronales del cerebro del niño.

Desarrollo cognitivo

Desde que un ser humano nace hasta su etapa adulta, pasa por un proceso que le permite adquirir sus habilidades mentales y mejorar los procesamientos relacionados con el pensamiento. Este proceso es el que se conoce como **desarrollo cognitivo,** el cual se da de manera continua y global y se integra en otros procesos durante el crecimiento que se desarrollan de manera conjunta, influyéndose los unos a los otros.

De nuevo, como en otros procesos que hemos ido conociendo, el desarrollo cognitivo se define por etapas, salvando las posibles variaciones individuales. Dicho lo cual, pasaremos ahora a ver cuáles son sus características y cómo podemos fomentar este desarrollo del pensamiento.

ETAPAS DEL DESARROLLO COGNITIVO

Jean Piaget fue un psicólogo, epistemólogo y biólogo suizo que alcanzó un reconocimiento mundial gracias a los aportes teóricos que realizó sobre el estudio de la infancia, así como por su teoría cognitiva constructivista del desarrollo de la inteligencia.

Piaget postuló que el desarrollo cognitivo ocurre en una serie de estadios secuenciales, cada uno caracterizado por formas únicas de pensamiento y razonamiento. Esquemáticamente, sería así:

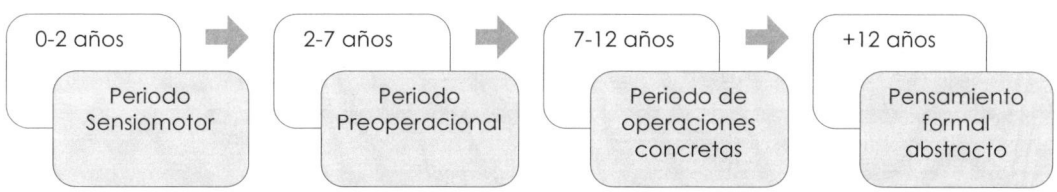

1. PERIODO SENSORIOMOTOR (0-2 AÑOS)

En esta etapa el niño obtiene el conocimiento a través de la interacción física con el entorno, de manera inmediata, en el aquí y ahora, mostrando un comportamiento muy **egocéntrico.**

A lo largo de esta etapa se adquieren habilidades muy importantes que van evolucionando, por lo que el bebé pasa de usar los reflejos innatos, que va modificando y perfeccionando por ensayo y error, hasta convertir algunas acciones en hábitos.

Poco después aparecen las **reacciones circulares,** que son aquellas que están encaminadas a obtener y mantener un resultado, y con estas aparecen los primeros **esquemas mentales,** que se definen, según Piaget, como estructuras mentales que utilizamos para organizar y comprender el mundo. Durante las primeras etapas del desarrollo estos esquemas son simples y se centran en acciones físicas.

Tiempo después, el bebé comienza por mostrar interés en el mundo exterior y descubre los procedimientos como método de reproducir acciones y hechos. De esta manera puede elaborar acciones intencionadas. Al finalizar este periodo, el bebé es capaz de realizar **representaciones mentales,** como cuando sabe que un objeto está presente a pesar de no tenerlo a simple vista.

Para favorecer el desarrollo cognitivo durante esta etapa, algunas **recomendaciones** son:

- **Favorecer el aprendizaje por ensayo-error.** En este sentido, se debe dejar al niño experimentar con algunos objetos, fomentando así la exploración de sus texturas, olores, su uso, etc.

- **Proporcionar objetos llamativos,** usando juguetes que resulten estimulantes y llamativos para el niño según su edad.

- **Jugar con el niño a esconder objetos.** Esto es recomendable a partir de los 18 meses, con actividades que consistan, por ejemplo, en esconder un objeto bajo una servilleta, mostrándole después que sigue ahí y dejando que también sea el niño quien lo busque. De este modo facilitamos la capacidad de la representación mental.

2. PENSAMIENTO PREOPERACIONAL (2-7 AÑOS)

Durante este período se produce un avance y mejora en la forma de pensar, sobre todo en la capacidad de la representación mental, apareciendo la **representación simbólica,** que se refiere a que pueden usar símbolos para representar objetos, personas o lugares. Además, pueden avanzar y retroceder en el tiempo, yendo más allá de los hechos inmediatos, dejando atrás el aquí y ahora.

Veamos algunas de las **características** más representativas de esta etapa, como son:

- **Siguen manteniendo un pensamiento egocéntrico,** dado que entienden lo que pasa en su entorno partiendo de sí mismos como el centro de todo lo que sucede y no son capaces de distinguir el punto de vista propio del de los demás, ni son conscientes de otras perspectivas que no sean la suya propia.

- **No comprenden que ciertas características de los objetos permanecen invariables,** que no se producen cambios cuando se modifica su apariencia externa. Si pasamos un líquido de un recipiente a otro más alto y estrecho, no entienden que haya la misma cantidad.

- **Existe un razonamiento transductivo** en el niño. Este tipo de razonamiento es aquel por el cual se crean analogías inmediatas estableciendo relaciones que van de lo particular a lo particular, llegando en muchas ocasiones a conclusiones erróneas. Un ejemplo sería el hecho de que, cuando llueve, se debe sacar un paraguas para no mojarse. Por tanto, el niño podrá asimilar que, si lleva paraguas, inminentemente lloverá.

- **Hay una ausencia de la clasificación jerárquica.** Durante esta etapa, los niños no organizan los objetos basándose en similitudes y diferencias entre ellos.

Además, en esta etapa algo muy significativo es que se consolida el lenguaje y se consigue un progreso en el comportamiento emocional y social. Los niños alcanzan la capacidad del **juego simbólico,** en parte gracias a que empiezan a ser capaces de actuar con roles ficticios y emplear objetos con carácter simbólico.

3. PENSAMIENTO DE OPERACIONES CONCRETAS (6-12 AÑOS)

En esta etapa, sirviéndose como base de los logros anteriores, se alcanzan importantes avances en el pensamiento, llegando a desarrollarse el pensamiento lógico. Comienza el razonamiento, y los pensamientos dejan de ser intuitivos y mucho más complejos.

Los aspectos más relevantes de este período son:

- **Conservación.** Ya son capaces de comprender que los objetos, a pesar de que modifiquen algo de manera externa, pueden conservar ciertas características.

- **Reversibilidad.** Pueden retroceder con el pensamiento y, además, relacionar hechos y secesos que han observado antes con hechos presentes. La conservación y la reversibilidad les permiten coordinar puntos de vista.

- **Descentración.** Su pensamiento ya no solo se centra en un objeto u hecho; puede establecer relaciones y deja atrás el egocentrismo como forma de entender el mundo.

- **Capacidad de adoptar el papel de los demás,** es decir, de ponerse en el lugar del otro.

- **Pensamiento lógico.** Aunque esto solo lo consiguen sobre cosas concretas y reales que se dan de forma inmediata.

- **Clasificación.** Son capaces de establecer y organizar objetos en jerarquías según similitudes o diferencias.

- **Seriación.** Se refiere a la capacidad de organizar objetos en una serie que sigue un orden, como por ejemplo por su altura.

En este período hay algunas **pautas** muy recomendables para favorecer el desarrollo cognitivo y serían las siguientes:

- **Desarrollar su capacidad de pensamiento reversible.** Para este fin podemos usar problemas de matemáticas que no sean demasiado complejos. Al día siguiente usaríamos un problema similar e invitaríamos al niño a resolverlo dándole una pauta del tipo: «¿Recuerdas cómo era el problema de ayer y cómo lo resolviste?». Esto facilitará que pueda mover su pensamiento en el tiempo para hacer asociaciones que usará en el presente.

- **Invitarle a hacer preguntas basadas en experiencias diarias y cotidianas.** Aprovechando las actividades del día a día, podemos hacerle preguntas y, esperando su respuesta, plantearle qué se pregunta él ante ese hecho, es decir, invitarlo a la reflexión.

- **Hacer que comprenda y establezca relaciones entre hechos y fenómenos del entorno natural y social.** Partiendo de hechos relacionados, podemos explicarle las relaciones causales que existen entre ellos y, de nuevo, invitarle a la reflexión con preguntas como: «¿Por qué crees que ocurre esto?, ¿con qué crees que está relacionado?».

- **Ayudarle a pasar de lo concreto a lo abstracto.** Primero, se debe hacer el camino inverso y transformar algo abstracto en algo concreto, usando objetos cotidianos para ejemplificar los conceptos abstractos. Un ejemplo de esto serían las cantidades. Podemos hacer que vean que el número 3 (concepto abstracto) significa que tienes una cantidad determinada de algo; por ejemplo, 3 canicas (objeto concreto). Después, generaliza ese concepto abstracto con varios ejemplos concretos, muéstrale que el número 3 simboliza 3 canicas, 3 naranjas, 3 lápices, 3 dados, etc.

4. PENSAMIENTO FORMAL ABSTRACTO (12 AÑOS EN ADELANTE)
Una vez que el niño logra poder pasar de lo concreto a lo abstracto, adquiere la habilidad de emplear el razonamiento lógico inductivo y deductivo, consigue también formular hipótesis y puede tomar como referencia el mundo de las cosas posibles.

Entre los hitos más importantes de este período encontramos, por ejemplo que los niños son capaces de prever situaciones porque pueden contemplar distintas posibilidades, es decir, que **conciben la realidad como un subconjunto de lo posible.** Llegada la adolescencia, se alcanza la habilidad para buscar distintas explicaciones sobre un hecho y de someterlo a varias pruebas para comprobar su veracidad. A esto se le conoce como **pensamiento hipotético-deductivo.**

Esto puede llegar a aplicarlo con **carácter proposicional,** esto es, que tiene la habilidad de pensar en lo posible no solo basándose en cosas o hechos reales, sino que puede usar también representaciones mentales. Asimismo, los niños consiguen emplear **el pensamiento abstracto,** anticipando cómo puede finalizar la acción sin llegar a ejecutarla.

Si se desea ayudar al desarrollo de estas habilidades, algunas sugerencias a seguir serían:

- **Invitar al niño a la reflexión.** En esta etapa más madura puede hacerse a través del debate con él. Es muy importante tanto dejarle que se exprese como que el adulto exprese su forma de pensar. También puede servir para este fin analizar problemas éticos.

- **Pasar de lo concreto a lo abstracto.** Como en el periodo anterior, primero se debe transformar lo abstracto en ejemplos concretos y después estos se tendrían que generalizar a lo abstracto.

- **Ayudar a elaborar hipótesis y deducciones.** Pueden usarse ejemplos de acciones o hechos cotidianos para incitarle a buscar diversas hipótesis y que pueda deducir distintos resultados. Se pueden usar preguntas del tipo: «¿Qué crees que pasaría si…?».

En resumen, el desarrollo cognitivo es un proceso en el que cada persona sigue un ritmo único y personal y, por ello, se deben respetar los tiempos de cada niño, proporcionando estímulos que puedan favorecer este proceso, pero sin llegar a ejercer presión. Acompañemos a los pequeños en el mundo de la reflexión y démosles la oportunidad de que resuelvan sus propios problemas dejando espacio a que piensen en las soluciones, y de este modo favoreceremos la capacidad de pensar en el mundo que les rodea.

PARTE PRÁCTICA

DINÁMICAS DE ESTIMULACIÓN SENSORIAL Y PSICOMOTORA

Estimulación sensorial

Como hemos visto anteriormente, todos los desarrollos son procesos integrados que se interrelacionan continuamente, por lo que facilitar la adquisición de un área de desarrollo influirá de forma positiva en la adquisición de habilidades en otras áreas.

Nos centraremos ahora en la estimulación sensorial y psicomotriz porque, como hemos venido contando hasta aquí, constituye la entrada principal de la información en los niños y, desde su nacimiento, la forma que tienen de **explorar y conocer el mundo.**

Los principales **beneficios** de la estimulación sensorial son los siguientes:

- Facilita procesos como la **concentración**, la **atención**, así como aumenta la curiosidad y el deseo por aprender.

- Mejora las **capacidades sensoriales**.

- Estimula la **comunicación no verbal.**

- Promueve el **desarrollo cognitivo** y el pensamiento lógico.

- Logra un desarrollo armónico de cada uno de los **sentidos.**

- Desarrolla la capacidad de **estructurar la información** que se recibe a través de los sentidos.

- Favorece el conocimiento de las **señales** de su propio cuerpo, del entorno y de los distintos estímulos sensoriales.

A continuación, veremos dinámicas prácticas a las que podemos recurrir como métodos de estimulación sensorial, indicando a partir de qué edad se recomienda su aplicación y también qué sentido/s se trabaja/n con cada una de ellas. Todos los materiales indicados pueden adquirirse o realizarse de una manera artesanal en casa. Es importante supervisar al niño durante su uso.

ACTIVIDADES SENSORIALES PARA BEBÉS
Pintura con los dedos –tacto y vista– a partir de seis meses
Usar los dedos de las manos e incluso los de los pies para pintar es una actividad sensorial que no puede faltar. Pintando no solo se aprenden los colores, sino que se estimulan el tacto y la vista, a la vez que se usa la creatividad.

Juegos en el agua –multisensorial– desde los cero meses
Se puede recurrir a la rutina del baño para estimular distintos sentidos. Por ejemplo, con el contacto con la esponja, cuando son algo más mayores, podemos recurrir a juguetes con distintas texturas y tamaños. Ello les permitirá explorar el entorno y desarrollar una amplia gama de habilidades.

Mordedores –gusto y tacto– a partir de los tres meses
Con estos objetos pueden explorar a través del tacto y de la boca, además de ayudar en el proceso de la dentición.

Sonajeros –multisensorial– a partir de los tres meses
Las actividades que incluyen este material ayudan a estimular los sentidos de la vista por sus colores, el oído por sus sonidos y el tacto por sus texturas; además, también contribuyen a desarrollar habilidades motoras a través de los movimientos de agarre y sacudida.

Libros de cuentos texturizados –multisensorial– a partir de los seis meses
Al trabajar con varios sentidos, promueve el aprendizaje de nociones como las formas, los contornos, los colores y los tamaños.

Masaje –tacto– desde los cero meses
Es una actividad adecuada para todas las edades, por su capacidad de inducir a la calma y también porque ayuda a desarrollar el sentido del tacto a través de las caricias. Se puede realizar en sus pies, manos, espalda, cabeza, etc.

Colgador móvil –vista– desde los cero meses
Este objeto le acerca al bebé el conocimiento de nuevas formas y colores a través de su movimiento, suele tener un efecto relajante.

Arrastrándose en diferentes texturas –tacto– a partir de los seis meses
Una vez que el bebé consigue la habilidad de arrastrarse, podemos colocarlo sobre distintas superficies, una alfombra, hierba, madera, etc., y, así, el con-

tacto de su cuerpo con distintas texturas estimulará su sentido del tacto y le permitirá conocer su entorno.

Bolsas sensoriales –tacto y vista– a partir de los seis meses
Podemos utilizar distintos materiales como arroz, gel o agua que nos permita crear bolsas sensoriales que pueda presionar. Es importante que la bolsa quede perfectamente sellada o cerrada para que el líquido o material que contiene no se derrame.

Imitar sonidos de los animales, a partir de los seis meses
Esto estimulará el conocimiento del entorno y desarrollará su oído.

Juegos con espejos –vista– a partir de los seis meses
Coloca un espejo seguro frente al bebé para que pueda ver su reflejo y experimentar con su imagen.

Caja del tesoro –multisensorial– a partir de los ocho meses
Llena una caja con juguetes y objetos seguros de diferentes formas y texturas para que el bebé los descubra. Se recomienda esta dinámica una vez que el bebé haya conseguido mantenerse sentado con seguridad.

Juegos de escondite –vista– a partir de los seis meses
Juega a esconder objetos debajo de telas o pañuelos para que el bebé los encuentre y los descubra.

Exploración con luz –vista– a partir de los tres meses
Juega con luces suaves o lámparas de colores para estimular la visión del bebé.

Juego de aplausos –oído y tacto– desde los cero meses
Da palmaditas suaves en las manos y los pies del bebé para estimular el sentido del tacto y el oído del bebé. Esta práctica se puede dar desde el nacimiento, pero no será hasta los ocho meses en adelante cuando el niño pueda imitar las palmadas.

Reconocer objetos –tacto, vista, olfato y gusto– a partir de los 12 meses
Acercar al bebé a descubrir distintos objetos y permitir que explore aspectos como su olor, su textura, su color o su tamaño estimulará en él varios sentidos. Podemos recurrir a frutas o flores. En el caso de los alimentos, conseguirá igualmente ir reconociendo su textura y sus sabores.

Botellas sensoriales –visual– desde los cero meses
Llenar una botella o recipiente con una mezcla de soluciones líquidas que floten y no se mezclen crea una experiencia visual muy relajante y proporciona una excelente experiencia multisensorial.

ACTIVIDADES SENSORIALES PARA NIÑOS PREESCOLARES (TRES-CINCO AÑOS)
Arenero: tacto
La arena les permite a los niños sumergirse en un mundo de exploración sensorial donde descubrir nuevas texturas. Esta actividad se puede complementar introduciendo juguetes como coladores, palas, rastrillos, etc., lo que ayudará a trabajar las habilidades motoras.

Ensartar: tacto y vista
Realizar una tarea tan simple como pasar cuentas a través de un hilo o cuerda no solo implica desarrollar destrezas motoras, sino que también ayuda a mejorar la coordinación y la habilidad motora fina, todo ello mientras se utilizan los sentidos del tacto y de la vista.

Piscina de bolas: tacto y vista
Además de desarrollar habilidades motoras y experimentar la causa y efecto, permite a los niños tener una experiencia visual y táctil.

Pompas de jabón: tacto y vista
Cuando el niño realiza pompas de jabón, consigue trabajar los músculos de la boca, desarrollando habilidades motoras y también visuales. Otra variación consiste en que el adulto realice cerca del niño las pompas para que juegue a explotarlas.

Liquido no newtoniano: tacto
Se trata de una sustancia que se comporta como líquida pero también como sólida y que permite al niño explorar distintas texturas, lo que constituye una experiencia sensorial muy divertida. Este tipo de masa viscosa se puede comprar, pero también hay multitud de recetas en internet partiendo de ingredientes naturales como la maicena y el agua.

Jardinería/Juego con barro: tacto y olfato
Tanto jugar con el barro como realizar tareas sencillas relacionadas con la jardinería puede estimular distintos sentidos como el tacto y el olfato, y permite practicar habilidades motoras.

Plastilina: tacto y vista
La plastilina es otro de los materiales que permiten trabajar la estimulación de varios sentidos como la vista o el tacto. A través del modelaje el niño puede trabajar también habilidades motoras finas.

Baños de burbujas/Bomba de baño: tacto y olfato
Se puede recurrir a las burbujas que el jabón hace o a las bombas de baño para conseguir que esta actividad amplifique en los niños su capacidad de estimulación sensorial a través del olor que desprenden y la textura de las burbujas.

Aprender canciones: oído
Mediante nuevas canciones o acompañando ciertas actividades de una música agradable, podemos favorecer la estimulación auditiva.

Conocer nuevos alimentos: multisensorial
Explorar sabores de alimentos desconocidos, deteniéndonos igualmente en otros aspectos como su olor o textura, permite una estimulación multisensorial.

Tocar instrumentos musicales: oído
Estos se pueden fabricar de manera artesana, en casa, como la creación de guitarras con cajas de cartón y cuerdas, xilófonos con latas, tambores con cubos, etc. O se puede recurrir a instrumentos de verdad. Ambos estimularán su oído y ayudarán a habilidades motoras como la coordinación.

Bloques: vista y tacto
Usar bloques de construcción es otra opción para estimular sus sentidos, además de la creatividad del niño.

Cajas olfativas: olfato
Se trata de usar cajas en la que metemos distintos elementos que desprendan un olor no demasiado intenso: flores, granos de café, jabones, alimentos, etc., y dejando que solo use el sentido del olfato adivine qué es lo que contiene la caja.

Arena mágica (arena cinética) y slime: tacto
Son materiales que pueden, por su textura y consistencia, estimular su sentido del tacto; además, su manipulación promueve habilidades motoras finas.

ACTIVIDADES SENSORIALES PARA NIÑOS EN EDAD ESCOLAR (SEIS-12 AÑOS)
Cuentos sensoriales: multisensorial
Al narrar una historia, podemos ir agregando estímulos sensoriales mediante acciones como usar salpicaduras de gotas de agua para simular la lluvia, imitar sonidos de objetos o animales, o agregar movimiento como el galope en el regazo.

Arcilla: tacto
Una tremenda experiencia sensorial táctil que también ayuda a desarrollar habilidades motoras finas e incentiva la creatividad.

Hornear/cocinar: multisensorial
Esta actividad proporciona al niño diferentes estimulaciones, desde lo táctil, al trabajar una masa, hasta lo olfativo, por los olores de los ingredientes, pasando por lo gustativo, debido al sabor de la receta cocinada, así como la motricidad fina. En este sentido, las galletas o la masa de pizza pueden ser unos buenos ejemplos.

Experimento del volcán: multisensorial
Muy recomendable para trabajar la estimulación sensorial, táctil, visual y auditiva. Se debe formar una montaña con plastilina, dejando un agujero en el medio. Se ha de colocar una cucharadita de bicarbonato de sodio dentro del volcán, y verter una pequeña cantidad de vinagre para provocar la erupción. Se puede usar colorante rojo si quieres darle un poco de realismo.

Spinners/Juguetes antiestrés: tacto
Los spinners y otros juguetes antiestrés se han convertido en herramientas muy populares para ayudar a reducir/controlar la ansiedad. También proporcionan estimulación sensorial táctil y trabajan la psicomotricidad fina.

Bloques de Lego: multisensorial
Jugar con los bloques de lego proporciona estimulación sensorial visual, táctil y auditiva, al tiempo que incentiva la creatividad del niño y desarrolla sus habilidades motoras.

Estimulación psicomotriz

La **psicomotricidad** es esencial para el desarrollo físico y psíquico de la persona, siendo los primeros años de vida los más sensibles para su correcta adquisición. Los beneficios más representativos de acompañar en el **desarrollo psicomotriz** al niño mediante la estimulación son:

- Facilita la adquisición del esquema corporal.
- Permite tomar conciencia de su propio cuerpo.
- Favorece el control de su cuerpo.
- Reafirma la lateralidad, mejora el control postural, el equilibrio, la coordinación, etc.

Además, encontramos que, a **nivel cognitivo,** se consigue:

- Estimular la percepción y la discriminación de las cualidades de los objetos.
- Crear hábitos de aprendizaje.
- Mejorar la memoria, la atención y la concentración.
- Potenciar la creatividad.
- Trabajar las nociones espaciales (arriba-abajo; dentro-fuera...).
- Reforzar nociones básicas de color, tamaño y cantidad.

En cuanto al **nivel socioemocional,** la estimulación psicomotriz:

- Propicia el juego grupal.
- Facilita conocer nuestras emociones y nuestros miedos.
- Ayuda a controlar la agresividad y los impulsos.
- Reafirma su autoconcepto y autoestima.

Como hemos visto en el capítulo acerca de los cuidados esenciales del bebé, el desarrollo psicomotriz está estrechamente relacionado con varias áreas de desarrollo como el motriz, el cognitivo, el social y el afectivo.

En este apartado nos centraremos en conocer dinámicas de desarrollo motriz en distintas etapas, ya que el resto de las áreas se irán tratando en sucesivos capítulos.

ACTIVIDADES PSICOMOTRICES DE DOS A CUATRO MESES

Fortalecer el tronco. Colocar al bebé boca abajo en una pelota grande (de Pilates o una pelota de playa hinchada) y la balancearemos a los lados para que fortalezca el tronco.

Mantener el equilibrio. Boca abajo pondremos un rodillo debajo de su pecho y le sujetaremos de las piernas hacia delante, y hacia detrás como jugando a la carretilla. Podremos colocar un juguete delante para que quiera cogerlo.

Fortalecer el cuello. Colocaremos al bebé sobre una cuña boca abajo y, mientras juega con algún juguete, le pasaremos la mano por la espalda, puesto que los estímulos en la espalda les hacen levantar la cabeza. Aprovecharemos el juguete que tenga para llevárselo de lado a lado, a fin de que se sujete con las manos en la cuña y pueda levantar más la cabeza para seguir el juguete (intentará cogerlo con una mano sosteniéndose con la otra). Repetir el ejercicio con el otro lado del cuerpo.

Algunas dinámicas que consiguen mejorar su movilidad son:

- **Colocar al bebé boca abajo y situar delante de él objetos** o juguetes llamativos o que emitan algún tipo de sonido.

- **Cambiar la posición del bebé y ponerlo boca arriba.** También se puede tomar al bebé por los brazos para incorporarlo, lo cual le lleva a que trate de sostener la cabeza.

- Colocar al bebé boca arriba y **movilizar con suavidad sus brazos y piernas,** flexionándolos y estirándolos.

- **Coger los dedos de las manos del bebé y estirarlos suavemente,** colocando algún objeto en su mano para que lo sujete.

ACTIVIDADES PSICOMOTRICES DE TRES A SEIS MESES

Ejercicios de rodado. Tumbaremos al bebé boca arriba y levantaremos el brazo sobre el que se va a girar. Después de haberlo practicado varias veces, con un juguete podremos estimularle para que sea él solito quien voltee a fin de coger el juguete.

Fortalecer la espalda. Sobre una cuña boca arriba le sujetaremos de las manos y le ayudaremos a sentarse, dejando que el bebé haga fuerza para subir. Comprobaremos que sujete bien la cabeza al levantarse. Cuando le cueste menos, lo haremos sin cuña, directamente tumbado en una superficie plana. Para que coja fuerza en las manos, podemos darle un aro para que lo coja, y nosotros moveremos el aro para levantarle (sujetándole de sus manitas).

Aprender a sentarse. Este ejercicio consiste en sostener el brazo sobre el que se va a inclinar un poco doblado y ayudarle a sentarse apoyando el codo en el suelo y voltearle un poco hasta sentarle.

Favorecer el arrastre. Colocamos un juguete cercano al bebé y le impulsamos un poco empujándole de las nalgas para que se acerque a cogerlo.

Para aumentar su movilidad podemos probar:

- Tumbado boca abajo en una superficie lisa, colocamos objetos cercanos, pero no a su alcance, de forma que tenga que **moverse para cogerlos.** Procuraremos que sean de distintas texturas.

- Coger sus manos y juntarlas para que aprenda a hacer movimientos como **aplaudir y tocarse la cara.** Acercar sus manos a la cara del adulto.

ACTIVIDADES PSICOMOTRICES DE SIETE A NUEVE MESES

Estimular el gateo. Estableceremos un patrón cruzado entre dos personas (una delante y otra detrás) y haremos el movimiento de gateo, siempre moviendo el brazo y la pierna contraria como si gateáramos.

Reforzar el gateo. Cuando ya gateen, podemos jugar con túneles (si no tenemos un túnel, lo podemos hacer con sillas o sábanas) a pasar por dentro y empezar a poner obstáculos como juguetes o almohadones.

Otras actividades que le permiten mejorar su movilidad:

- Sentar al niño en el suelo o en una superficie segura y **ofrecerle juguetes para que los alcance.**

- **Ofrecerle varios objetos de manera secuenciada,** de forma que utilice las dos manos e incluso los golpee uno contra otro o los pase de una mano a la otra.

- Dar juguetes o alimentos al niño como galletas o frutas en trozos que pueda **tomar con los dedos índice y pulgar** (siempre sentado y bajo supervisión).

- **Permitir que beba agua solo**, con un vaso para bebés.

- **El juego de las palmadas.** Mediante canciones podemos estimular que el niño aprenda a dar palmadas y así trabajar la coordinación mano-ojo.

- **Las manoplas.** Para trabajar la coordinación de ambas manos en el niño, se puede recurrir a usar manoplas; colocamos solamente una en una mano y dejamos que se la quite con la otra.

ACTIVIDADES PSICOMOTRICES DE MÁS DE NUEVE MESES
Ejercicios de marcha. Podemos usar una hilera de sillas para que se apoye, un banco o un mueble bajito con el propósito de que se sostenga. También puede sostenerse en una pared para dar sus primeros pasos.

- **Ejercicios para caminar.** Podemos coger una sábana y pasarla por su pecho para favorecer la marcha.

- **Enseña a tu hijo a ponerse de pie** sujetándose a algún objeto y ayúdale a dar sus primeros pasos.

- **Arrugando papel.** Podemos darle al niño papel para que lo tome y lo arrugue. También podemos darle colores para que haga garabatos y así estimular su motricidad fina.

- **Pescando objetos,** usando un bol con agua donde se colocan distintos objetos que floten, le dejamos que los «pesque» con sus manos haciendo pinza con sus dedos.

ACTIVIDADES PSICOMOTRICES DE UNO Y DOS AÑOS
- **Caminar en equilibrio.** Cuando ya caminen solos, podemos hacer circuitos para que caminen esquivando juguetes o almohadones.

- Realizar **juegos y actividades en las que sea preciso sentarse y ponerse de pie,** como levantarse a buscar algún objeto o jugar a ser pequeño o grande.

- Procurar que realice actividades como **empujar un carrito o caminar hacia atrás.**

- **Realizar actividades como meter y sacar objetos pequeños** de un recipiente mayor, así como apilar objetos.

- Leer cuentos pidiendo que el niño **señale las figuras, enseñarle los animales y sus sonidos y estimularle a que pase las páginas** son actividades para la motricidad fina.

- Realizar juegos que impliquen **correr, jugar con una pelota o saltar.**

- Enseñarle a **subir y bajar escaleras.**

- Ponerle **música y hacer movimientos** con el cuerpo y bailar juntos. El juego de las estatuas sería un buen ejemplo: mientras suena la música, que el niño baile y, cuando se pare la música, el niño debe permanecer quieto como una estatua.

- Dejar que **haga dibujos y los coloree.**

ACTIVIDADES PSICOMOTRICES DE TRES A SEIS AÑOS

- **Cruzar el tronco en equilibrio.** Durante los paseos en la naturaleza o mediante la imaginación simulando que algunas líneas o cuerdas son troncos, podemos invitar al niño a que guarde el equilibrio.

- **La rayuela.** Consiste en un juego en el que pintamos con tiza en el suelo una especie de tablero numerado para avanzar dando saltos. En algunas casillas estará permitido el salto con una sola pierna, mientras que en otras podrá usar las dos piernas para saltar y avanzar. Este juego promueve el equilibrio en el niño.

- **Circuito militar.** Podemos simular un circuito de entrenamiento militar y usar distintas cuadrículas a modo de neumáticos sobre los que saltar alternativamente con una pierna y otra, o usar varios muebles como sillas para crear con cuerda un pasadizo que deben atravesar reptando.

- **Sombras chinas.** Con una lámpara o linterna enfocamos hacia una pared y, con las manos, el niño realiza diferentes figuras que reflejarán su sombra en la pared. Asimismo, el adulto puede enseñarle las posiciones de las manos para conseguir las sombras deseadas, aunque lo importante es experimentar.

- **Carrera de sacos.** Este sería otro ejemplo de juego que promueve el equilibrio en el niño.

- **Andar con zancos,** bien sea de fabricación casera o no, es una dinámica que permite al niño desarrollar y reforzar el equilibrio.

- **El suelo es lava.** En este juego se trata de que, una vez que alguien indica que el suelo es lava, no se puede pisar el suelo y se debe avanzar por el entorno a través de objetos. Si se desarrolla en casa el juego, se deberían usar elementos como sillas, sofás, o habiendo preparado algunos otros elementos que permitan al niño desplazarse sin pisar el suelo.

- **Carrera de carretillas.** Usando esa posición, el niño debe desplazarse y completar un recorrido previamente establecido.

- **Manualidades.** Desde usar materiales como plastilina, arcilla, el uso de las tijeras o el dibujo o garabateo, todas estas actividades promueven y mejoran la psicomotricidad fina del niño.

- **Deportes.** Camas elásticas, el columpio, la comba, escalar en un rocódromo y cualquier deporte en general serían otros ejemplos de actividades que estimulan el desarrollo psicomotriz.

REGULACIÓN EMOCIONAL: APRENDIENDO A SENTIR

En este capítulo vamos a abordar una de las necesidades vitales para el desarrollo infantil: la regulación emocional. Este es un aspecto fundamental para relaciones funcionales tanto con sus cuidadores como con el entorno.

Mediante la regulación emocional, los niños desarrollan la habilidad de poder **reconocer, comprender y gestionar sus emociones,** además de poder responder de manera adecuada a las emociones que los demás presentan. Dos aspectos clave en este proceso son la validación emocional y la mentalización, que sirven de base para una correcta regulación emocional.

No podemos olvidar que los niños, durante sus primeros años de vida, no son capaces de regular sus emociones de manera autónoma y necesitarán que los adultos puedan ser parte activa y les guíen por el camino hacia la autorregulación.

Por último, veremos tanto pautas para los cuidadores que sirvan para facilitar la regulación emocional de los niños como dinámicas prácticas que podemos practicar y enseñar al niño con las que puedan conseguir manejar sus emociones.

Mentalización

La capacidad de mentalizar es la que nos permite poder interpretar tanto nuestro comportamiento como el de los demás con base en los pensamientos, creencias, deseos, sentimientos y otros contenidos de la mente, es decir, en función de los **estados mentales.**

La mentalización nos permite comprender a los demás y comprendernos a nosotros mismos sobre la base de lo que pasa en nuestro interior. Este proceso se aprende a través de las **figuras de apego,** que son las encargadas de ayudarnos a tomar consciencia de nuestra experiencia interna, y, además, nos permite diferenciarla de la de los demás.

Esta capacidad es muy importante para la regulación emocional, así como para conseguir relacionarnos de forma satisfactoria con los demás. Tiene una **dimensión autorreflexiva:** nos lleva a conocer nuestros propios pensamientos y emociones, entendiendo qué los motiva y sabiendo a qué otros elementos mentales están unidos.

Para desarrollar la mentalización hay cuatro **elementos** clave:

- **Conocer los estados mentales:** esto significa entender que lo que pensamos y sentimos no siempre coincide exactamente con la realidad. A veces, nuestra mente interpreta las cosas de manera subjetiva.

- **Entender la mente de los demás:** debemos construir una idea de cómo funcionan las mentes de otras personas. Esto implica reconocer que tienen pensamientos y sentimientos diferentes a los nuestros, y que podemos predecir y explicar su comportamiento a través de lo que inferimos sobre sus mentes.

- **Entender nuestra propia mente:** de la misma manera, necesitamos entender nuestros propios pensamientos y sentimientos. Esto incluye ser capaces de identificar y nombrar nuestras emociones, así como regularlas para expresarlas adecuadamente.

- **Regular nuestras emociones y acciones:** por último, es importante ser capaces de controlar nuestras emociones y comportamientos para poder llevar a cabo acciones de manera consciente y reflexiva. Esto nos ayuda a actuar de manera pensada, en lugar de simplemente reaccionar impulsivamente.

Hablando de funciones de la mentalización, podemos encontrar que, entre otras, las más importantes a reseñar serían, en primer lugar, **entender a los demás** porque gracias a la capacidad de poder interpretar los estados mentales de los otros, el poder entender su comportamiento es más sencillo, además de aliviar el malestar que en ocasiones nos pueda ocasionar su conducta.

Igualmente, la mentalización **nos permite proteger nuestro autoestima** porque, al atribuirle a la conducta del otro su propio estado mental, podemos entender que es algo ajeno a nosotros, esto es, interpretando que alguien se ha guiado por lo que piensa y siente puedo comprender que no es algo que tenga que ver con nosotros o nuestra forma de ser. Esto es muy importante, por ejemplo, en situaciones en las que alguien se muestra de forma hostil, dado que, sin tener una capacidad autorreflexiva que nos permita atribuir la hostilidad de esa persona a sus propios estados mentales, es fácil que la relacionemos con nosotros y nuestra forma de ser de manera directa y creamos que somos la causa.

Por otro lado, la mentalización juega un papel muy importante a la hora de **desarrollar la empatía** a través de las neuronas espejo. Estas neuronas se activan cuando percibimos el estado emocional de otra persona y nos permite «conectar» con esa emoción. Si ejercemos la empatía de una forma controlada, seremos capaces de representar en nuestra mente cómo se siente otra persona.

Otra de sus funciones es **ayudarnos a ser más flexibles:** por medio de la autorreflexión, alcanzamos a comprender que nuestra perspectiva de la realidad es solo una de las posibilidades existentes y que no es la única existente.

Además, **nos facilita la comunicación con los demás,** haciendo que podamos tener un diálogo más eficaz y fluido al poder tener información acerca del estado mental del interlocutor con el que mantenemos una conversación.

Por último, una función muy importante de la mentalización es la capacidad que nos otorga de **diferenciar los pensamientos de la realidad.** Si conseguimos una buena mentalización, conseguimos entender que los pensamientos se relacionan con la realidad, pero que no son lo mismo. Esto reduce el impacto de algunas ideas angustiosas que pueden aparecer en la mente, ya que se pueden amortiguar al verla como simples pensamientos y no como algo real.

DESARROLLO DE LA MENTALIZACIÓN EN LA INFANCIA

Los niños poseen desde el nacimiento una predisposición a estar receptivos y establecer una comunicación emocional con los adultos, principalmente con sus cuidadores. A través de las **respuestas** que emiten los cuidadores, los niños analizan si una situación concreta resulta segura o si es amenazante; es la relación que mantienen con ellos la forma de aprender acerca del mundo social y de sus estados mentales.

A medida que pasa el tiempo, los niños pasan de apoyarse en las respuestas de sus cuidadores, para saber qué pasa en sus propias mentes, a poder hacerlo **de manera autónoma,** pudiendo alcanzar mayor aprendizaje del mundo social y emocional por medio de otras figuras emocionalmente relevantes como otros familiares, amigos, profesores, etc.

Si los cuidadores se muestran sensibles a las necesidades infantiles por medio de mentalizar sus estados, el vínculo se verá reforzado y se creará una base segura para el niño, reduciendo notablemente el nivel de estrés. Si, por el contrario, el adulto se desborda y se centra en sus propias emociones, sin llegar a reconocer la experiencia emocional del niño, el estrés se ve incrementado, afectando negativamente al vínculo.

Es importante saber que, a pesar de que la capacidad de mentalizar puede ser algo que hacemos de forma natural, cuando tenemos que abordar situaciones estresantes, se activan áreas del cerebro que inhiben esta capacidad. Esto hace que nos resulte más difícil entender tanto nuestro mundo interno como el de los demás. De hecho, ante una **experiencia estresante** tendemos a centrarnos en nosotros mismos y pasamos por alto lo que les sucede a los demás, o a veces proyectamos nuestros estados mentales (ideas, emociones, pensamientos) en las otras personas.

José ha preparado un dibujo en clase que ha decidido regalar a su padre, cuando sale al patio listo para que lo recojan el viento se lleva el dibujo que con tanto cariño ha preparado. José se pone muy nervioso y comienza a perseguir su dibujo que no para de rodar por el suelo, hasta que finalmente puede alcanzarlo.

Al recogerlo y encontrarlo arrugado e incluso algo manchado comienza a estar triste y pensar que su dibujo «no vale nada», finalmente cuando se encuentra con su padre que se encuentra muy feliz al verle, acaba por tirar el dibujo a la papelera.

En este caso, el niño, sometido al estrés de perder el dibujo, no ha sido capaz de poder darse cuenta de que, aunque el dibujo se encontrase algo deteriorado, seguía siendo un detalle muy bonito para su padre. La incapacidad de poder acceder a su mundo interno le hace no diferenciar los pensamientos de la realidad, lo que provoca que asuma como realidad el pensamiento de «mi dibujo no vale nada». Además, es incapaz de conectar con el estado mental e imaginarse que le hará ilusión su regalo, proyectando su estado mental hacia su padre.

COMPONENTES DE LA MENTALIZACIÓN

Pasemos ahora a conocer los principales componentes de la mentalización:

 Reconocimiento de emociones

 Mutua influencia de los estados mentales

 Opacidad de los estados mentales

 Empatía

 Validación de distintas perspectivas

 Regulación

RECONOCIMIENTO DE LAS EMOCIONES

Ahondando un poco más en la complejidad de reconocer las emociones, más allá de identificar lo que sentimos o sienten otras personas encontramos que, para poder reconocer las emociones, se deben haber vivido situaciones que lo permitan.

En ocasiones pensamos de manera errónea que los seres humanos conocemos el lenguaje emocional de manera innata, pero esto no es así, los niños necesitan de la relación que establecen con sus cuidadores para poder aprender cómo se experimenta la tristeza, el enfado, la alegría, etc. Por ello, en un entorno donde se cuestionen los afectos, un niño presentaría dificultades para reconocer cuándo y cómo se siente el afecto. De ahí la importancia de la **validación de las emociones**, que, junto a la mentalización, nos permite conocer y enriquecer el aprendizaje del mundo emocional.

OPACIDAD DE LOS ESTADOS MENTALES

Algo básico que debemos saber respecto a cuándo mentalizamos un estado emocional es que **es imposible saber con certeza qué está pasando por la mente de otra persona,** simplemente nos hacemos una idea de su mundo interno. Lo máximo a lo que podemos aspirar es a intentar adivinar lo que puede estar sintiendo, pensando por medio de sus palabras, acciones o expresiones faciales.

Cuando reconocemos que no podemos estar seguros al cien por cien de lo que está pasando en el mundo interno de la otra persona, nos acerca a querer mantener una **actitud de aprendizaje**, desde la curiosidad, sobre los demás y entender sus puntos de vista.

En momentos de mucho estrés es cuando a menudo olvidamos esta premisa acerca de no tener la certeza de saber cómo es el estado mental de los demás. Por ello, nos basamos más bien en nuestra experiencia y forma de ver la vida más que en considerar que hay infinidad de posibilidades de que se sienta distinto a nosotros ante una misma situación.

VALIDACIÓN DE DISTINTAS PERSPECTIVAS

Entendemos que los humanos tendemos a narrar nuestras vivencias a partir de experiencias pasadas, las cuales influyen en la manera en que las describimos. Esto, a su vez, hace que la próxima vez que la narremos pueda cambiar la secuencia y la intensidad, moldeando así la percepción que tenemos sobre las situaciones que vivimos.

Los puntos de vista que cada persona presenta de manera individual es lo que se conoce como **subjetividad.** Es muy común que, frente a una misma vivencia, distintas personas narren la situación de forma radicalmente diferente, ofreciendo perspectivas alternativas. Cuando existen discrepancias a la hora de interpretar un hecho objetivo, se vuelve más complicado que un grupo de personas compartan estados mentales similares, sobre todo en el terreno de las relaciones interpersonales.

Esto nos lleva a que muchas veces esperemos que los demás actúen, piensen y sientan del mismo modo que nosotros o de la misma forma que lo han hecho personas que conocemos en nuestro pasado, lo cual representa igualmente una dificultad para poder entender que **existen perspectivas distintas.** Un ejemplo de ello sería lo difícil que a menudo le resulta a un adulto entender que el niño presente miedo ante una situación u objeto que a él le resulta inofensivo, incluso pudiendo llegar a pensar que el niño está intentando realizar algún tipo de chantaje o de manipulación.

EMPATÍA

Para poder hacer uso de la empatía, debemos recurrir a nuestras propias experiencias para buscar por semejanza la que nos permite comprender lo que está sintiendo otra persona. Ello quiere decir que la empatía es algo que vamos aprendiendo con los años. Es necesario, a fin de poder empatizar con los demás, que nos conozcamos a nosotros mismos y que estemos preparados madurativamente.

En ocasiones atribuimos a los niños en su falta de empatía causas como el desinterés, pero realmente nos tendríamos que cuestionar si el niño cuenta con la **madurez** necesaria para poder resonar con nuestros afectos y con suficientes **experiencias** vividas que le permitan recurrir para poder empatizar con nosotros.

Está demostrado, por diversos estudios científicos, que, al empatizar, el cerebro tiende a imaginarnos hacer lo mismo que la otra persona siente o piensa, por lo que podemos concluir que, aunque la empatía es un proceso psicológico automático, requiere madurez y experiencia, a la par que **práctica.**

MUTUA INFLUENCIA DE LOS ESTADOS INTERNOS

Un ejemplo muy clarificador sobre la influencia que ejercemos unos sobre otros podría ser el apego. Tal como hemos visto anteriormente, el ser humano tiene una tendencia biológica a **establecer vínculos** con sus cuidadores para preservar su supervivencia, ya que necesita, entre otras cosas, ser protegido, cuidado y regulado en sus emociones. Pero, además de esto, también se necesita aprender del mundo a través de este vínculo, por lo que sus cuidadores serán los que mediante sus respuestas les enseñen cómo funciona su entorno. Es aquí donde vemos cómo se nos influye.

Hay que tener en cuenta que, durante el proceso de la vida, es altamente probable que pasemos por los **dos roles, influenciado e influyente,** cuando pasamos de ser ese niño que necesita guía a ser padres o cuidadores, pero sin olvidar que, a pesar de que la relación de cuidado sea algo unidireccional (el adulto cuida al niño, y no al revés), la relación afectiva es **bidireccional,** por lo que la influencia se vuelve una especie de baile que se mueve en ambas direcciones.

Por último, debemos entender que, aunque hemos escogido como ejemplo a seguir el apego que se establece en la relación niño-cuidador, esto está presente en cualquier vínculo afectivo que establezcamos a lo largo de la vida y, más fuertemente, si la persona es importante para nosotros.

REGULACIÓN

Al igual que ciertos aparatos tecnológicos, como el termostato de un calefactor en una habitación fría, los seres humanos estamos «programados» para alcanzar un equilibrio en nuestro sistema ante situaciones que puedan provocarnos malestar.

En este sentido, si ante un evento estresante nos sentimos frustrados, al expresar la emoción se activan mecanismos que buscan llevarnos de nuevo al equilibrio. Esto en los niños no es algo que se produzca de forma automática; dependen totalmente de los adultos para que ejerzan de **mecanismo de regulación externo** ante sus respuestas de estrés. Es lo que se conoce como **heterorregulación.** Pensemos en el caso de un bebé que tiene hambre (esto representa una situación de estrés, por cuanto que no le es posible atender esa necesidad de forma autónoma): expresará su emoción en forma de llanto, pero dependerá del adulto para poder regularse.

A medida que el niño crece, el adulto pasa a ser un guía y modelo en la regulación de sus emociones, en lo que se conoce como **corregulación.** Poco a poco, cuando hemos sido acompañados en el proceso, el aprendizaje de la regulación se completa y se alcanza la habilidad de regular nuestras propias emociones, pensamientos y conductas. En esto consiste la **autorregulación.**

La regulación se convierte, a su vez, en un elemento indispensable para la mentalización, pero, al mismo tiempo, también en uno de sus resultados más importantes. Se produce un **proceso circular** en el que la regulación es un paso previo indispensable para que se pueda dar la mentalización. Si no estamos regulados ante una situación de estrés, como hemos visto anteriormente, no será posible poder intuir el estado mental de la otra persona; y, a su vez, en muchas ocasiones el hecho de mentalizar lo que otra persona siente nos ayuda a regular cómo nos sentimos nosotros.

MENTALIZACIÓN PARENTAL

Este término hace referencia a la capacidad que los padres o cuidadores tienen de **reflexionar acerca de la experiencia mental interna propia y la de su hijo.** Esta capacidad será la que permita al niño, ante situaciones futuras, controlar sus reacciones emocionales al haber desarrollado sus propios modelos internos.

Los niños que tienen padres que presentan una mayor capacidad de mentalización tienden a ser más seguros y desarrollan antes la habilidad de mentalizar los estados mentales tanto propios como los de otras personas.

La mentalización parental se basa en varias **habilidades parentales** clave:

- **Autoconciencia y autorreflexión:** ser consciente de los propios pensamientos, emociones y creencias te permite comprender mejor los estados mentales del niño.

- **Apego seguro:** fomentar apego seguro brinda una base sólida para la mentalización parental, dado que los niños se sienten seguros y confiados para compartir sus pensamientos y emociones.

- **Comunicación efectiva:** la capacidad de comunicarse de manera abierta y respetuosa con los niños es esencial para la mentalización parental.

Como cualquier otra habilidad, la mentalización parental es algo en lo que podemos trabajar. Para ello debemos emplear prácticas que fomenten la reflexión y comprensión del mundo interno del niño. Entre otros ejemplos, podemos destacar las siguientes **prácticas:**

- **Observación atenta.** Debemos poner atención más allá de lo que el niño hace, parándonos a observar las expresiones faciales, el lenguaje corporal y las señales emocionales, dado que esto puede ayudar a comprender qué emociones pueden estar experimentando y qué pensamientos podrían estar presentes en el niño.

- **Validación de emociones.** Validar las emociones, reconociendo sus sentimientos, permite que el niño se sienta comprendido y en confianza para compartir con nosotros su mundo interno.

- **Perspectiva compartida.** Ponerse como adulto en el lugar del niño y comprender cómo los niños perciben y experimentan el mundo puede ayudar a establecer un puente de información. Esto contribuye a desarrollar empatía y a construir una comunicación efectiva.

Validación emocional

La validación emocional es el proceso de reconocer y aceptar los sentimientos y experiencias emocionales de otra persona como válidos y legítimos.

Los motivos que hacen que la validación emocional favorezca las relaciones interpersonales son principalmente que, al validar la emoción de esa persona, la hacemos **sentir comprendida** e, igualmente, le hacemos sentirse **escuchada.** Esto último produce un aumento de la expresión y verbalización de lo que esa persona piensa y, en síntesis, se da un incremento de la **confianza** en el vínculo.

Desde que nacemos, las personas estamos preparadas para experimentar todas las emociones, ya que son parte de nuestro desarrollo evolutivo y cumplen una función, por lo que no sería correcto clasificar las emociones como buenas o malas, correctas o incorrectas.

Las emociones siempre suelen tener un disparador, una situación o evento que las precipita y, aunque a veces, como observadores o agentes externos, no podamos identificarlos, ello no quiere decir que la emoción haya surgido de la nada. A veces, el hecho de no tener la comprensión de dónde surge la emoción, la incapacidad de establecer empatía, o simplemente por no sentirnos capacitados para gestionar o responder a las emociones propias o de los demás, la tarea de validar las emociones resulta muy difícil y, sin querer, nuestro manejo de la situación resulta una **invalidación emocional.**

La validación emocional se distingue de la invalidación emocional en que en esta ultima las experiencias emocionales de otra persona son rechazadas, ignoradas o juzgadas. Para que podamos entender cómo se da la invalidación, vamos a mostrar algunas señales al respecto:

- **Restar importancia a lo que siente:** no tener en cuenta lo que puede impactar en el niño cierta situación o minimizar su sentimiento con frases del tipo: «No es para tanto».

- **Asociar adjetivos negativos con esa emoción:** si le decimos al niño que es débil, un pequeñajo o calificativos negativos similares cuando llora o siente miedo ante una situación desconocida para él.

- **Ridiculizar o burlarse de sus emociones:** cualquier comentario despectivo sobre la emoción que está sintiendo afecta negativamente a su autoconcepto y su autoestima, pudiendo provocar que sienta incluso vergüenza por mostrar sus emociones.

- **Intentar que deje de expresar esa emoción:** incluye tanto intentar que cambie su emoción sin atender a lo que está sintiendo como pretender que reprima lo que siente.

- **Castigar emociones naturales:** si, cuando el niño expresa emociones normales, bien sea enfado, miedo o tristeza, le aplicamos un castigo, se corre el riesgo de que asocie el expresar emociones con el castigo y aprenda que expresar sus emociones es algo negativo, reprimiéndolas en el futuro.

- **Dar órdenes, directrices o soluciones en lugar de acompañarle:** un ejemplo de esta situación sería cuando ante un conflicto con un amigo o compañero el adulto interviene para decirle al niño algo del tipo "pídele perdón", sin haber preguntado primero cómo se siente y ayudarle con esos sentimientos.

- **Desestimar sus logros o esfuerzos:** este tipo de invalidación, en ocasiones, pasa un poco desapercibida porque tiene relación con la omisión del reconocimiento cuando el niño consigue un logro o realiza un esfuerzo. Si esto no se da, el niño podrá sentir que nada de lo que haga será suficiente para que el adulto le vea, le reconozca, le quiera. Este tipo de sensación con el tiempo pasa a ser autoatribuida.

Veamos unos ejemplos de **situaciones de invalidación emocional:**

 Rebeca se encuentra en el parque con su hijo Fernando de siete años. Mientras que estaba jugando, Fernando se tropieza y se cae.

Aunque no repercute gravedad, se ha raspado las rodillas y ha comenzado a llorar. Cuando su madre se acerca le dice: «Pero sí eso no es nada, ¡qué exagerado eres!».

En este ejemplo, aunque lo que existe tras esto es una buena intención de ayudar a calmarse al niño, realmente está invalidando la expresión de sus emociones.

 Julio es un niño de cinco años y su madre Rafaela debe asistir a un compromiso laboral, por lo que esta tarde en vez de estar en casa junto a Julio deberá ausentarse unas horas.

Si bien Julio se queda al cuidado de su padre cuando Rafaela se marcha, Julio se queda pensativo y comienza a llorar, su padre rápidamente interviene y le dice «Julio, vente conmigo, vamos a jugar un rato o a ver la tele».

Este caso presenta una invalidación que está algo más oculta: en primer lugar, no se ha atendido a la tristeza que está sintiendo por la marcha de su mamá, y, por otro lado, el padre, con ese intento de consolar al niño por medio de distracciones, no permite que exprese su emoción.

ELEMENTOS BÁSICOS Y PAUTAS GENERALES

Para que se dé un adecuado proceso de validación, debemos tener en cuenta estos elementos que la conforman y que en sí representan estrategias necesarias para llevarlo a cabo:

- **Identificación y etiquetado de emociones.** Debemos poner el foco en qué es lo que se está sucediendo, pero intentando ver más allá. Para ello, se debe comenzar por observar qué emoción exacta se está experimentando. A fin de llegar a poder ponerle nombre a lo que se está sintiendo, es necesario identificar los distintos componentes de la emoción, ya que la suma de ellos determina de forma individual qué es lo que siente esa persona:

  - **Disparador:** ¿qué ha provocado esa emoción?
  - **Sensaciones corporales:** ¿qué se siente en el cuerpo cuando se experimenta?
  - **Conducta:** ¿qué sucede al experimentar esa emoción?

- **Mentalizar las emociones.** Como hemos visto con anterioridad, este proceso es necesario para una correcta expresión emocional, sobre todo cuando el niño es pequeño y desconoce aún el lenguaje emocional.

- **Hacer explícita la validez de la emoción.** Se debe comunicar de manera expresa que lo que el niño está sintiendo es totalmente comprensible, con frases del tipo: «es normal que te sientas así si...».

- **Ofrecer oportunidades para la expresión emocional.** Se debe escuchar y atender la emoción del niño, sin intentar calmarla rápidamente, realizar un acompañamiento de lo que siente y permitiendo que lo exprese.

Algunas pautas generales que se deben tener en cuenta para que el proceso de validación emocional se desarrolle adecuadamente serían:

1. Estar presente
Empleando la **atención plena** y el estar presente aquí y ahora, el proceso de validación resulta más sencillo. Ciertas estrategias, como mirar a las ojos y coger de la mano cuando el niño nos habla y atender con **escucha activa** a lo que nos cuenta, pueden resultar de mucha ayuda.

2. Escuchar y reflexionar
La práctica de la **reflexión objetiva** implica la habilidad de sintetizar de manera imparcial lo que ha sido comunicado por otra persona. Sin embargo, no basta con simplemente resumir; es fundamental llevar a cabo una escucha activa, observando atentamente sus reacciones y expresiones emocionales. Esta reflexión profunda nos brinda la oportunidad de ampliar nuestra comprensión al analizar las situaciones desde diversas perspectivas. Las preguntas desafiantes nos invitan a cuestionar nuestras propias creencias y prejuicios, permitiéndonos un crecimiento personal y una mayor apertura mental. Para llevar a cabo una reflexión objetiva efectiva, es esencial poseer un entendimiento de la inteligencia emocional. Este conocimiento nos capacita para comprender, identificar y regular nuestras emociones, permitiéndonos discernir entre estas y nuestros pensamientos, así como entre las influencias culturales externas.

3. Entender la reacción de otras personas
Si bien no podemos adivinar lo que el niño puede tener en su mente, es posible intentar averiguar qué es lo que le ha llevado a actuar de esa manera. Se le puede animar a hablar con **preguntas seleccionadas** de forma cuidadosa y expresiones que permitan saber que, ante todo, entendemos lo que siente y que vamos a escucharle hablar de ello. En ocasiones, lo más difícil de esto es no dejarse llevar por la intensidad con la que el niño expresa la emoción.

4. Entender la situación
Para lograr esto, se deben tener en cuenta los factores contextuales. Es decir, no podemos leer la situación desde la perspectiva de un adulto que somos, sino en cómo puede haberle afectado al niño teniendo en cuenta cómo esa situación impacta en él, con su **contexto particular:** su edad, la situación acontecida, su experiencia de vida, su personalidad, sus recursos o habilidades emocionales, etc.

5. Normalizar las emociones

Para ello es de suma importancia entender las reacciones emocionales como algo normal, por cuanto que esto ayuda a todo el mundo a sentirse validado. Un ejemplo sería el siguiente: «Es normal que te sientas nervioso por tener que exponer tu trabajo ante toda la clase, es difícil hablar delante de todos la primera vez».

Además, el poder dar un contexto que generalice que otras personas pueden sentirse de un modo similar ayuda en gran medida a sentirse comprendido: «muchos niños sienten miedo a la oscuridad, también los adultos tenemos miedo algunas veces».

6. Tener una mente abierta a la experiencia emocional del otro

La disposición a aceptar y mantener una mente abierta ante las experiencias emocionales es crucial para fomentar **relaciones interpersonales saludables**. Sea cual sea la emoción que esté experimentando, es fundamental mostrar respeto hacia ella, sin enjuiciarla y reconociendo que cada emoción es válida y merece ser entendida.

¿QUÉ NO ES VALIDAR?

Llegados a este punto, tenemos una visión bastante amplia de qué sería el proceso de validación emocional, pero en ocasiones pueden plantearse ciertas dudas ante qué representa en sí validar las emociones, cuáles serían sus límites y si esto podría ser perjudicial de algún modo.

- **Validar no es justificar.** Aprender que validar las emociones no implica que se esté de acuerdo con la otra persona ni que su emoción esté justificada resulta un aspecto clave. Se trataría, por tanto, de comunicar que entendemos lo que siente sin tratar de disuadir o avergonzarles por ello.

- **Validar no es resignarse.** El hecho de que se validen las emociones de alguien no significa que debamos aceptar un trato inadecuado; no debemos resignarnos a que se nos trate mal. En caso de que eso suceda, podemos retirarnos, o, una vez acompañada la emoción, hacerles saber que no se puede permitir esa actitud y que le ayudaremos a buscar soluciones alternativas que resulten más funcionales para expresar su emoción.

- **Validar no es tener que pedir perdón siempre.** En ocasiones, los niños muestran ciertas emociones que interpretamos como injustificadas, pero, aunque no estemos de acuerdo, podemos validar sus sentimientos sin recurrir a pedir perdón. Se puede validar la emoción sin concordan con lo que siente el niño. Por ejemplo, el niño puede mostrar enfado porque, a pesar de haberse comido un helado, quiere comerse otro más; aunque nos parezca algo injustificado, podemos validar que se sienta enfadado por este motivo. Reconociendo cómo se siente, la emoción disminuirá considerablemente.

CÓMO VALIDAR LA EMOCIÓN DE UN NIÑO

La validación emocional es un proceso que puede aprenderse y mejorar con la práctica. Por ello, junto a todos los aspectos teóricos que hemos aprendido hasta ahora, vamos a ver de manera específica cómo este proceso se aplicaría a la hora de validar las emociones del niño:

1. Gestionar las propias emociones y dar ejemplo

Para respaldar las emociones del niño, es esencial primero desarrollar nuestra propia capacidad de gestionar las emociones. Intentar enseñar a otros a controlar sus emociones sin poseer esta habilidad es poco efectivo. Practicar el autocontrol frente a las emociones intensas, identificarlas en todo momento y aprender a manejarlas son habilidades fundamentales de la inteligencia emocional. Se pueden adquirir estas habilidades a través de diversas formas de aprendizaje, incluyendo cursos especializados o la orientación de un profesional en psicología.

2. Hablar desde una posición de igualdad

Con la finalidad de establecer una comunicación efectiva y auténtica, es importante hablar con los niños desde una posición de igualdad, mostrándoles que nuestro objetivo es escuchar lo que sienten. Evitamos la reprimenda o el castigo y buscamos un diálogo de igual a igual. Agacharnos para conversar a la altura del niño y mantener contacto visual le brinda seguridad y le permite expresarse libremente.

3. Ayudarle a describir lo que siente

Ayudar a los niños a identificar y describir sus emociones es esencial, especialmente para aquellos que aún no han desarrollado completamente el lenguaje. Es importante interactuar con ellos para comprender qué están experimentando en cada momento. Con niños mayores, fomentar su expresión libre les permite comunicar lo que sienten y cómo les afecta emocionalmente. Esto ayudará a que puedan identificar lo que sienten y puedan ponerle palabras.

4. Ayudarle a explicar lo que siente

Una vez identificadas las emociones del niño, es crucial iniciar un proceso de exploración y comprensión junto a él. Este proceso ayuda a desarrollar habilidades sociales importantes como la empatía y la gestión emocional. Al explicarle las razones detrás de su enfado, le proporcionamos herramientas para comprender sus propias emociones y encontrar soluciones constructivas a sus problemas.

Por ejemplo, si un niño experimenta rabia porque su hermano está jugando a la videoconsola y empieza a romper objetos en casa, es importante explorar con él la posibilidad de que su enfado provenga del deseo de jugar también y que su hermano no le permite hacerlo. En ese momento, podemos ofrecerle consejos o sugerencias para resolver la situación, como proponerle que juegue a otra actividad o que espere su turno para jugar.

5. Evitar cualquier juicio

Validar las emociones implica abstenerse de juzgar lo que el niño está sintiendo en cualquier momento. El juicio puede hacer que el niño se sienta incomprendido o que sus emociones no sean válidas. En su lugar, es importante ofrecer apoyo y comprensión, incluso en situaciones en las que el niño pueda haber actuado de manera irresponsable.

Por ejemplo, si el niño se cae y se hace daño mientras juega de forma irresponsable, es importante abstenerse de emitir reproches o críticas negativas. En lugar de culparlo, deberemos explicarle por qué está experimentando dolor y discutir qué opciones ha de tomar la próxima vez para evitar accidentes. Es crucial para el desarrollo saludable y la autoestima positiva del niño que evitemos hacer juicios morales acerca de sus emociones mientras las validamos.

6. Brindar herramientas para gestionar sus emociones

Al igual que los adultos, los niños pueden aprender estrategias con objeto de gestionar sus emociones. Ofrecerles herramientas como técnicas de relajación o la búsqueda de alternativas positivas les ayuda a enfrentar sus emociones de manera constructiva.

Si le explicamos al niño que ha terminado su hora de jugar y que ahora debe ir a ducharse, intentando que entienda que cada actividad tiene su horario establecido, estaremos ayudando a que pueda superar el enfado con más éxito.

7. Respeto y amor, ante todo

El respeto mutuo es fundamental en cualquier relación, incluida la relación entre padres e hijos. Criar a los niños en un ambiente donde se valore y respete sus sentimientos promueve un sentido de autoestima positiva y enseña a los niños a respetar a los demás. Un entorno familiar basado en el respeto hacia las emociones de cada individuo fomenta la seguridad emocional y el bienestar de todos los miembros de la familia.

 *Esther ha salido a realizar unas compras con su hija Rocío que tiene seis años. Rocío ha visto una muñeca preciosa en la tienda y acto seguido la coge y la echa al carrito de la compra, cuando Esther ve la muñeca decide dejarla de nuevo en el estante.*

Rocío comienza a llorar, la gente se gira a mirarlas y aunque Esther se siente incómoda, se toma un segundo para observar la situación y calmarse un poco. Después, Esther se agacha, toma de la mano a Rocío y mirándole a los ojos le dice: «Cariño, parece que estás muy triste, es normal que te sientas así» y mientras le abraza le dice: «Creo que lo que te ha puesto tan triste es que no vayamos a comprar la muñeca, quizás podemos ahora respirar juntas un momento». Cuando Rocío se encuentra algo más calmada, Esther le comenta lo siguiente: «Ahora no es el momento de comprar un juguete, pero pronto será tu cumpleaños podría ser un buen regalo si tú quieres».

Este sería un ejemplo de una situación abordada desde la validación emocional: la madre comienza por observar qué es lo que está pasando y toma un momento para calmarse; después, intentando usar un lenguaje cercano y cariñoso, pone nombre a la emoción y valida lo que la niña está sintiendo. Tras eso, le acompaña en la emoción y le ayuda a entender por qué se ha sentido así; junto a eso, le da una herramienta para regularse y le facilita soluciones.

Regulación emocional

En este capítulo vamos a abordar uno de los constructos más importantes dentro de las necesidades humanas, ya que es una habilidad esencial que nos permite vivir de manera más equilibrada y satisfactoria. De un modo más concreto, en cuanto a la etapa infantil, la necesidad de regulación emocional resulta muy importante por su estrecha relación con el bienestar emocional y por cómo influye en otros aspectos como las relaciones interpersonales con los demás, el rendimiento académico y la salud mental.

Partiremos de algunos conceptos básicos como las emociones para pasar después a conocer el proceso de regulación emocional y cómo se desarrolla en la infancia. Por último, veremos algunos ejercicios que nos permitan acercar a los niños a la práctica de la regulación emocional.

¿QUÉ SON LAS EMOCIONES?

Las emociones pueden considerarse como respuestas que damos ante ciertos estímulos externos o internos. Son de naturaleza psicofisiológica y con cierto nivel de complejidad, por cuanto que, a su vez, conllevan una combinatoria de componentes físicos, cognitivos y subjetivos.

Podría decirse que la emoción es el mecanismo que nos permite reaccionar ante situaciones inesperadas, como si de **impulsos para actuar** se tratasen. Cada una de ellas provoca en el organismo una clase diferente de respuesta: el miedo, por ejemplo, produce un aumento del latido del corazón, y esto hace que se distribuya la sangre más rápido hacia los músculos y se favorezca la respuesta de huida.

Algunas de las emociones se aprenden por experiencia directa, pero la mayoría de las veces lo hacemos mediante observación directa de la gente que nos rodea. Por ello, es sumamente importante el papel que desempeñen como modelo las personas de nuestro entorno, como padres o cuidadores.

Como **características** más relevantes de las emociones, podemos resaltar:

- Son de **naturaleza humana.**
- **No existen emociones buenas o malas.**
- **Son universales;** se dan en todas las culturas.
- Están **presentes desde el nacimiento**.
- **Son subjetivas:** cada persona responderá de un modo particular.
- **Expresión facial y corporal:** a veces las emociones se manifiestan por medio de estas expresiones.
- **Temporalidad:** las emociones tienen una duración limitada.
- **Función adaptativa.** Todas las emociones cumplen una función, ayudan a las personas a adaptarse y responder ante su entorno.
- **Todas las emociones son válidas.**

TIPOS DE EMOCIONES Y SU FUNCIÓN

La clasificación de las emociones es un tema ambiguo, ya que, según a qué autor nos refiramos, encontraremos una taxonomía distinta.

Por un lado, hallamos el hecho de que muchos autores afirman que las emociones se clasifican en **positivas y negativas** en función de su contribución al bienestar o malestar de una persona. Aun así, tanto las emociones de carácter positivo como las de carácter negativo son necesarias y cumplen una función muy importante en nuestra vida.

Por otro lado, encontramos una clasificación que divide a las emociones en **básicas (o primarias) y complejas (o secundarias).** Las emociones básicas son un conjunto de emociones universales que se consideran fundamentales para la experiencia humana. La particularidad de estas emociones es que el reconocimiento y expresión de estas es compartido por muchas culturas, puesto que se cree que están vinculadas con respuestas adaptativas que fueron evolucionando para poder contribuir a la supervivencia humana en diversos entornos.

La clasificación de las emociones básicas más extendida y aceptada fue la que estableció **Paul Ekman** (psicólogo, investigador y profesor, y el pionero en el estudio de las emociones y su expresión facial), quien, al igual que **Daniel Goleman** (psicólogo, divulgador científico y autor del libro *Inteligencia emocional*), coincidió en que las emociones básicas son seis. Veamos cuáles son sus definiciones y qué funciónes tienen:

- **Miedo:** anticipación de una amenaza o peligro (real o imaginario) que produce ansiedad, incertidumbre, inseguridad. El miedo tiene la función de protegernos ante situaciones amenazantes.

- **Sorpresa:** sobresalto, asombro, desconcierto. Esta emoción nos ayuda a orientarnos, a saber qué hacer ante una situación nueva.

- **Asco:** disgusto o aversión hacia aquello que tenemos delante. El asco también tiene una función protectora ante sustancias o estímulos que pueden resultar dañinos o peligrosos.

- **Ira:** rabia, enfado que aparece cuando las cosas no salen como queremos o nos sentimos amenazados por algo o alguien. Esta emoción actúa como una señal de que algo está mal y activa mecanismos para resolver problemas, además de ayudar a establecer límites personales o defender derechos.

- **Alegría:** sensación de bienestar y de seguridad que sentimos cuando conseguimos algún deseo o vemos cumplida alguna ilusión. La alegría estimula que repitamos situaciones o nos expongamos de nuevo a estímulos que nos han hecho sentir bien.

- **Tristeza:** pena, soledad, pesimismo ante la pérdida de algo importante o cuando nos han decepcionado. Entre sus funciones está la de procesar y adaptarse a situaciones difíciles, o también nos sirve para pedir ayuda.

En cuanto a las emociones secundarias o complejas, son aquellas que surgen de la combinación de emociones básicas. Suelen ser más sutiles y complejas, y pueden surgir en contextos sociales más avanzados. Las más comunes son: vergüenza, orgullo, celos, envidia, culpa y nostalgia.

¿EN QUÉ CONSISTE LA REGULACIÓN EMOCIONAL?

La regulación emocional consiste en el conjunto de procesos por los que las personas somos capaces de influir sobre **cómo experimentamos y expresamos** las emociones que estamos sintiendo.

Esta regulación comienza cuando un estímulo, ya sea interno o externo, nos indica que algo va a suceder. Cuando se ha analizado la situación que ha desencadenado la emoción que hemos sentido, se produce un conjunto de respuestas basadas en nuestras experiencias y conductas previas. Las emociones nos proporcionan una información muy relevante tanto sobre nosotros mismos como también de nuestro entorno, y nos preparan para responder ante las situaciones.

La regulación emocional es un proceso vital que nos permite mantener un **equilibrio emocional** y adaptarnos eficazmente a nuestro entorno. Cuando experimentamos emociones intensas, como el enfado o la tristeza, a menudo es necesario regular tales emociones para poder volver a nuestro estado emocional anterior.

Sin embargo, la regulación emocional va más allá de simplemente volver a un estado previo; también implica ajustar nuestras respuestas emocionales a fin de adaptarnos a situaciones específicas. Por ejemplo, en ocasiones es necesario moderar nuestra expresión emocional en entornos sociales o profesionales para cumplir con las expectativas sociales y alcanzar nuestras metas personales.

Este proceso de regulación emocional no solo afecta a nuestras respuestas emocionales a nivel fisiológico, sino que también influye en nuestros pensamientos y comportamientos. Al regular nuestras emociones, estamos influenciando activamente cómo pensamos, sentimos y actuamos en una determinada situación.

Existe también un término que complementa al de la regulación emocional y que representa su opuesto, la **desregulación.** Entendamos en qué consiste para poder conocer cuándo nos encontramos ante ese estado.

La desregulación emocional se define por un bajo nivel de control sobre las emociones ante ciertos estímulos; la expresión de estas suele darse de forma impulsiva, exagerada o de un modo no aceptado socialmente.

Entre los motivos más comunes de la desregulación emocional en los niños, encontramos los factores biológicos, un vínculo desadaptativo con sus cuidadores, la elaboración de un trauma complejo o una dotación intelectual superior conocida como altas capacidades.

DESARROLLO DE LA REGULACIÓN EMOCIONAL POR EDADES
La regulación emocional es un proceso que se desarrolla gradualmente. Tal y como hemos ido mencionando anteriormente, el niño pasa en sus primeros años de vida de necesitar un adulto que le guíe y acompañe en la regulación

de sus emociones (heterorregulación) a ir adquiriendo capacidades para reconocer y comprender su mundo interno, lo cual les permite alcanzar habilidades para el manejo de sus propias emociones (autorregulación).

Si el adulto o cuidador consigue acompañar al niño de forma adecuada, con habilidades que hemos conocido anteriormente como la mentalización o la validación emocional, es de esperar que el niño alcance un correcto desarrollo de las habilidades de regulación emocional.

Etapa de uno a tres años

En esta etapa, la regulación emocional de los niños se lleva a cabo a través de los adultos, que ejercen el papel de encargados de gestionar sus respuestas emocionales.

Durante el **primer año** de vida, además, los padres también deben realizar la tarea de identificar las demandas emocionales del bebé y ayudarles a reducir su estrés en las situaciones que les desregulen.

A lo largo del **segundo año,** el niño adquiere la capacidad de comunicarse, por lo que puede expresar verbalmente cómo se siente o pedir ayuda. El niño desarrolla, igualmente, la conciencia del otro, y esto le permite empezar a percibir la emoción desde una dimensión social. Comienza a sentir emociones complejas como el orgullo o la vergüenza, y ello le permite entender qué conductas presentar para ser socialmente aceptado.

En su **tercer año** de vida, su autorregulación se basa principalmente en las emociones básicas de los demás, ya que son capaces de poder diferenciar los estados emocionales de las personas de su entorno, alcanzando la habilidad de sentir empatía por los demás y gestionando así su comportamiento acorde a lo que sienten los otros.

Etapa de cuatro a seis años

Durante esta etapa los niños ya empiezan a comprender ciertas dimensiones de su mundo interno, como los recuerdos o miedos que antes no eran capaces de entender. Esto les ayuda a diferenciar entre experiencias reales y experiencias imaginarias (deseos).

Cuando alcanzan los seis años, pueden modificar de forma consciente algunas emociones negativas como la tristeza, con ciertas estrategias distractoras como el juego o cualquier otra actividad que les produce bienestar. Además, pueden ser conscientes de qué tipo de respuestas proceden de la desregulación; por ejemplo, entienden que gritar no contribuye a sentirse bien. Por consiguiente, pueden aprender la diferencia entre respuestas funcionales y no funcionales, y en qué medida estas contribuyen a su bienestar o malestar, lo que es un paso para buscar la respuesta.

Etapa de siete a ocho años

Durante este período, gracias a la maduración cognitiva que alcanzan, su pensamiento comienza a ser menos egocéntrico, lo que permite que empiecen a ser conscientes de que ante una misma situación pueden existir distintos puntos de vista y que, por lo tanto, las personas pueden tener diferentes reacciones emocionales. Entre otras cosas, esta maduración les permite entender que no están obligados a mostrar todas sus emociones, por lo que empiezan a identificar en qué situaciones es más funcional no expresarlas o modificarlas, mostrando así una emoción diferente a la que sienten.

Ante situaciones que generen malestar o representen cierta problemática, los niños suelen recurrir al apoyo social de amigos, profesores, cuidadores o padres. Asimismo, ante situaciones de conflicto, si se sienten enfadados, podrán solucionarlo verbalmente antes de emplear conductas violentas.

Etapa de nueve a 10 años

A esta edad los niños ya comprenden cómo funcionan socialmente las emociones; han entendido que las emociones positivas están aceptadas, pero las negativas en ocasiones representan conductas vergonzosas que deben tratar de controlar.

A los 10 años, las estrategias de regulación emocional pasan de ser externas a un proceso interno. Para ello recurren a estrategias internas a fin de poder modular sus emociones; por ejemplo, evaluando las situaciones de nuevo o cambiando su punto de vista. Comienzan a disponer de recursos de autorregulación, sin contar con un adulto, en situaciones en que experimentan emociones negativas.

Algunas reacciones emocionales disfuncionales que aparecen a esta edad a consecuencia de una deficiente regulación emocional pueden ser las de culparse a sí mismos, a los demás, tener pensamientos rumiantes y catastróficos. Para contrarrestar esto, los recursos más recurrentes son la reevaluación, la planificación, la distracción y la aceptación de la situación.

Etapa de los 11 a los 13 años

Esta etapa representa un periodo crítico con respecto al desarrollo de la regulación emocional, por cuanto que, al llegar la adolescencia, los niños centran gran parte de sus recursos cognitivos en pensar cómo son percibidos por los demás y con un alto nivel de preocupación acerca del lugar que ocupan en su grupo de iguales.

Las situaciones sociales, en concreto las que derivan de su grupo de iguales, en numerosas ocasiones generan un gran bienestar para ellos, a la vez que se convierten en fuente de mucho estrés, especialmente si consideran que pueden ser juzgados de forma negativa. Ante situaciones de ese tipo, los niños reducen considerablemente las habilidades que poseen para regularse, así como la asertividad. Por ello, durante este período vuelven a aproximarse a los adultos para que les sirvan de apoyo en la regulación.

Esta dificultad de regularse ante situaciones sociales también se ha relacionado con realizar conductas de riesgo.

Etapa de los 14 a los 16 años

A los 14 años, la madurez cognitiva le ha permitido al adolescente desarrollar la lógica formal, por lo que puede razonar de forma abstracta y contar en su pensamiento con cualidades hipotéticas. Esta habilidad le permite que, tanto social como emocionalmente, pueda acceder al punto de vista de otras personas, y así es como son conscientes de las consecuencias de sus acciones al tomar alguna decisión.

Durante esta etapa, a menudo se observan diferencias en función del género acerca de cómo se consolida el proceso de la regulación emocional. Generalmente, las mujeres tienen mayor nivel de empatía y preocupación por los demás que los hombres. Por ello, en ocasiones, los chicos de 15 años pueden presentar un menor número de habilidades para regularse y recurren a estrategias como buscar el apoyo social o la inhibición de sus emociones negativas.

Etapa de los 17 a los 19 años

A estas edades, las habilidades que poseen para regular sus emociones son muy similares a las que tiene un adulto, en parte gracias a que cuentan con la capacidad de tomar perspectivas distintas, una preocupación empática y son capaces de reevaluar la situación.

Aproximadamente a los 19 años llega el fin de la adolescencia, por lo que podría decirse que neurológicamente ya han alcanzado la madurez, lo cual les faculta para un mayor control cognitivo y de la conducta.

PROCESO DE GESTIÓN EMOCIONAL EN LOS NIÑOS

Sabemos que el desarrollo de la autorregulación va precedido por varias etapas en las que los niños recurren a los adultos tanto como al modelaje, así como para ayudarles en la gestión de sus emociones. Este será nuestro punto de partida para acompañarlos en su camino de una gestión emocional autónoma.

El proceso de gestión emocional, como hemos venido aprendiendo a lo largo de este capítulo, es un ensamblaje de varias piezas muy importantes que han de funcionar en sincronía.

La primera pieza es el comienzo del proceso, el **reconocimiento de las emociones.** Poder nombrarlas es vital para ser capaz de gestionarlas. En este sentido, el acompañamiento del adulto al niño se basará en la mentalización. El siguiente paso será la pieza de **validación emocional** en la que los adultos facilitan a los niños la descripción y expresión de sus emociones a través de validar lo que sienten.

Por último, nos quedaría la pieza central de la **modulación de la expresión** de esas emociones (regulación), dado que en múltiples ocasiones pueden expresarse de una manera disfuncional, a consecuencia de que la emoción se siente de un modo demasiado intenso o de la poca tolerancia a dicha emoción, ocasionando en el niño una desregulación emocional.

Ante esa pérdida de control, el proceso de regulación emocional se vuelve un poco más complejo. La pieza clave es la **homeostasis,** como necesidad de volver al equilibrio una vez que se sufre una alteración. Debemos retornar a la calma para poder tener un correcto proceso de gestión emocional. Por ello, nuestro acompañamiento al niño se basará en proporcionarle herramientas que le permitan llegar a la calma; no se trata de inhibir la expresión emocional, sino de enseñarle el camino de vuelta al equilibrio, una vez que ya ha experimentado lo que siente.

Existen ciertas prácticas y disciplinas que, entrenadas de manera regular, pueden resultar en potentes herramientas de calma; entre ellas, ejercicios de respiración, yoga, *mindfulness* o meditación.

Vamos a conocer a continuación algunas de ellas, y a proponer ejercicios para su práctica con los que podremos acompañar y enseñar a los niños diversos métodos de autorregulación.

MINDFULNESS Y ATENCIÓN PLENA

La atención plena, también conocida como *mindfulness*, implica dirigir suavemente la atención hacia el momento presente y comprometerse plenamente con la actividad que se esté realizando en ese instante, sin permitir distracciones ni juicios. El propósito es entrenar la mente para que esté más alerta en lugar de ser dominada por pensamientos constantes. Esta práctica se asemeja a **apagar el piloto automático** de la mente y calmar los pensamientos, lo que nos permite sentirnos más relajados mientras estamos completamente presentes en lo que está sucediendo.

Según Jon Kabat-Zinn, quien introdujo el *mindfulness* en Occidente a fines de los años 70, «este aparente no hacer nada tiene un gran impacto a nivel interno». La neurociencia, que ha progresado enormemente a lo largo de las últimas décadas, está evidenciando los cambios cerebrales en su estructura y función que ocurren con la práctica continua de *mindfulness*, incluyendo aumento de la densidad de materia gris en áreas relacionadas con la atención y la regulación emocional, así como una reducción en la activación de la amígdala, asociada con el estrés y la ansiedad.

Además, las terapias psicológicas basadas en esta atención plena cuentan con respaldo empírico y se recomiendan como complemento al tratamiento primario para diversos trastornos mentales.

Los niños pueden encontrar múltiples **beneficios** en la práctica de *mindfulness,* entre ellos vemos que:

- Ayuda a **reducir el estrés** o la ansiedad infantil, cada vez más presente a edades tempranas.

- Mejora la **capacidad de atención y concentración** del niño, además de su memoria.

- Favorece el **aprendizaje** y aumenta la habilidad creativa.

- Mejora el **rendimiento académico.**

- Es un **buen regulador emocional** (ataques de ira, frustración, tristeza), ayudando a desarrollar el autocontrol en el niño.

- **Aumenta la consciencia de su propio cuerpo,** adquiriendo así habilidades de autocuidado y salud.

- Mejora visiblemente las **habilidades sociales** del niño, aumenta su capacidad para comunicarse de forma asertiva, resolver conflictos y ser empático.

PARTE PRÁCTICA

DINÁMICAS DE REGULACIÓN EMOCIONAL

Dinámicas de mentalización

A continuación, veremos una serie de ejercicios que ayuden al niño a practicar la mentalización. En cuanto que adultos, seremos los guías en este proceso, ayudándoles ante cualquier dificultad que puedan presentar.

DESCUBRIENDO EMOCIONES EN LOS CUENTOS (A PARTIR DE UN AÑO)

Trabajaremos en esta actividad seleccionando cuentos que representen una variedad de **emociones básicas** (tristeza, felicidad, enfado, miedo, etc.). A ser posible, el libro ha de contener las **expresiones faciales** de estas emociones.

Elegiremos un lugar cómodo y comenzaremos a leer en voz alta los cuentos al niño, haciendo hincapié en las partes que expresen emociones, usando gestos y voces expresivas para llamar su atención. Además, podemos señalar a los personajes del cuento y nombrar las emociones que siente.

CANCIONES Y EMOCIONES (A PARTIR DE UN AÑO)

Seleccionaremos una lista de canciones que representen diferentes emociones, desde música alegre y enérgica hasta música suave y relajante, o música que evoque tristeza o emoción.

Reproducimos la música e invitamos al niño a estar atento y le preguntamos qué le hace sentir. Además, le animaremos a que siga la música con el cuerpo y que la imite también con su cara, al tiempo que nosotros también lo hacemos. Por ejemplo, se puede bailar y saltar con la música alegre o balancearse y abrazarse con la música relajante.

CADA PERSONA ES ÚNICA (A PARTIR DE TRES AÑOS)

Mediante esta actividad queremos guiar al niño a la autorreflexión, pudiendo llegar a la conclusión de que existen distintas perspectivas, además de promover el reconocimiento de las emociones de los demás.

Para conseguir esto nos serviremos de varios elementos:

- Situación sobre la que reflexionar.
- Distintas personas implicadas.
- Preguntas para facilitar la reflexión.

Comenzamos por usar una **situación real o imaginaria** que nos sirva como base, narrando una situación en la que están implicadas varias personas que conoce el niño, además de amigos, familiares, etc. Tras esto invitamos a la **reflexión con preguntas** para ir analizando cómo se sentiría cada uno de los protagonistas de la historia e incluso invitarle a que piense cómo se sentiría él mismo ante una situación así.

Pongamos un **ejemplo:**

Vamos a imaginar que Elena, Mario y Sofía salen a merendar con sus respectivos padres una tarde de viernes. Al llegar a la cafetería y mirar en la vitrina, se dan cuenta de que se ha acabado la tarta de chocolate…

¿Cómo crees que se sentiría Elena? ¿Y Mario? ¿Y Sofía?

¿Cómo te sentirías tú si te pasase a ti? ¿Qué harías?

Cuando escogemos los personajes que incluimos en la narración, tenemos que procurar que haya diversidad en la forma de pensamiento. En este ejemplo podríamos haber elegido alguien a quien no le gustase el chocolate, alguien que sea su preferido y otro personaje al que le dé igual ese sabor que otro.

Al principio se recomienda usar elementos conocidos para que resulte más fácil la mentalización, dado que, al existir un vínculo, resulta más sencillo. A medida que se desarrolle esta capacidad, podremos utilizar cuentos o situaciones más abstractas.

DETECTIVE DE EMOCIONES (A PARTIR DE TRES AÑOS)

En esta actividad vamos a invitar al niño a que se imagine que se convierte en un detective cuya misión será descubrir pistas acerca de un tema concreto: las emociones. Para ello, el niño ha de permanecer atento y curioso al entorno, por lo que deberíamos facilitárselo.

El contexto de la investigación puede ser cotidiano. Podemos usar la rutina del día a día. El objetivo es que, mientras transcurre la jornada, el niño pueda «descubrir» cómo se siente alguien de su entorno.

Podemos darle la oportunidad de que comente lo que ha observado al final del día, o bien que lo haga en el momento de hacer sus «descubrimientos». Tras la exposición de los descubrimientos, podemos invitar al niño a la reflexión a través de preguntas del tipo: ¿cómo lo has descubierto?, ¿qué pistas has encontrado sobre esa emoción?

Veamos un ejemplo:

Juan ha aceptado el desafío de convertirse en detective. Permanece atento durante el día y al final de la jornada expone sus descubrimientos a sus padres:

«Esta tarde, cuando papá ha ido a ducharse y se ha dado cuenta de que no salía agua del grifo, ha estado molesto, y mamá, cuando ha hablado con la tía Julia y le ha contado que este fin de semana no vendrá a visitarnos, ha estado un poco triste».

Una adaptación para los más pequeños sería a través de pegatinas que representen los estados emocionales. Cuando en una actividad cotidiana el niño se dé cuenta de su estado emocional o el de otra persona, puede pegarle una pegatina que lo represente y, así, juntos podréis reflexionar cómo se ha dado cuenta de ello.

SUPERADIVINO (A PARTIR DE TRES AÑOS)
Para desarrollar esta actividad, tendremos que preparar fotos o vídeos familiares que representen algunos momentos significativos del niño y que reflejen sus emociones. Algunos ejemplos podrían ser:

- Llegada de una mascota.
- Navidades o vacaciones.
- Nacimiento de un hermano.
- Cumpleaños.
- Cambio de casa.
- Paseos o actividades familiares.

El **objetivo** es explicarle al niño, a través del material que observamos, lo que sentía en ese momento y cómo pudimos «adivinar» que esa era su emoción.

Partiremos de una historia para poder desarrollar esta actividad. Comenzaremos por explicarle al niño que todos tenemos una habilidad que parece «magia» y que nos permite interpretar qué es lo que los demás sienten o piensan y que en ocasiones nos hace parecer «adivinos».

Después, le contaremos que este «poder mágico» se basa en la capacidad que tenemos de observar a los demás: sus gestos, sus miradas, sus actitudes, su tono de voz, etc., y que es el momento de que le contemos cómo nosotros hemos alcanzado ese «poder» para que él pueda practicarlo también.

CONECTADOS (A PARTIR DE SEIS AÑOS)

Esta actividad tiene como objetivo reflexionar acerca de la mutua influencia de los estados internos. Para ello necesitaremos el siguiente material:

- Ovillo de lana o cuerda.
- Tarjetas de cartulina blanca u hojas de papel en blanco.
- Lápices de colores, ceras o similar.

El espacio para desarrollar la actividad se recomienda que sea una superficie plana; por ejemplo, una mesa que nos permita sentarnos todos alrededor, manteniendo contacto visual.

La primera instrucción de este ejercicio es que prepararemos varias hojas en blanco y las numeremos con un uno y un dos correspondientemente, pudiendo escribir ese número en la esquina superior derecha o por detrás de la hoja.

En la hoja número uno dibujaremos una representación de cuál es nuestro **estado emocional** o sensación física actual (por ejemplo, si alguien está contento, puede dibujar un sol, o una sonrisa de colores; si alguien está preocupado, unas nubes oscuras, etc.), y, a continuación, explicaremos qué hemos representado y por qué nos sentimos así. Aquí se acabaría la primera ronda.

Después de explicar cómo estamos y escuchar cómo se sienten los demás, es el momento para respirar hondo, cerrar los ojos y poner atención a cómo nos sentimos de nuevo y dibujamos eso en la hoja número dos. Una vez terminados los dibujos, es el momento de ver si alguien está «conectado».

A fin de comprobar si existe **conexión entre estados emocionales,** cogeremos el dibujo dos y lo comprobaremos con los dibujos/estados del dibujo número uno de los demás participantes. Si se ha hecho alguna conexión, usaremos el ovillo para marcarla.

Pueden realizarse tantas rondas como los participantes deseen teniendo en cuenta que, a mayor número de rondas de dibujos, lógicamente más conexiones podrán establecerse.

Ejemplo:

Pedro y sus padres, Miguel y Jennifer, han decidido esta tarde de viernes que van a jugar al juego Conectados.

Empiezan por dibujar en la hoja número uno sus estados: Pedro ha dibujado una casa seria y explica que se encuentra algo aburrido porque no sabía qué hacer esa tarde; su madre Jennifer ha dibujado en la primera hoja un remolino azul y comenta que se encuentra relajada, dado que por fin se han acabado las tareas del día; por su parte, Miguel ha dibujado un emoticono de risa y cuenta que se encuentra muy contento, ya que llegar a casa y poder estar juntos le hace muy feliz.

Ahora es el momento de tomar aire, cerrar los ojos y ver cómo se encuentran. Dibujando eso en la hoja número dos, este es el resultado: Pedro ha dibujado un sol porque ahora se encuentra feliz al escuchar lo que ha dicho su padre, Jennifer ha dibujado un corazón y explica que ha sido muy bonito y que se siente muy feliz de pasar el rato en familia, y, por último, Miguel dibuja a toda la familia dándose un abrazo porque siente mucho amor.

Pasamos a ver si alguno de estos estados ha sido influido o se han «conectado» unos con otros. Pedro se da cuenta de que su dibujo número dos ha sido consecuencia de oír y ver el de su padre Miguel, por lo que pasan un trozo de cuerda que conecta a Pedro con Miguel. Además, Jennifer también ve que su dibujo número dos está conectado a Miguel, porque su estado ha sido influenciado por lo que él ha sentido y transmitido él en su primer dibujo o estado; en consecuencia, pasan una cuerda de Jennifer a Miguel.

Este juego pretende representar de forma gráfica la **mutua influencia** de los estados internos y también invita a la **reflexión** para que nos demos cuenta de que la felicidad de uno puede contagiar a los demás, o cómo el enfado de alguien puede afectar al ambiente familiar.

Dinámicas de respiración
LA RESPIRACIÓN DE LA SERPIENTE
El niño debe sentarse en una silla con la espalda recta y colocar sus manos en el abdomen. A continuación, le daremos las siguientes instrucciones:

- Hay que coger aire profundamente por la nariz durante cuatro segundos, notando cómo se hincha el abdomen.

- Después, se debe soltar el aire mientras se hace el sonido de la serpiente, haciendo el siseo todo lo alto que puedan.

RESPIRANDO COMO LOS ELEFANTES

En este caso, los niños deben colocarse de pie manteniendo sus piernas ligeramente separadas. Les contaremos que ahora se han convertido en un elefante, por lo que van a tener que aprender a respirar como ellos lo hacen, a través de sus brazos, que se convertirán en la trompa, y nosotros vamos a enseñarles dándoles las siguientes instrucciones:

- Vamos a coger aire profundamente por la nariz y, mientras tanto, ir levantando los brazos como si fuera la trompa, dejando que a la vez se hinche el abdomen.

- A continuación, soltamos el aire por la boca de manera que se oiga el sonido que hace el aire al salir y a su vez vamos bajando la «trompa» (los brazos) hacia abajo.

LOS AMIGUITOS DE LA RESPIRACIÓN

En esta ocasión los niños van a colocarse tumbados en una superficie plana y cómoda, como por ejemplo una esterilla de las que se utilizan en el gimnasio, y vamos a seleccionar algunos de sus peluches preferidos, a ser posible de un tamaño pequeño o mediano. Una vez tumbados, colocamos el peluche en el abdomen del niño para que, al inhalar y exhalar el aire, el muñeco pueda moverse al ritmo de la respiración.

Las instrucciones que le daremos serán las siguientes: primero, debe coger aire por la nariz hinchando su abdomen, ese es el momento en el que puede observar el modo en que su muñeco sube lentamente, y, después, que suelte el aire lentamente por la nariz viendo cómo el peluche va bajando poco a poco.

Dinámicas de *mindfulness*

CONEXIÓN A TIERRA

Por medio de este ejercicio vamos a procurar que el niño vuelva a la calma después de una emoción intensa, a través de la atención plena centrada en el entorno. Para ello, la instrucción que le daremos será:

- Busca a tu alrededor y nombra los siguientes elementos.
    - Cinco cosas que puedes ver.
    - Cuatro cosas que puedes oír.
    - Tres cosas que se pueden oler.

- Dos cosas que puedes tocar.
- Una cosa que se pueda saborear.

LOS SONIDOS SON MÚSICA

Una forma de practicar *mindfulness* puede ser mediante poner atención a lo que escuchan. Así, vamos a servirnos para esta dinámica de algún instrumento que tenga mucha vibración, como un cuenco tibetano, una campana o cualquier otro que emita un sonido que tarde en dejarse de oír. En caso de no disponer de ninguno, podríamos usar un sonido pregrabado.

Las instrucciones serán:

- Se debe permanecer atento al sonido que voy a emitir, manteniendo la calma y, cuando creas que se ha dejado de oír, levantaremos la mano para indicarlo.

COMER DE MANERA CONSCIENTE

Aprovechando una actividad tan sensorial como es comer, podremos practicar la atención plena.

Cualquier alimento sería adecuado, pero podemos empezar, por ejemplo, por una pieza de fruta. El objetivo es que conectemos y nos demos cuenta de todas sus propiedades, prestando atención detallada a cómo huele, cuánto pesa, cómo es su textura, cuáles son sus colores y a qué sabe esa pieza de fruta, paso a paso.

Dinámicas de relajación

EL ESPAGUETI

Para este ejercicio vamos a pedirle al niño que se imagine qué es un espagueti, a fin de que corporalmente imite varias posturas corporales que pasarán de la rigidez o tensión a la relajación o distensión de su cuerpo. Para ello, le iremos diciendo lo siguiente:

- Primero, nos vamos a imaginar que somos un espagueti, pero que estamos crudos, sin cocinar. ¿Cómo está el cuerpo del espagueti cuando se encuentra crudo? Pues vamos a imitarlo: nota tu cuerpo rígido, desde la cabeza hasta tus pies, y mantenlo así un rato.

- Ahora imagina que van a cocinarte. Nos metemos en una olla de agua calentita, que hace que poco a poco nuestro cuerpo se vaya volviendo blandito, más flojo cada vez. Vamos a ir sintiendo cómo el cuerpo se ablanda: tu cabeza está más blandita ahora, tu cuello se relaja, tus brazos y tus manos están más flojas, también tu tronco, tu pecho, tu cintura, tus piernas y tus pies... Nota cómo ahora tu cuerpo está más relajado.

TÉCNICA DE LA TORTUGA

En esta dinámica emplearemos una historia sobre una tortuga que nos sirva para mostrar al niño una forma nueva de relajarse ante un conflicto o situación estresante:

- ¿Sabes qué hace una tortuga cuando se siente asustada o nerviosa? Se imagina que tiene un caparazón mágico donde puede esconderse para sentirse seguro. Así que, cuando te sientas asustado o molesto, puedes ser como la tortuga. Imagina que tienes un caparazón y respira profundo, como si estuvieras dentro de tu caparazón. Esto te ayudará a sentirte más tranquilo y a pensar en cómo resolver las cosas de una manera buena. ¡Tú también puedes ser como una tortuga valiente y sabia!

Después, le invitaremos a practicar la forma de respirar que tiene la tortuga:

- Cogemos aire profundamente con nuestra nariz mientras vamos contando hasta tres en la mente, notando cómo se hincha nuestra tripa; aguantamos dos segundos el aire y después lo soltamos lentamente por la nariz, también contando hasta tres.

LA TÉCNICA DEL SEMÁFORO

A través de esta técnica, el niño puede aprender y practicar varias habilidades. En primer lugar, la de ser consciente de sus emociones. Igualmente, podrá darse cuenta de cuándo necesita un momento para regularse y volver a la calma.

Emplearemos la metáfora del semáforo para explicarle el modo en que puede clasificar sus emociones. Para ello le diremos:

- Imagina que tus emociones son como los colores de un semáforo.

    - Cuando te sientes tranquilo y feliz, estás en verde, como cuando puedes seguir adelante.

    - Cuando estás molesto o frustrado, estás en amarillo, como cuando necesitas tomar precaución.

    - Cuando estás muy enojado o triste, estás en rojo.

Al igual que ante un semáforo, cuando estamos en amarillo, es momento de estar atentos y actuar con cuidado. Sin embargo, si estamos en color rojo, nos debemos detener para ver cómo nos sentimos y qué nos puede ayudar a manejar nuestras emociones. Por ejemplo, cuando estemos en rojo, podemos respirar profundamente si estamos enfadados, o buscar una actividad que nos haga sentir bien, como dibujar, jugar, leer o bailar.

Conviene, para esta técnica, tener ciertas ideas preparadas para cuando el niño se encuentra en rojo. Así le ayudaremos a encontrar una alternativa para manejar su emoción de manera autónoma. También podemos ir facilitando al niño que identifique sus estados emocionales a través de ir mentalizándole con los colores del semáforo. Por ejemplo: "parece que ahora estás en rojo, quizás convenga que tomemos un momento para parar".

EXPLORACIÓN: CONOCIENDO EL MUNDO QUE LE RODEA

Curiosidad

Los niños, ya desde el nacimiento, se convierten en pequeños exploradores. Es su manera de poder conocer el entorno. En sus primeros meses de vida lo hacen a través de sus sentidos. Y, en esa aventura de investigar la realidad, la curiosidad funciona como motor que los lleva a descubrir el mundo y les permite seguir aprendiendo.

QUÉ ES LA CURIOSIDAD

La curiosidad constituye una fortaleza del ser humano que se puede considerar como un interés por vivir experiencias, una capacidad de encontrar cosas, explorar y descubrir. Es una capacidad innata e instintiva. El ser humano, desde que nace, posee esa curiosidad, esa capacidad de buscar y preguntarse, de indagar para poder comprender cómo funciona el mundo que le rodea. Esto, a su vez, permite que se enfrente a desafíos de una manera positiva y le predispone a adquirir nuevos aprendizajes.

Los niños que muestran un actitud curiosa presentan, habitualmente, una o varias conductas como estas:

- **Reacciona positivamente ante los estímulos novedosos,** misteriosos o incongruentes en su entorno, aproximándose hacia ellos, observándolos/escuchándolos y manipulándolos.

- **Expresa la necesidad o deseo de saber más** acerca de sí mismo o de su entorno, a través de afirmaciones o preguntas.

- **Examina su entorno** en busca de nuevas experiencias.

- **Persiste en la examinación** y exploración de los estímulos, con el propósito de conocer más acerca de ellos.

CÓMO FOMENTAR LA CURIOSIDAD

El desarrollo de la curiosidad desde la primera infancia resulta vital por varias razones:

- **Porque es un motor del aprendizaje** de cuanto le rodea.

- **Porque favorece el desarrollo cognitivo.** Les permite adquirir y desarrollar habilidades como resolución de problemas, creatividad, etc.

- **Porque contribuye al desarrollo social y emocional.** En el terreno emocional, la curiosidad permite alcanzar habilidades como la empatía, la confianza y la cooperación, porque desde la curiosidad aumenta la predisposición a interactuar socialmente.

Se sabe que ciertos factores ejercen influencia en el desarrollo de la curiosidad. Vamos a conocerlos a través de este esquema conceptual:

FACTORES INTERNOS	FACTORES EXTERNOS
• Personalidad y temperamento	• Entorno familiar
• Estimulación cognitiva	• Educación y pedagogía
• Estimulación emocional	• Acceso a recursos

Desarrollando un poco estas ideas, encontramos que, con respecto a los factores internos, podemos señalar que algunos niños presentan una personalidad más curiosa que otros. Si fomentamos con diversos materiales como determinados juguetes la curiosidad de los niños, esto repercutirá favorablemente en el desarrollo de habilidades como el pensamiento crítico o la resolución de problemas, y si durante la exploración experimentan emociones positivas, estarán más predispuestos a mantener su curiosidad.

Por otro lado, en lo que se refiere a los **factores externos,** cabe puntualizar que el entorno educativo tanto en el hogar como en las instituciones es clave para el desarrollo y mantenimiento de la curiosidad, que ha de fomentarse a través de aprendizajes activos. Igualmente, tener acceso a recursos como materiales plásticos, cuentos, libros, juguetes, etc., que permitan la exploración también ejerce una influencia positiva.

Susan Engel, psicóloga, profesora de Psicología y divulgadora científica, ha investigado acerca de la curiosidad en los niños. Entre sus aportaciones más destacadas, encontramos que Engel otorga a los adultos un papel muy relevante en el desarrollo de la curiosidad de los niños, sugiriendo que los adultos pueden fomentar la curiosidad en los niños al proporcionar un entorno en el que se sientan seguros para hacer preguntas, explorar y cometer errores. La curiosidad se desarrolla cuando se les anima a aprender y a buscar respuestas por sí mismos.

Engel encontró en sus investigaciones que alrededor de los seis años los niños comienzan a disminuir su curiosidad, y si bien esto podría deberse a factores diversos, es en esta etapa cuando el ambiente y los cuidadores se vuelven aspectos clave con el objetivo de fomentar que los niños mantengan y sigan desarrollando su curiosidad.

Una de las formas más recomendables de poder acompañar al niño en su curiosidad es ofrecerle **un ambiente enriquecido.** Para ello algunas pautas serían:

- **Fomentar el juego abierto.** Un modo de juego sin restricciones, es decir, juego sin límites, permite explorar y recurrir a la imaginación como compañero de juego. Se pueden ofrecer algunos materiales base como material de pintura, bloques o piezas naturales, incitándoles a que las descubran, a que muestren y sigan su curiosidad o a que resuelvan algún reto o desafío.

- **Proporcionar experiencias prácticas.** Solo si pasamos a la práctica, podemos permanecer presentes y activos en la exploración del entorno. Por ello, actividades que permitan interactuar, como rutas al aire libre o ciertos experimentos científicos, les permiten observar el mundo y cuestionarlo, a la vez que entender cómo funcionan las cosas.

- **Fomentar un entorno rico en lenguaje.** El lenguaje es imprescindible para tareas como la búsqueda de información y para poder plantear preguntas. Por eso un entorno con riqueza de palabras permite al niño mantener conversaciones, compartir sus inquietudes, plantear preguntas abiertas, etc.

- **Cultivar una mentalidad de crecimiento.** Es necesario mantener una visión abierta de cómo funciona el mundo y pensar en que existen diversas perspectivas y soluciones ante los desafíos, porque esto mismo es lo que retroalimenta la curiosidad y la búsqueda de respuestas.

Existe una forma más por la que los niños pueden alimentar su curiosidad: mediante la interacción entre niño y adulto, ya que a través de esta relación el adulto puede fomentar la curiosidad en el niño. Veamos cómo:

- **Actuando como un modelo de curiosidad**: cuando los adultos muestran una actitud de curiosidad, hacen preguntas y muestran interés por aprender, esto motiva a los niños a seguir explorando y sintiéndose seguros al hacer preguntas.

- **Respondiendo a las preguntas con empatía:** es importante que los adultos o cuidadores respondan con empatía antes las preguntas. Reconocer la curiosidad que muestra el niño y poder proporcionar una respuesta reflexiva fomenta el aprendizaje e incita a seguir explorando.

- **Utilizando preguntas abiertas:** preguntas como «¿Qué has sentido cuando...?», «¿Qué te pareció...?» le animarán a plantearse, desde la curiosidad, distintos pensamientos e ideas.

- **Cuando sabemos una respuesta a una pregunta**, debemos compartirla: si el niño muestra interés en un tema y nos hace una pregunta, si queremos fomentar su curiosidad, debemos ofrecerle una respuesta; puede ser abreviada para continuar en otro momento si, por ejemplo, no es el momento adecuado o nos encontramos cansados.

- **Si no sabemos la respuesta,** la averiguamos juntos: podemos invitarle a explorar juntos y encontrar respuestas. Esto le dará una base de cómo se realiza una investigación y será una oportunidad de pasar tiempo juntos.

- **Haciéndonos preguntas a nosotros mismos en su presencia:** si el niño está presente cuando reflexionamos en voz alta sobre las cosas, incitará a que él también mantenga una actitud de curiosidad por saber más acerca del mundo. Nos referimos a preguntas como: «Me pregunto por qué será azul el cielo» o «¿Por qué las jirafas tienen el cuello tan largo?».

- **Fomentar la investigación y la resolución de problemas:** si el niño se encuentra ante un desafío, debemos permitirle que investigue o explore distintas alternativas para que pueda elaborar sus propias respuestas, fomentando así que sean una parte activa en la búsqueda de soluciones y puedan desarrollar desde la curiosidad la habilidad de resolución de problemas.

- **Celebrar la curiosidad y los descubrimientos:** debemos validar sus esfuerzos por explorar el entorno, lo cual facilitará la sensación de logro al conseguir nuevos descubrimientos.

- **Fomentar los intereses del niño:** es más sencillo aprender mediante actividades que resultan interesantes, porque esto hace que puedan mantener su atención durante más tiempo y se mantengan motivados para seguir explorando. Si, por ejemplo, al niño le gustan los animales, resultará muy adecuado leer libros acerca del tema y poder aprender juntos datos nuevos.

Ya hemos visto de qué manera podemos fomentar la curiosidad de los niños, bien trabajando en un ambiente enriquecido, bien desde la interacción con los adultos. Pero quizás resulte también conveniente saber qué elementos «matan» la curiosidad. Según el psiquiatra infantil y neurocientífico Bruce Perry, especialista en el desarrollo del cerebro del niño, existen tres cosas que pueden inhibir la curiosidad:

- **Miedo:** si el niño siente miedo o está estresado o intranquilo, es muy probable que no quiera explorar su entorno.

- **Desaprobación y restricciones:** cuando mandamos mensajes negativos o prohibitivos del tipo: «Eso no se toca, no subas ahí, no debes gritar, no está bien si te ensucias...», con estas palabras el niño puede percibir que no es correcto explorar, o podemos trasladarle nuestras sensaciones de miedo, por lo que su curiosidad se verá muy condicionada y terminará por inhibirla. Si la situación no representa ningún peligro, debemos permitirle explorar. Recordemos que el niño se guía por nuestras emociones y palabras.

- **Ausencia:** la compañía de un adulto amoroso, alentador y dedicado es clave para fomentar una exploración saludable. Si el adulto se encuentra presente, el niño puede desarrollar la seguridad necesaria para la exploración; además, solo con presencia podemos apoyar y celebrar sus logros y descubrimientos.

A continuación, vamos a poner algunos ejemplos de actividades que pueden servir como inspiración a fin de fomentar la curiosidad.

Creatividad

La curiosidad y la creatividad están estrechamente vinculadas en el desarrollo de los niños. Estos dos procesos se nutren
positivamente porque, en primer lugar, la curiosidad fomenta
la exploración de nuevas situaciones e, igualmente, la curiosidad alimenta el interés por desarrollar expresiones artísticas
complementarias entre sí de muchas maneras diferentes.

El concepto de creatividad ha generado sumo interés en comprender qué
procesos cognitivos son responsables de la generación de ideas y la resolución
de problemas, lo que permite encontrar muchos estudios con perspectivas diversas. Mientras algunos de ellos se centran en el proceso creativo, otros ponen el acento sobre los individuos y sus características. De ahí la dificultad de
llegar a un consenso en la definición del concepto de creatividad.

Una forma sencilla de definir la creatividad o el ingenio es la capacidad de
pensar creativamente, encontrar nuevas soluciones y generar ideas. Esto podría representar, en sí, una forma de pensar, que, como tal, entendemos que
es aplicable a cualquier campo de la vida.

Los niños creativos suelen exhibir muchas características: son intelectual-
mente curiosos, tienden a ser empáticos, introvertidos e independientes, tienen
la capacidad de analizar y sintetizar y pueden utilizar sus ideas de muchas
maneras diferentes.

CÓMO FOMENTAR LA CREATIVIDAD

Algunas **pautas para fomentar la creatividad** en los niños serían:

- **Aceptarles y dejarles explorar, ver y conocer** cómo es su personalidad,
  ayudando al niño a encontrar en qué área se despierta su curiosidad y
  animarle a que la explore a través del juego libre, sin presión ni imposicio-
  nes. Debemos evitar hacer correcciones si sus acciones o ideas resultan
  innovadoras.

- **Mostrar interés.** Preguntar acerca de lo que hace y escuchar sus explicaciones le hará sentir que es valioso y que su trabajo es interesante. Si
  plantea preguntas, hay que mostrarse disponibles y ser partícipe en la
  búsqueda de respuesta. Incluso ante los errores debemos mostrar apoyo
  y animarle a asumirlos como parte del proceso de aprendizaje.

- **Reforzar la autoestima.** Ayudar a que el niño confíe en sus ideas como
  valiosas y apoyarle a que las ponga en práctica. Pedirle su opinión en
  asuntos cotidianos le permite sentir que sus ideas son valiosas.

- **Cultivar su paciencia y perseverancia.** Que el niño entienda que durante un proceso lo importante es el esfuerzo y no el resultado le hará poner en valor la paciencia y la perseverancia. Además, le permitirá disfrutar del camino y de los aprendizajes acumulados.

- **Fomentar actividades que desarrollen su imaginación.** A partir de algunas actividades donde no haya pautas establecidas sobre qué hacer o cómo hacerlo, el juego libre es el mejor ejemplo de ello, ya que el niño recurre a su imaginación para llevarlo a cabo.

Podemos llegar a fomentar la creatividad del niño recurriendo a juguetes y materiales diversos que se encuentren diseñados para su edad, dado que el juego es una de las principales actividades a través de la cual exploran el mundo. Será entonces cuando pondrá a prueba su ingenio y también su creatividad. En muchas ocasiones los niños descubren nuevas formas de emplear los materiales, distintas técnicas para su uso o alternativas a ciertos retos que pueden encontrar, pero será desde un ambiente de diversión y entretenimiento donde el estrés se vea reducido.

Seguridad y límites

Establecer límites a los niños durante la crianza es fundamental para su correcto desarrollo. Los límites sanos hacen al niño sentirse seguro cuando explora e interactúa con el entorno. Por ello se convierte en una necesidad psicológica que debemos entender para fomentarla.

QUÉ SON LOS LÍMITES

Debemos entender los límites como ciertas **pautas o normas** establecidas que permiten tener una guía que otorga al niño **seguridad y tranquilidad.** Si bien, en un primer momento, debemos validar las emociones que el niño presenta, esto no quita que debamos marcar los límites necesarios para crear un ambiente estable y seguro. Podríamos ver esto como caminos seguros que marcamos para que los niños exploren de un modo tranquilo, ya que es el adulto el encargado de identificar el peligro y de ver qué lugar es seguro. Si este camino no es señalizado por el adulto, el niño se ve forzado a tener que trazarlo y hemos de recordar que carecen de los recursos necesarios para poder hacerlo.

Otro de los beneficios que se obtienen al poner límites de una forma sana, respetuosa y no violenta es que los niños son capaces de internalizar de una forma consciente que existen normas y **consecuencias.** Esto es muy importante en su desarrollo social, puesto que les permite trabajar habilidades como la asertividad, el respeto a sí mismo y a los demás, la empatía, etc.; en resumen, les ayuda a vivir **en sociedad.**

Es de vital importancia que los límites sean establecidos en un entorno que se adapte a las necesidades del niño para que pueda brindar tanto esa sensación de seguridad como también de pertenencia. Esto crea una base sólida que fomenta la exploración de nuevas situaciones y perspectivas desde los límites establecidos. A su vez, ello aumenta la confianza del niño acerca de estar en un entorno seguro donde los adultos responderán a sus necesidades.

Los límites están relacionados igualmente con otros conceptos como la autorregulación, la autoestima, la autonomía y la responsabilidad de manera positiva. Esto se debe a que, si el niño se desarrolla en un ambiente con unos límites establecidos razonablemente a su edad y capacidades, se desenvolverá con confianza en sus habilidades.

Por tanto, la **falta de límites** puede conllevar diversas dificultades en el desarrollo de los niños, principalmente falta de seguridad y autoestima, así como bajo desarrollo de las habilidades sociales y de la autorregulación. A nivel familiar, se podría presentar un desequilibrio en la armonía y bienestar debido a la falta, por parte del niño, de aceptación de límites o de los cuidadores en el establecimiento de estos.

Veamos qué características presentan los niños que no pueden o no saben aceptar normas o límites:

- **Irritabilidad,** poca tolerancia a la frustración, conductas desafiantes.

- **Exigencia en aumento,** y pueden mostrar actitudes y comportamientos de tiranía al utilizar el control de las personas adultas.

- **Falta de respeto** hacia ellos mismos y hacia los demás.

- **No aceptan el límite establecido** ni la autoridad y suelen hacer lo contrario de lo que se les pide que hagan.

- **Baja autoestima e inseguridad,** camuflada en una aparente fuerza.

- **Dificultades en las relaciones sociales** ante una negativa u otra propuesta diferente a la que quiere.

- **Dificultad en la gestión emocional.**

- **Insatisfacción habitual.** Aunque se llene de caprichos o demás objetos que al principio le pueden hacer mucha ilusión, acaba desplazándolos rápidamente sin valorarlos.

- **Dificultad de gestión en la espera:** muestran una alta impaciencia.

- **Dificultad en saber estar en lugares diferentes con un comportamiento acorde.** Por ejemplo, en una biblioteca, tienda, museo, etc.

- Su forma de expresión para **pedir ayuda es a través de conductas inadecuadas.**

CÓMO ESTABLECER LÍMITES EN LOS NIÑOS

Antes de ahondar en pautas que nos permitan como adulto establecer ciertos límites a los niños, convendría conocer, en términos generales, cuáles son los **principios básicos** por los que se rige el establecimiento de estas normas:

- Los límites se deben establecer con base en la **comunicación.** Al niño se le brindará una explicación adaptada a su edad de por qué se establece el límite («se puede romper...», «puedes hacerte daño...», «no es tuyo...»), sin intentar justificarnos.

- Es importante establecer límites y reglas de **acuerdo con la edad y las circunstancias personales** de cada niño.

- Los límites deben ser **coherentes y constantes.**

- Pueden **establecerse en democracia.** De esta manera, no solo están motivados para seguir los límites y las rutinas al haber participado en su creación, sino que además están aprendiendo habilidades para resolver problemas.

- Lo que **se limita es la conducta, no los sentimientos** que la acompañan.

- **Nunca se le debe mentir.** Si se enfrenta al niño a aquellas cosas que no le gustan pero que debe aceptar, se le prepara para asumir la realidad.

- **Es más importante la consistencia que la intensidad.** Lo importante es que logre aprender e interiorizar lo que se le pide; si no respeta la norma, hay que poner consecuencias.

En ocasiones se presentan situaciones muy desafiantes para los cuidadores a la hora de poner normas a los niños, pero no debemos olvidar que lo más importante es no reaccionar ante la conducta para tratar de eliminarla, sino responder ante una situación que requiere poner un límite. A veces, para poder llegar a hacer esto, el adulto debe parar, respirar profundamente hasta conseguir cierta calma que permita hacerse cargo de la situación. Se debe **acompañar la expresión emocional** del niño sin cambiar el límite establecido.

Algunas **pautas** para poder establecer límites pasan por tener en cuenta cuestiones como:

- **Racionar los noes.** Priorizar ante qué situaciones diremos no, para no saturar con restricciones innecesariamente. Es preferible tener menos límites, pero consistentes que muchos y que no se cumplan. En este sentido, es mejor seleccionar y establecer lo más prioritario que le vamos a pedir, y esperar a que esté conseguido antes que intentar que respete nuevas normas.

- **No recurrir a la amenaza, castigo o chantaje.** Recurrir a formulaciones como «entonces/cuando», en vez de frases tipo «Si no…». Ejemplo: «Si no recoges los juguetes…» (aquí es cuando viene la amenaza, castigo o similares); mejor: «cuando recojas los juguetes, entonces podrás pasar a hacer esta otra cosa».

- **Límites claros y directos.** Debemos expresar el límite de forma sencilla y lo más claro posible. Conviene usar frases cortas y directas. Debemos procurar usar un lenguaje positivo, es decir, expresarle lo que queremos, no lo que no queremos.

- **Ofrecer alternativas.** Tras establecer un límite, podemos redirigir la situación ofreciendo alternativas que sean válidas y expresarlas siempre con lenguaje positivo.

- **Acompañar desde la acción.** Si, tras repetir varias veces al niño lo que queremos que haga o deje de hacer, vemos que no lo cumple, es más adecuado acompañarle desde una acción. Por ejemplo, si debe dejar de jugar e ir a la ducha y, tras repetirle varias veces que lo haga (asegurándote que te ha escuchado), no lo cumple, podemos darle la mano y acompañarlo (desde la calma) a que vaya al baño.

- **Colaboración.** El niño debe participar en las normas establecidas en casa; por ejemplo, en la recogida de juguetes.

- **Escuchar sus propuestas de cooperación.** Es importante que los niños se sientan útiles y válidos. Para ello podemos escuchar las ideas del niño y hablar de las distintas formas de cumplir un límite

Hay que ser conscientes de que establecer límites es una tarea compleja que no se consigue de inmediato. Serán necesarios tiempo y energía. La **constancia y la paciencia** son dos habilidades muy necesarias en el proceso. A fin de evitar que nos desgaste el proceso, algunas **recomendaciones** serían:

- **No llegar al límite:** no debemos esperar a intervenir cuando se ha rebasado; es importante actuar desde la calma para que al niño coopere.

- **Prevención:** puede ser a través de informar previamente o también siendo un modelo que imitar creando guiones de cómo se actuaría en cada situación.

- **Paneles informativos:** se pueden realizar con imágenes, pegatinas o dibujos algunos guiones acerca de los límites y formas de actuar ante ellos que sirvan de guía de aprendizaje y estén visibles en casa para su aprendizaje.

- **Calma y mirar más allá:** cuando se ha rebasado un límite, primero se debe comprender el motivo real y emocional por el que movilizó a esa conducta.

- **Primero conectar y después corregir:** validar la emoción para que se sienta escuchado y comprendido antes de establecer los límites; después, proponer soluciones alternativas.

- **Rutinas:** establecer unas rutinas determinadas que ayuden a tener claro lo que acontece cada día ayuda a que asimilen la coherencia y estabilidad.

- **Asambleas familiares:** se pueden establecer un espacio y un tiempo por los que todos puedan expresarse acerca de las inquietudes, de los límites o de cualquier otro asunto familiar. Todos los puntos de vista deben ser bien recibidos.

- **Reconocer los esfuerzos y logros:** si el niño intenta respetar los límites, pero no siempre lo consigue, debemos señalar su esfuerzo, y, cuando lo consigue, hemos de señalar su logro como algo positivo.

Como hemos señalado anteriormente, una de las recomendaciones para establecer límites es tener en cuenta el **desarrollo madurativo** del niño. Los niños en edad preescolar pueden representar un mayor reto a la hora de conseguir establecer dichos límites, debido a que cuentan con escasas herramientas de autorregulación y tienen un peor control de sus impulsos.

DIFERENCIA ENTRE LÍMITES Y CASTIGOS

A diferencia del castigo, poner límites no es reaccionar a una conducta indeseada, sino que tiene como objetivo enseñarles a pensar y regular sus impulsos, mientras que el castigo tiene como fin detener o inhibir el comportamiento.

Si establecer límites implica crear un marco claro y amoroso para guiar el comportamiento de los niños, los castigos tienden a ser una respuesta emocional impulsiva que no siempre promueve el aprendizaje ni fortalece la relación entre padres e hijos. Es importante recordar que los límites se establecen con el propósito de **enseñar y guiar,** mientras que los castigos suelen enfocarse en **controlar y castigar** el comportamiento no deseado.

Mediante el castigo, el mensaje indirecto que recibe el niño es «esto que haces no está bien», y entenderán que su conducta debe ser dirigida por los adultos, estableciendo estrategias disfuncionales para evitar enfrentar posibles consecuencias en el futuro. Sin embargo, cuando establecemos límites a través de la disciplina positiva, el niño puede aprender a manejar su conducta por medio del autocontrol; ello le brindará ayuda para comportarse de manera distinta la próxima vez.

Carolina y Pedro son hermanos y se encuentran peleándose por unos juguetes cuando de repente comienzan a gritar. Su madre, Susana, entra en la habitación y les dice en tono alto: «Parar de inmediato, esta tarde ninguno de los dos podrá salir al parque».

En este ejemplo, la madre de Carolina y Pedro está aplicando un castigo como un intento de detener la conducta, pero sin darles oportunidad de aprender habilidades para resolver el conflicto.

Hemos usado el mismo caso para ilustrar cuál sería la alternativa que representa una disciplina positiva y que les otorga a los niños recursos de afrontamiento de conflictos.

Carolina y Pedro son hermanos y se encuentran peleándose por unos juguetes cuando de repente comienzan a gritar. Su madre, Susana, entra en la habitación y les dice en tono alto: «Por favor, darme los lápices de colores, de momento ninguno va a usarlos. Vamos a respirar hondo y ahora cada uno le dirá al otro por qué está enfadado, podemos usar frase que empiecen por "Yo...". Después llegaremos a un acuerdo sobre el uso de los lápices».

DISCIPLINA POSITIVA

La disciplina positiva es un modelo educativo basado en la psicología **de Alfred Adler y Rudolf Dreikurs,** dos psiquiatras austríacos del siglo XX. Años más tarde, **Jane Nelsen y Lynn Lott,** dos psicólogas norteamericanas, escriben el manual de disciplina positiva *Cómo educar con firmeza y cariño,* y se encargan de sistematizar el modelo y difundirlo. Hoy en día, este método se usa por parte de madres y padres, docentes, etc.

La disciplina positiva es, por tanto, un modelo educativo que persigue entender el comportamiento de los niños y la forma de abordar su actitud para guiarles de forma positiva, afectiva, firme y respetuosa tanto para el niño como para el adulto. Es un enfoque que no incluye ni el control excesivo ni la permisividad.

Está basada principalmente en los pilares de la comunicación, el amor, el entendimiento y la colaboración, y su objetivo es enseñar al niño herramientas y competencias básicas y necesarias para la vida. Además, otorga a los cuidadores las estrategias necesarias para poder comprender el comportamiento de los niños, especialmente cuando no es adecuado para que puedan reconducirlo desde el respeto, evitando las luchas de poder.

La disciplina positiva se basa en **conceptos básicos.** Según lo que sostienen Adler, Dreikurs, Lott y Nelsen, entre tales conceptos tenemos:

- **Igualdad social:** todos merecen un buen trato.
- **Interés social** (sentido de comunidad).
- El comportamiento de los niños tiene un **propósito:** ser importantes y tener un sentido de pertenencia y conexión.
- Detrás del comportamiento, hay una **creencia** (de percepciones e interpretaciones).
- Un niño que se porta mal es un **niño desmotivado.**
- Los niños **se portan bien** si se sienten bien.
- **Amabilidad y firmeza** al mismo tiempo.
- **Respeto** mutuo.
- No es **punitiva** (castigo) ni permisiva.
- Se basa en la **solución de problemas.**
- Importancia de **enseñar habilidades de vida** a largo plazo.
- Tener el valor de **ser imperfecto** y no sentirse mal por ello.

En este caso, entendemos la disciplina como la enseñanza y el medio de orientación hacia la **regulación del propio comportamiento.** Hemos de recordar que un principio básico de esta teoría radica en el hecho de que todas las personas merecen ser tratadas con dignidad y respeto. La disciplina positiva busca encontrar soluciones a largo plazo, a fin de que los niños consigan desarrollar la autodisciplina.

ALTERNATIVAS A LOS CASTIGOS

La disciplina positiva aporta múltiples alternativas a los castigos, que en ocasiones no dejan de ser correcciones que funcionan a modo cortoplacista y generan malestar, por un método que, desde su base del **respeto**, permite participar a los niños en las tomas de las decisiones y ser conocedores de las normas y los límites establecidos. La disciplina positiva aboga por una educación basada en la responsabilidad, el aprendizaje y la seguridad: se trata de una **apuesta a largo plazo.**

Veamos algunas de las **alternativas a los castigos** que marcan desde la disciplina positiva:

CONSECUENCIAS NATURALES Y LÓGICAS

Debemos diferenciar entre dos tipos de consecuencias: naturales y lógicas. Las consecuencias **naturales** se limitan a las que se dan dentro de una relación **causa-efecto natural.** Están vinculadas directamente con el acto que las desencadena, y el adulto no interviene. Por ejemplo, si el niño no hace los deberes, tendrá una mala nota.

Por otro lado, las consecuencias **lógicas** requieren de la intervención directa del adulto, pero, a diferencia de los castigos (que normalmente son arbitrarios y pretenden demostrar una autoridad malentendida), las consecuencias tienen que cumplir las siguientes premisas:

- Tienen que estar **relacionadas con la conducta** que queremos corregir.
- Se deben **haber pactado** con el niño previamente, para intentar, en la medida de lo posible, trabajarlas por anticipado.
- Deben ser **respetuosas** con el niño.
- Han de ser **proporcionadas** a la conducta que se quiere corregir.

ENFOCARNOS EN LAS SOLUCIONES

Desde asambleas en familias hasta lluvias de ideas o cualquier otra estrategia que permita al niño participar en la búsqueda de soluciones ante los conflictos, podremos conseguir que su autoestima se vea fortalecida, a la vez que desarrollen habilidades de comunicación, fomentamos que expresen sus emociones y ponemos en valor el respeto mutuo.

EDUCAR CON AMABILIDAD Y FIRMEZA

La disciplina positiva fomenta un método de educación que no concibe los castigos como forma de corrección. Ahora bien, esto no implica ser permisivos ni caer en la sobreprotección, ya que podemos optar por estrategias que reduzcan la tensión emocional, como jugar o hacer una broma, pero aun así ser firmes con las consecuencias. Por otro lado, no debemos confundir firmeza con autoritarismo, por cuanto que en este caso hace referencia a que los criterios que se establecen para educar son firmes y estables, y a que el adulto los define y se encarga de que se respeten, desde el amor mutuo.

Para poder clarificar más acerca de cuáles serían las consecuencias lógicas que podríamos aplicar, vamos a ver **algunos ejemplos:**

SITUACIÓN El niño nos falta el respeto		CONSECUENCIA LÓGICA Le pedimos que nos dé un momento

En este caso, si el niño nos grita, nos pega o nos insulta, una consecuencia lógica podrá ser decirle: «Entiende que durante un ratito no me apetece hablar contigo, me has insultado y me has faltado al respeto, ahora necesito un poco de espacio para que se me pase».

Es de esperar que, si el niño está enfadado, de primeras no entienda lo que le estamos diciendo. Debemos esperar a que se le pase para poder explicarle, mediante una comparativa, cómo nos hemos sentido. En este caso le podemos poner el ejemplo de si él se enfada con un amigo porque le falta al respeto o no le trata bien, para que reflexione sobre cómo se sentiría y si le apetecería jugar con él.

Este tipo de consecuencias también serían aplicables si la situación se da con un amigo, con un hermano o con cualquier otra persona.

SITUACIÓN El niño no cumple la tarea		CONSECUENCIA LÓGICA Se agota el tiempo para el ocio

En este sentido, si cuando el niño, tras haberle indicado reiteradamente la tarea que debe hacer (los deberes, recoger, ducharse o cualquier otra), finalmente no la cumple, la consecuencia lógica debe ser que si, tras esperar a que atendiese esa tarea, se ha agotado el tiempo para la siguiente, en este caso puede ser sacrificar alguna de ocio como ver la tele, usar el dispositivo o jugar juntos.

Se trata de ir más allá del «no podemos jugar juntos por no haber recogido». Se trata, más bien, de hacerle entender la lógica del manejo del tiempo que aplicamos a cada actividad. Para ello, es recomendable prestar más atención en positivo cuando realiza la tarea que señalar cuándo, así como darle atención en negativo cuando no la cumple.

SITUACIÓN El niño se quita el cinturón o suelta la mano al cruzar		CONSECUENCIA LÓGICA Primero el límite y después la explicación

Este tipo de situaciones representan un caso especial en el que primero el esfuerzo va dirigido a protegerles y después le daremos la explicación necesaria. Debemos tener en cuenta que, si el niño tiene poca edad, su capacidad de razonamiento no está desarrollada, por lo que una explicación demasiado extensa tampoco le servirá de mucho.

En conclusión, como hemos ido recogiendo a lo largo de este capítulo, el niño necesita explorar el mundo que le rodea para poder tener un desarrollo adecuado, tanto a nivel emocional como a nivel madurativo y cerebral. En consecuencia, los adultos deben ser figuras que los acompañen en el camino, fomentando que este proceso de descubrir el mundo se realice desde una base segura. La mejor manera para ello será reforzando y promoviendo, desde el amor, tanto los límites como esa curiosidad de explorar que les permita mantenerse motivados y conectados con su creatividad.

PARTE PRÁCTICA

EJERCICIOS PARA FOMENTAR LA EXPLORACIÓN

Ejercicios para educar la curiosidad

Existen diversas dinámicas para que los pequeños se sientan más inclinados a saciar su curiosidad. A continuación, vemos tres maneras de llevarlo a la práctica.

EXPLORACIÓN SENSORIAL CON CAJAS MISTERIOSAS

Para este ejercicio usaremos varios recipientes o cajas opacas en los que introduciremos distintos objetos pequeños que tengan diferentes texturas y tamaños, pero que resulten seguros para los niños. Podemos usar pompones, plumas, esponjas, una llave de metal, un trozo de tela de rafia, etc., y opcionalmente podemos taparle los ojos al niño.

Con estos materiales podríamos hacer distintos modos de juego:

- **Adivina lo que toco:** el niño describe lo que está tocando para que el adulto adivine de qué se trata.

- **¿Qué hay en la caja?:** en este caso, es el niño quien debe adivinar qué objetos contiene la caja. ¡A ver cuántos puede descubrir!

LA CAZA DEL TESORO

Se recomienda realizar esta actividad en la naturaleza, aunque podría adaptarse al entorno doméstico.

Mientras damos un paseo por la naturaleza, les entregaremos una lista de cosas que deben descubrir en el entorno, como diferentes tipos de hojas, piedras de distintos colores o formas, flores específicas, insectos, etc.

EL RINCÓN DE LOS EXPERIMENTOS
A través de las investigaciones podemos fomentar el lado curioso de los niños. Podemos realizar algunos desde casa.

- **Globo inflado por reacción química:** colocamos un embudo en la boca de una botella de plástico pequeña, vacía y limpia. A continuación, exprimimos un limón y vertemos el jugo dentro. Lavamos el embudo y lo secamos, colocándolo en la boca del globo para verter el bicarbonato sódico. Colocando la botella en horizontal sobre una superficie plana, abriremos la boca del globo para encajarla en la boca de la botella, asegurándonos de mantener la botella en horizontal y procurando que aún no caiga el bicarbonato dentro de la botella. Podemos sujetar el globo con una pinza o agarrarlo con una mano para que no deposite el contenido. Cuando se encuentre la boquilla del globo correctamente colocada en el cuello de la botella, estiraremos el globo hacia arriba suavemente, sin que se salga del cuello de la botella, para que lentamente deposite el bicarbonato dentro de la botella, y poco a poco comenzará por hincharse solo.

- **Arco iris de leche:** vertemos una capa delgada de leche entera en un plato que sea un poco profundo. A continuación, añadiremos unas gotas de colorante alimenticio en la superficie de la leche (preferiblemente de varios colores), cogeremos un bastoncillo y lo sumergiremos en un poco de jabón para platos. Después, acercamos ese mismo bastoncillo al plato de leche e, introduciendo la punta mojada en jabón en la leche, comprobaremos cómo de repente todos los colores que hemos añadido con el colorante alimenticio «explotan» y se mueven hacia los lados, formando un bonito arcoíris.

Ejercicios para fomentar la creatividad

Vamos a presentar un catálogo bastante amplio de los juegos que dan mejor resultado para desarrollar la creatividad en los niños.

CUENTOS
Si, mientras hacemos las lecturas de los libros, vamos variando un poco la narrativa para alterar los acontecimientos, los niños pueden ver que existen otras alternativas o finales distintos. Podemos invitarles a que aporten variaciones, o incluso improvisar un cuento donde se les da forma a los personajes, a la historia o al final.

JUEGO DE PALABRAS
Uno de los más conocidos es el de encadenar las palabras. Cuando el adulto o el niño dicen una palabra, el otro debe continuar la cadena diciendo una nue-

va palabra que comience por la última sílaba de la anterior. También el juego conocido como «veo-veo» promueve la exploración del entorno, al tener que buscar la palabra del objeto que les piden precisamente dentro del espacio en el que se encuentran.

DIBUJAR Y PINTAR

Esta actividad debe llevarse a cabo bajo la apertura y sin restricciones, una forma de pintar aquello que les apetezca o se imaginen.

ESCRITURA

Escribir historias es una forma de poner a los niños en contacto con su imaginación y creatividad. Las historias pueden versar acerca de algún hecho o situación que les llame la atención o sobre aquello que tengan en su mente. La imaginación no debe tener límites.

JUEGOS DE IMAGINACIÓN

Como, por ejemplo, interpretar las formas de las nubes del cielo, o hacer una lista de usos de objetos que mencionemos, pero sin nombrar el uso habitual de ese utensilio.

ARTES ESCÉNICAS

Como el teatro, la música o la danza, lo más recomendable es acercarles a estas actividades, pero que sean ellos los que decidan qué les resulta interesante o les llama la atención.

IDIOMAS

Un nuevo idioma, además del materno, aumenta la flexibilidad mental y resulta beneficioso para fomentar la creatividad.

EXPERIMENTACIÓN CON ARTE

Otras disciplinas artísticas como pintura, escultura o manualidades son un recurso muy positivo para que puedan dar rienda suelta a su creatividad.

JUEGOS DE INGENIO Y ROMPECABEZAS

Piezas como puzles, cubos de Rubik o *scape room* son actividades que plantean un desafío a los niños mediante el juego y requieren hallar soluciones, lo que promueve el desarrollo del pensamiento crítico a la vez que la creatividad.

EXPLORACIÓN AL AIRE LIBRE

Esta es una de las actividades por excelencia de la exploración; permite plantear juegos y actividades teniendo de referencia un entorno que reconocer.

COCINA CREATIVA

Otra forma de experimentar puede ser mediante la cocina, ya que permite experimentar en el descubrimiento y mezcla de distintos ingredientes y sabores.

JUEGOS DE ROLES Y DRAMATIZACIÓN

Los cambios de rol requieren que el niño recurra a su imaginación para salir de su propia perspectiva y desarrollar su imaginación, además de desarrollar ciertas habilidades emocionales como la empatía.

EL MUNDO SOCIAL: CONECTANDO CON LOS DEMÁS

Toda persona necesita relacionarse. Nuestra condición nos marca, por supervivencia, a necesitar de los demás, pero no solo a un nivel evolutivo-biológico, sino también afectivo y cognitivo. Los vínculos que establecemos nos permiten desarrollar numerosas funciones cognitivas, habilidades emocionales, áreas cerebrales, etc.

Por ello resulta tan importante la **integración en el mundo social.** Esta tarea comienza en la infancia, con los primeros vínculos, y se va desarrollando a través de otras relaciones en etapas escolares, con cierta importancia en la adolescencia, cuando cobra mucha relevancia y se establecen también las primeras relaciones amorosas. Con posterioridad, al llegar a la adultez, estar en sociedad es el día a día y las habilidades adquiridas resultan determinantes para alcanzar una buena salud psicológica y emocional.

La importancia de la interacción social en el desarrollo cerebral

Existe una estrecha relación entre el desarrollo social y el desarrollo cerebral, dado que numerosos estudios en el campo de la **neurociencia** del desarrollo han puesto de manifiesto que la calidad y la cantidad de las interacciones sociales en los primeros años de vida tienen un impacto significativo en el desarrollo cerebral.

En concreto, un estudio realizado por la profesora de Psicología en la Universidad de Columbia, y directora del Laboratorio de Neurociencia afectiva del Desarrollo, Nim Tottenham, descubrió, por medio de imágenes de resonancia magnética funcional, que la presencia de interacciones sociales positivas en la infancia temprana está asociada con un mayor volumen en áreas como la corteza prefrontal medial y la circunvolución temporal superior. Estas áreas cerebrales permiten la comprensión y el procesamiento de lo que sucede durante las interacciones sociales.

Además, la interacción social puede tener un impacto significativo en la **plasticidad cerebral** (capacidad del cerebro para cambiar y adaptarse, en respuesta a la experiencia). Numerosos estudios han demostrado que el aprendizaje de habilidades sociales se asocia con cambios neuroplásticos en áreas cerebrales involucradas en el procesamiento de la información social.

En cambio, la privación social o **la falta de interacción social** pueden tener **consecuencias negativas** en el funcionamiento cerebral; por ejemplo, pueden resultar en alteraciones en la estructura y función cerebral, así como en dificultades en las habilidades sociales.

En el periodo de la infancia, la falta de socialización afecta a la maduración cerebral, retrasando su desarrollo, sobre todo durante las primeras etapas. La ausencia de interacción social de calidad afecta emocionalmente, ejerciendo un efecto negativo en el desarrollo cognitivo y en la motricidad.

Algunos **ejemplos** muy mediáticos en los que se han podido ver las consecuencias son los siguientes casos:

- **El caso de Genie** alude a la experiencia de una niña recluida por sus padres durante sus primeros 13 años de vida. Al no estar expuesta a estimulación emocional, sensorial ni establecer relaciones sociales, la niña no pudo adquirir habilidades como el lenguaje, y solo articulaba ciertos sonidos como respuesta. Si bien, tras el rescate por medio de una intervención, pudo evolucionar significativamente, nunca llegó a manejar el lenguaje complejo con fluidez.

- **El caso del niño salvaje de L'Aveyron**, ocurrido en 1800. Un niño de 12 años apareció en la escasamente poblada provincia de Aveyron en Francia, trepando árboles y corriendo desnudo. Al igual que Genie, no hablaba y, además, caminaba a cuatro patas, como los chimpancés. Había sido abandonado o sus padres fallecieron cuando era muy pequeño, por lo que no estuvo expuesto a ninguna clase de socialización.

La socialización proporciona tanto **salud emocional** como estímulos para nuestro cerebro, proponiendo retos y manteniéndolo activo. Y si bien durante la infancia resulta importante, también lo es durante la edad más avanzada, ya que mantener una vida social saludable y activa permite reducir deterioros mentales propios de esa etapa.

Conexiones sociales

Como vimos anteriormente, la necesidad de socializar es algo innato en el ser humano, una necesidad de supervivencia básica para el correcto desarrollo y bienestar. Si bien nos centraremos en las primeras etapas de la vida del niño, vamos a conocer a continuación cómo es el desarrollo social a partir de los tres años, por cuanto que durante esta etapa cobra un significado especial, al presentarse en la etapa preescolar las primeras relaciones entre iguales.

DESARROLLO SOCIAL A PARTIR DE LOS TRES AÑOS

El desarrollo evolutivo e incluso social ha sido estudiado por numerosos investigadores, que, dependiendo de dónde pongan el foco (en el individuo, en el proceso evolutivo, en las desafíos que enfrentan, etc.), diferencian distintas etapas. Aun sin adentrarnos demasiado, veremos lo más característico de algunas de estas etapas vitales basándonos en aportaciones de distintos autores, adscritos a diversas corrientes de investigación (Piaget, Erikson, Bowlby, Ainsworth).

Etapa de los tres a los seis años

Las características más relevantes de esta etapa del desarrollo social del niño son las siguientes:

- Comienza a **construir su propia imagen** a través de la imagen que le devuelven los demás.
- Aumenta su **participación social**, aunque todavía es muy independiente.
- Comienza a desarrollar tareas de **colaboración y cooperación**.
- Necesidad de representar la **realidad social** a través del dibujo.
- Los niños aprenden las **normas al pie de la letra** si las comprenden.
- Les cuesta diferenciar entre **hechos intencionados y accidentales**.
- Necesitan ayuda para entender las **consecuencias** de sus actos.

- Sugiere **turnos** para jugar, tiene más contacto social.
- Habla con otros niños, pero **no escucha** lo que dicen.
- **Autocrítica, y crítica** a los demás.
- Tienen algunos **miedos,** están conociendo nuevos peligros.
- Imita las actividades de los **adultos.**
- Le gusta **jugar solo** y hablar consigo mismo.
- Está quedando atrás la etapa de **egocentrismo.**
- Se siente sensible frente a los **reproches** de sus padres.
- Utiliza el **negociar** para conseguir lo que desea.
- Se vuelve **terco,** negativo, oposicionista...
- Sentimiento de **conciencia de sí mismo.**
- Necesidad de **situarse** como un miembro más.

Etapa de los seis a los ocho años
Esta etapa es muy importante para el desarrollo social del niño, ya que se considera una fase de transición **del egocentrismo al ser social.** En la etapa anterior se consideraba como amigo a aquel que «da cosas». Sin embargo, en esta etapa un amigo es alguien con el que compartir intereses y gustos. Además, se dan los siguientes hitos:

- Aparece la **adaptación al entorno escolar** y extraescolar y la pertenencia a grupos de iguales con un objetivo común (deportes, aficiones...).

- Se desarrolla una percepción cada vez más diferenciada entre **lo masculino y lo femenino,** que influye en las relaciones sociales.

- Aproximadamente hasta los siete años les cuesta **diferenciar entre bien y mal;** las cosas son buenas o malas según las manden o prohíban los adultos.

Etapa de los ocho a los 10 años
Las características más relevantes de esta etapa son:

- Las **reglas colectivas** ayudarán al niño a controlar y disciplinar su papel en los juegos y relaciones.

- Mayor necesidad de **amistad.**

- Aparece «la pandilla» como **grupo de amigos** homogéneo en edad y género que comparten un fin común: las aventuras y los juegos. En ellos encuentra el niño la forma de darse valor a sí mismo.

- Puede aparecer el rechazo mutuo entre **chicos y chicas** debido a la influencia sociocultural y la anticipación de la madurez en las niñas.

- **Alejamiento** afectivo y social **de los padres.** Sustitución por el grupo de iguales.

- Mayor aptitud para **distinguir el bien del mal.** Hacia los nueve años, discrimina lo que está bien y mal como actos independientes de la opinión o valoración de los adultos.

- Las peores **infracciones** para un niño de esta edad son la mentira y el robo.

Etapa de los 10 a los 12 años

Resaltamos como más significativos los siguientes hitos del desarrollo social en esta etapa:

- El grupo de amigos se estructura y cohesiona en función de aficiones y un común conjunto de valores y principios, no sólo para jugar y correr aventuras. Los principios que estructuran los grupos suelen ser: la aversión compartida que les diferencian de otros grupos o la **necesidad de sentirse aceptado.**

- Progresos en la **conducta moral y ética.** Por su necesidad de sentirse aceptados.

- Debido a la presión del grupo y por su estado emocional, el niño puede tender a la **transgresión de las normas.**

- Mucho apoyo y necesidad emocional de **compartir** con el grupo de iguales.

RELACIONES ENTRE IGUALES

Las relaciones con los iguales (relaciones horizontales) se basan en **la igualdad, la reciprocidad y la cooperación** entre personas que tienen edades y habilidades semejantes.

El niño debe buscarse un lugar en el grupo de iguales que ha de ganarse por méritos propios. En la familia este lugar está garantizado, pero con los iguales el niño tiene que conseguirlo.

A través de las relaciones con los iguales, el niño aprende una serie de competencias (por ejemplo, las relacionadas con la resolución de conflictos) que son más difíciles de aprender en la relación con los adultos.

A partir de los seis meses, el bebé empieza a tener inquietudes por relacionarse. Además, durante esta etapa, muchas familias deciden llevar al niño a un servicio de cuidado auxiliar que les permite comenzar a socializar con sus iguales. Otra forma de socializar a esa edad es en las salidas al parque, visitas a familiares, etc. Lo importante es intentar crear situaciones para que el bebé pueda relacionarse con otras personas.

Fomentar la socialización es especialmente necesario en bebés que juegan poco o juegan principalmente solos, a fin de evitar problemas de adaptación durante su desarrollo. La habilidad que muestren los niños para hacer amigos estará influenciada por la actitud que mantengan sus cuidadores. En estos recae la tarea de estimular el desarrollo social en el niño para que comparta tiempo con sus iguales.

Al alcanzar **su primer año de vida**, aproximadamente, el niño disfruta de compartir juegos con otros niños de su edad, mostrando actitudes curiosas al conocerlos, tocando su pelo, su cara, explorando sus juguetes, etc. No será hasta alrededor de los **dos años** cuando llegue lo que puede considerarse como «el primer amigo», que bien puede ser un compañero de guardería, compañero de juegos del parque, un familiar o, también, un amigo imaginario.

Tener un **amigo imaginario** es la forma de satisfacer su imaginación y sus ilusiones. Es una edad en la que desarrollan mucho su creatividad, por lo que, en ocasiones, ante el juego en solitario desarrollan los amigos imaginarios, con el propósito de comunicarse con ellos o compartir experiencias.

Tras ese primer amigo, suele llegar **«el amigo real»**. Esto sucederá **entre los tres y cuatro años**, coincidiendo con la primera vez que van a la escuela, lo cual hace que su vida social sea mucho mayor. Además, allí conocerá a niños nuevos con los que deberá compartir reglas y normas de convivencia, por lo que su independencia comenzará con determinados límites. Esto se puede considerar como una auténtica socialización.

Cuando alcancen los **cinco o seis años**, los niños ya no solo ven a los amigos como algo práctico, alguien con quien compartir juguetes, sino que empiezan a compartir experiencias, conocimientos, cariño y afecto; son **«amigos de verdad»**. En esta etapa el niño acepta con mayor facilidad las reglas de convivencia que, además, serán también exigidas entre amigos.

En la etapa comprendida **entre los siete y los ocho años**, los niños alcanzan la habilidad de **cooperación y ayuda a los demás**, y, aunque puede surgir algún conflicto, tienen una mayor capacidad para poder ser comprensivos y pueden ceder en alguna ocasión.

A partir de los nueve años y hasta la adolescencia, los iguales mantienen un papel muy importante en la vida de los niños. Sus amigos son un gran **punto de referencia** por el que se guían para cosas como fijar sus gustos, verse a sí mismos. Las relaciones entre ellos suelen ser vínculos muy fuertes, pueden incluso durar para toda la vida. Esto no significa que los cuidadores sean prescindibles, ya que es vital que los acompañen cuando muestren sus necesidades, asegurándose de que las relaciones con sus iguales sean sanas.

Las relaciones de amistad nos transmiten y enseñan mucho sobre el mundo y sobre nosotros mismos, y fomentan nuestro desarrollo personal. Para que una amistad se mantenga saludable, los cuidadores deben intervenir constantemente. Es muy importante iniciar en casa la promoción de normas de convivencia que eviten la discriminación, la violencia, las desigualdades, el egocentrismo, la intolerancia y la represión. Asimismo, conviene recordar que los vínculos que el niño desarrolla con sus cuidadores serán modelos para sus futuras relaciones personales.

Habilidades sociales

Las habilidades sociales son un conjunto de conductas que permiten al individuo expresar sentimientos, deseos y opiniones de acuerdo con la situación. Los niños van desarrollando sus habilidades sociales en sus primeros años de vida y, gracias a ellas, tienen la capacidad para adaptarse al entorno y a la vida social. Resultan fundamentales en la base del bienestar emocional, por cuanto que les permite desenvolverse con facilidad en las relaciones sociales.

Varios estudios indican que las habilidades sociales afectan a la autoestima, la adopción de roles y la autorregulación del comportamiento, entre otros aspectos, tanto en la infancia como en la vida adulta. En niños y adolescentes, las habilidades sociales son importantes no solo por su impacto en las relaciones interpersonales, sino también por su influencia en otros aspectos importantes como el rendimiento escolar y la familia.

Entre otros, los **aspectos más significativos** de las habilidades sociales son:

- Se adquieren a través del aprendizaje. **No son innatas:** los niños, desde el nacimiento, aprenden a relacionarse con los demás.

- **Son recíprocas** por naturaleza. Las habilidades sociales requieren para su desarrollo la relación con otras personas.

- Incluyen **conductas verbales y no verbales.** Es tan importante lo que se dice como otros aspectos que no se dicen.

- Están determinadas por **el reforzamiento social** (positivo o negativo). Determinadas conductas se repiten si tienen un refuerzo interpretado como positivo (acorde con sus ideas y sentimientos) o negativo (en desacuerdo).

- Son capacidades formadas por un **repertorio de creencias, sentimientos, ideas y valores.** Estos son la base de la conducta social. Las personas interpretan las situaciones y deciden la actuación.

Tanto la infancia como la adolescencia son períodos ideales para desarrollar y mejorar las habilidades sociales, puesto que se ha comprobado la importancia de estas habilidades en el crecimiento de los niños y en su futuro funcionamiento mental, educativo y comunitario. Por lo tanto, es fundamental determinar cuáles son las habilidades sociales fundamentales específicas de la niñez y la juventud. Veamos algunas de ellas:

TIPOS DE HABILIDADES SOCIALES
Las habilidades sociales básicas comprenden un conjunto de destrezas imprescindibles a la hora de establecer relaciones sociales, y tienen una gran importancia tanto en la infancia como en la adolescencia. Por otra parte, las habilidades sociales complejas se refieren a la capacidad de interactuar de manera efectiva con los demás en situaciones con mayor complejidad. Detallemos algunas de ellas.

Habilidades sociales básicas
- **Saber escuchar.** Hablamos de una escucha activa, incluso cercana y empática. Este es el punto de inicio para establecer una buena interacción social.

- **Iniciar conversaciones.** Esta habilidad hace referencia a la capacidad de acercarse a la otra persona, mirarla, sonreír, así como a saludarla (si es conocida) o presentarse (si es desconocida). También incluye utilizar una fórmula o expresión verbal de inicio de conversación, siendo consciente del tipo de interlocutor que tenemos delante y del contexto en el que estamos, para poder adecuar nuestra conversación, mostrando nuestras dotes comunicativas según las circunstancias.

- **Formular preguntas.** Saber hacer preguntas implica saber solicitar, investigar información o hacer pedidos de forma asertiva, es decir, considerando mis propias necesidades mientras se respeta al mismo tiempo a la otra persona. Es una de las habilidades sociales primarias que adquirimos desde pequeños, ya sea en casa o en la escuela. Se trata de saber hacer preguntas siguiendo y respetando el turno, esperando el momento oportuno, y formulando las preguntas de manera adecuada.

- **Dar las gracias.** Es una forma de reconocer al otro, a la vez que es una muestra de respeto y de civismo.

- **Presentarse y presentar a otras personas.** Es una habilidad básica muy importante que tendremos que desarrollar en distintos contextos: familia, amigos y ámbitos académico o laboral. Consiste en saber presentarnos o presentar a otros de forma adecuada.

- **Realizar cumplidos.** Al igual que dar las gracias, saber realizar cumplidos es una forma no solo de reconocer al otro, sino que también implica valorarlo y hacérselo saber. Es necesario hacerlo de forma asertiva, ya que no cualquier cumplido vale o no siempre es el momento adecuado. También sería parte de esta habilidad saber recibir cumplidos, dado que en ocasiones en que pueda haber problemas de autoestima podría ser algo que produzca incomodidad o malestar.

Habilidades sociales complejas:

Es importante tener en cuenta que es necesario aprender y tener cierto dominio de las habilidades básicas para poder desarrollar habilidades sociales complejas. Podemos destacar, entre otras:

- **Empatía.** Se refiere a la capacidad de ponerse en el lugar del otro, a tener la habilidad de comprender las perspectivas de los demás. Es fundamental en cualquier situación y entorno, y es necesaria para nuestra salud social en general.

- **Inteligencia emocional.** Hablamos de la habilidad para comprender y manejar las emociones. Identificar las emociones y sentimientos y emplearlos para guiar pensamientos y acciones personales representa tener gran capcidad social.

- **Asertividad**. Es la capacidad de expresar las opiniones, los sentimientos, las actitudes y los deseos, y reclamar los propios derechos, en el momento adecuado, de forma que no afecte a los derechos de los demás.

- **Capacidad de resolver problemas.** Es la capacidad de examinar una situación considerando mis propias necesidades y habilidades, así como las de los demás, las prioridades, los elementos objetivos, las diferentes posibilidades y alternativas, con el fin de hallar soluciones a los problemas que surjan.

- **Capacidad de gestión emocional.** Poder manifestar ante las demás personas nuestros sentimientos de una forma correcta, asertiva, teniendo en cuenta al otro. Tanto los sentimientos y emociones positivos como los negativos.

- **Negociación.** Capacidad de comunicación dirigida a la búsqueda de una solución que resulte satisfactoria para todas las partes.

- **Pedir ayuda.** Se necesita la habilidad de reconocer que no tenemos todo el conocimiento, que no podemos solucionar todo por nosotros mismos y que es necesario buscar ayuda y consejo de los demás. Solicitar no es lo mismo que *demandar*. Solicitar asistencia de manera eficaz, desde nuestras propias necesidades y con consideración hacia los demás demuestra un adecuado manejo de las habilidades sociales.

Las habilidades sociales se adquieren y mejoran durante el proceso de socialización, gracias a la interacción con individuos. Este proceso tiene lugar principalmente, como hemos visto, durante la niñez, siendo los primeros años de vida esenciales para adquirir estas destrezas, y consiguiéndose por medio de los siguientes procedimientos:

- **Experiencia directa.** Los menores se encuentran en compañía de otras personas y empiezan a practicar comportamientos sociales desde muy temprana edad. Los niños experimentan ciertas situaciones que van entendiendo y luego integran esas comprensiones a sus comportamientos y pensamientos.

- **Imitación.** Los niños adquieren conocimientos observando a las figuras significativas en sus vidas. Copiarán los comportamientos sociales vistos en adultos cercanos, además de aprender a interpretar situaciones y a sentirse de cierta manera en determinados momentos.

- **Refuerzos.** El comportamiento de los niños será influenciado por los adultos y sus compañeros, lo que provocará ciertos comportamientos y no otros.

CÓMO FOMENTAR LAS HABILIDADES SOCIALES
Tal y como acabamos de ver, los adultos resultan figuras clave en la adquisición de esas habilidades, ya que tanto por imitación como por refuerzo pueden influir en este proceso. Algunas pautas a las que los adultos pueden recurrir, si se quiere fomentar las habilidades sociales, serían:

Reconocer las emociones
La capacidad de reconocer y entender sus propias emociones estimulará habilidades sociales en niños como la empatía, además de que permite desarrollar la comunicación, la asertividad y la habilidad de resolución de conflictos, entre otras, tan necesarias para la interacción social.

No etiquetar al niño como tímido
Principalmente porque los niños aprenden a «mirarse» con los ojos del adulto. Por lo tanto, cuando el niño construye su autoestima, vendrá en parte definida por cómo ha sido tratado por sus cuidadores.

Es importante también no forzar al niño a que salga de sus conductas de timidez, ya que, a veces, si se tiene un perfil tímido, las situaciones sociales pueden resultar estresantes. En ese caso debemos centrarnos en acompañar esas sensaciones que el niño presenta y enfocarnos en la resolución de los problemas que puedan presentarse.

Adrián ha acudido al parque con su hija Inés de cinco años, ella suele ser retraída y reservada cuando tiene que interactuar con otros niños. Al notar que Inés comienza a estar nerviosa, su padre le dice: «Parece que te sientes algo nerviosa, no te preocupes a veces todos necesitamos un tiempo para estar a gusto con un grupo de personas, es normal. ¿Te acuerdas en el cumpleaños de Victoria que al principio apretabas mi mano, pero al final te divertiste mucho con los niños de la fiesta? Vamos a pensar ahora que puede ayudarte con esa sensación que tienes, ¿te parece bien si respiramos un rato lento y pausado como hinchando un globo con la tripa?».

En esta caso, además de validar sus emociones y hacerle ver que es normal lo que siente, también se ha focalizado el esfuerzo en recordarle que ya ha superado una situación similar antes y en elaborar estrategias que le ayuden a afrontar esa sensación.

Convertirse en un buen modelo

Como ya sabemos, la familia y el hogar representan, en primer lugar, el sitio donde los niños aprenden y moldean sus habilidades sociales. Por ello, lo que los cuidadores hacen resulta casi más importante que lo que dicen; la conducta es el principal ejemplo para seguir.

En este sentido, las actitudes que el adulto mantiene al relacionarse con los demás tienen un papel clave: si se muestran seguros y confiados, si resultan amigables y respetuosos, si ofrecen ayuda a los demás, etc.

Fomentar relaciones sociales sanas en tus niños

Sabiendo que los niños necesitan interacciones sociales que los ayuden a relacionarse de la mejor manera con los demás, debemos entender que para ello requieren de ambientes seguros en los que puedan iniciarse en las primeras interacciones personales. Resulta muy adecuado comenzar por entornos cercanos que le resulten seguros y naturales; por ejemplo, la familia o personas conocidas.

Crear oportunidades para practicar habilidades sociales

Si bien la familia representa uno de los grandes elementos influyentes en el aprendizaje de las habilidades sociales, en segundo lugar, estarían sus iguales. Por consiguiente, crear oportunidades donde puedan interactuar con ellos resulta beneficioso para su aprendizaje e integración.

Algunos ejemplos de esas oportunidades serían: incorporar actividades extraescolares de interacción como juegos creativos que fomenten las conexiones sociales, o también ejercicio físico, como deportes para niños. Cuando esto no es posible, recurrimos de nuevo a la fuente principal: la familia, ya que resulta igualmente positivo si las interacciones se dan con sus principales cuidadores. Como siempre, el juego es el mejor aliado para ello. Pongamos que decidimos jugar con el niño a un juego de mesa, cosas como respetar el turno, tratarse con respeto, mostrar empatía con el que resulte perdedor, etc. Suelen ser habilidades necesarias que podemos practicar, dado que son necesarias para el correcto desarrollo del juego.

Además, cuando los cuidadores se muestran receptivos a las peticiones de juego de los niños, pueden llegar a sentir que son buenos compañeros de juego y que, por tanto, lo lógico será que el resto de los niños también tendrá interés por jugar con ellos.

Ayúdalos a formar una imagen positiva de sí mismos

Los niños, desde pequeños, para poder construir una imagen positiva acerca de sí mismos deben sentir el valor que tienen y sentirse amados para aprender a quererse. Esto los ayudará a proteger sus derechos y su identidad, para así poder desarrollar su potencial personal, y les dará una base segura para poder relacionarse con los demás.

Para ello es necesario que los adultos les ayuden a fomentar una buena autoestima, algo en lo que ahondaremos en próximos capítulos.

LA ASERTIVIDAD COMO CLAVE PARA DESARROLLAR HABILIDADES SOCIALES EN NIÑOS

Enseñar a los niños habilidades sociales para proteger y hacer valer sus derechos les ayudará a comprender que los demás también merecen ser tratados con respeto. De este modo, desarrollarán habilidades para abordar dificultades de manera asertiva, ya sea en el momento actual o en su futura vida, como adultos.

A este respecto, respaldar sus iniciativas, aunque no tengan éxito, se convierte en una situación de aprendizaje que promueve su capacidad de expresar su opinión con firmeza. Asimismo, puedes enseñarles desde casa cómo protegerse en situaciones injustas.

Una manera efectiva de alcanzar este objetivo es mediante la **comunicación democrática y continua,** en la que cada individuo tenga la oportunidad de expresarse, ser escuchado y recibir respeto. Esto se traducirá, a su vez, en que comprenderá el valor de ser tratado de esta manera y podrá hacer lo mismo con los demás.

La falta de habilidades sociales significa tener dificultades para relacionarse y comunicarse con otras personas, y no tener un buen autocontrol emocional. No se cuenta, por tanto, con habilidades como la asertividad o la empatía. Esta ausencia tiene como consecuencia que el niño tiene dificultades para tener buenas relaciones con personas de su entorno.

Existen algunas señales que podrían indicar que el niño podría presentar algunas **dificultades** en la adquisición o desarrollo de las habilidades sociales:

- Carece de al menos uno o dos amigos cercanos.
- Tiene problemas para perder o ganar en el juego.
- No muestra empatía cuando otro niño se hace daño o es rechazado.
- Es mandón o insiste mucho en que las cosas se hagan como él quiere.
- Parece que no puede iniciar o mantener una conversación.
- Usa una voz más fuerte que la mayoría de los niños.
- Parece constantemente ignorado por otros niños o provoca o molesta a otros niños de forma permanente.

Por el contrario, también existen ciertas **características** que se pueden observar en niños con unas adecuadas habilidades sociales. Entre ellas podemos enfatizar las siguientes:

- Presentan empatía.
- Saben escuchar.
- Se comunican de una manera clara.
- Más que tener la razón, les interesa resolver los conflictos.
- Trabajan en equipo.
- Son capaces de conversar respetando los turnos de palabra.
- Piden disculpas con honestidad.

Vamos a pasar a algunas dinámicas que, como adultos, podemos llevar a la práctica con los niños para facilitar que adquieran unas adecuadas habilidades sociales que permitan al niño en su adultez mantener relaciones sociales sanas y positivas.

PARTE PRÁCTICA

DINÁMICAS PARA FOMENTAR HABILIDADES SOCIALES

Mediante las dinámicas que vamos a ver, permitiremos que los niños puedan desarrollar habilidades sociales, tanto las básicas como las más complejas. Están diseñadas para poder llevarlas a cabo en el ámbito familiar; es muy adecuado también hacerlo con un grupo de amigos o en el aula.

FRASES POSITIVAS
Durante este ejercicio, vamos a usar una pelota de plástico de tamaño pequeño, dado que la vamos a usar para poder pasarla entre los participantes, y un dispositivo que pueda reproducir música que podamos programar o detener con facilidad.

Nos colocaremos enfrente o en un círculo dependiendo de los integrantes, y pondremos una música alegre o emotiva. Durante su reproducción iremos pasando la pelota con normalidad entre todos. Cuando la música se detenga, la persona que sostenga la pelota deberá realizar un cumplido a la persona que elija.

Trabajaremos también el respeto de turnos, además de la empatía y realizar cumplidos.

DIBUJOS EN EQUIPO
Se forman parejas o grupos más amplios de hasta un máximo de cuatro integrantes. Se repartirán hojas de papel y lápices de colores. Se puede preparar una lista de temáticas sobre las que pintar eligiendo al azar en cada ronda cuál será el seleccionado. Además, se tiene que disponer de un temporizador que pueda avisar de cuándo termina el turno, desde uno electrónico a un reloj de arena.

Las parejas o grupos se colocarán en fila delante de una mesa donde se sitúa el papel y los lápices. Se escoge el tema sobre el que dibujar y los primeros en la fila de cada grupo comienzan a dibujar. Cuando el tiempo de su turno termina, debe entregarle el lápiz al siguiente integrante y él deberá continuar el dibujo teniendo 15 segundos para decirle qué estaba dibujando.

Esta actividad permite desarrollar, entre otras cosas, la creatividad, así como trabajar la comunicación, el respeto de turnos, saber escuchar y la negociación.

ABRAZOS MUSICALES

Para llevar a cabo este ejercicio se requiere únicamente tener algún altavoz en donde se pueda escuchar música y un espacio adecuado y lo suficientemente despejado para poder bailar y moverse libremente.

Se reproduce la música y se comienza a bailar en cuanto suene la música y, cuando se apague, tienen que abrazar rápidamente a la primera persona que se encuentre más cercana, no dejando nunca que nadie se quede sin ser abrazado. En la siguiente ronda se busca que se añada una persona más al abrazo, hasta que finalmente se consiga un abrazo de todos los participantes.

Gracias a esta dinámica se podrán desarrollar la empatía, las interacciones sociales positivas y la conexión.

LA GRAN TORTUGA

Para esta actividad se recurre a materiales como cojines, almohadas o alguna colchoneta ligera de las que se utilizan para practicar deportes como yoga o pilates, según se disponga, que simulará el caparazón de esta gran tortuga. Este ejercicio se debe realizar en un espacio amplio que nos permita completar un recorrido.

Se agrupan los participantes en parejas o de cuatro en cuatro y se colocarán en cuadrupedia (cuatro patas) para ponerlas encima la almohada o colchoneta, como caparazón. El ejercicio consistirá en realizar el itinerario marcado tratando de que ese caparazón que llevan a sus espaldas no se caiga. Es importante que vayan comunicándose, colaborando entre ellos para que esto no suceda.

Por medio de esta dinámica se podrá enriquecer las relaciones sociales, trabajar la habilidad de solicitar y ofrecer ayuda y aprender a resolver los problemas que surjan con los demás.

ESTE ES MI AMIGO

Esta actividad resulta una práctica muy sencilla que tiene como objetivo la integración social, la empatía, además de trabajar la habilidad, de presentarse y presentar a los demás, así como de realizar cumplidos.

En esta dinámica asignaremos turnos de participación al azar, y el primero comenzará por escoger a uno de los otros participantes para que, delante del resto o imaginándonos un público ficticio, lo presentemos, debiendo también presentarse a sí mismo. Se usará una fórmula del tipo:

• Hola, soy… y este es mi amigo…

Resulta muy enriquecedor si, además de hacer una presentación, se realizan algunos cumplidos acerca de lo que nos gusta de esa persona.

DI «PATATA»

A través de este ejercicio vamos a facilitar el aprendizaje consistente en expresar mediante gestos, por lo que se trabajarán la comunicación y la inteligencia emocional.

Nos serviremos de una cámara de fotos de juguete o una cámara real, y prepararemos unas tarjetas o papeles que contengan las siguientes emociones: miedo, tristeza, alegría, asco, vergüenza y enfado. Por turnos, cada participante tiene que escoger al azar una de esas tarjetas y representar para la foto una emoción. Mientras que alguien posa, el resto debe intentar adivinar de qué emoción se trata. Una vez identificada, podemos preguntar por situaciones en las que se hayan sentido así.

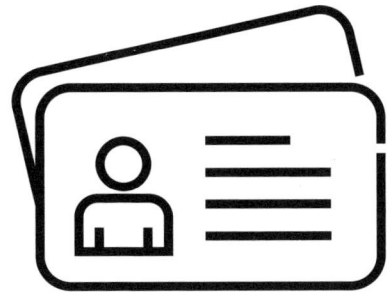

IDENTIDAD: ¿QUIÉN SOY?

Todas las personas vivimos el proceso de construir una identidad. Desde que nacemos comenzamos la aventura de intentar crear una personalidad con la que ser únicos en el mundo. Mientras los niños se desarrollan, comienzan a entender que existen ciertos rasgos que resultan distintivos; por ejemplo, su género, la relación con los demás, su edad o también su etnia.

En la etapa preescolar, por lo general, los niños son capaces de comprender que hay factores que influyen en su propia identidad y en la forma en la que sienten quiénes son: su rol en casa, o en la guardería, en la familia o las interacciones que mantienen con su entorno.

Esta construcción de la identidad se ve influenciada por el entorno del niño, por cuanto que la familia, su comunidad y la sociedad en general moldean, con sus normas y valores, la forma que tienen de percibirse. Por ende, se podría describir este proceso como una **construcción, coconstrucción y reconstrucción** que se da de manera dinámica a lo largo de su desarrollo.

Existen diferentes dimensiones de la identidad. Por ejemplo, la identidad **«personal»** en contraste con la identidad **«social»**. La identidad personal hace referencia a los sentimientos subjetivos de los niños acerca de su singularidad en comparación con los demás, su sentido de ser único e individual. En contraste, la segunda se relaciona con el nivel de similitud que sienten (o desean sentir) respecto a los demás, generalmente a través de su conexión con la cultura de su familia o su grupo social. De tal manera, la identidad cubre simultáneamente dos fuerzas motrices fundamentales para todo ser humano: la necesidad de pertenencia y la necesidad de ser único.

Conseguir una sensación positiva sobre la propia identidad contribuye al desarrollo de la resiliencia como factor fundamental de cara a afrontar los desafíos para el crecimiento. Los adultos podemos acompañar a los niños en esa búsqueda, sabiendo que algunos aspectos como la autoestima y la confianza son esenciales. Vamos a ver, por tanto, qué elementos están relacionados y cuáles son necesarios para el desarrollo de una identidad positiva y comprender también de qué manera podemos contribuir a atender esta necesidad psicológica de los niños.

Respeto

El respeto es un valor que permite al ser humano reconocer, aceptar, apreciar y valorar las cualidades del prójimo y sus derechos. Es decir, el respeto es el reconocimiento del valor propio y de los derechos de los individuos y de la sociedad.

El respeto es considerado como uno de los valores más importantes y necesarios en una sociedad. Si bien puede desarrollarse a lo largo de la vida, el punto de partida es la infancia, y la familia es su punto de partida. Es importante también conocer el término del **autorrespeto,** como forma de quererse y darse valor a uno mismo, ya que esta representa una de las bases más sólidas de la autoestima.

Aprender a respetar y a respetarse desde la infancia permite que los niños conozcan cuál es su valor, así como el de los demás a medida que van creciendo. Esto permitirá que comprendan que existen distintas perspectivas y opiniones, sin que esto represente un punto de conflicto. Algunas consideraciones para tener en cuenta para que los niños aprendan a respetarse serían:

- **Inculcar valores a los niños desde la infancia.** Además del respeto, otros valores como la solidaridad o la honestidad permiten a los niños aprender a convivir con los demás y a desarrollar habilidades sociales y emocionales.

- **Enseñarles que tienen derecho a decir NO.** En lo referente al autorrespeto, uno de los aspectos más importantes es poder enseñarles que son dueños de su cuerpo, sus decisiones, de su mente y que por ello tienen derecho a decir que no sin que represente una consecuencia negativa, especialmente si se encuentra incómodo.

- **Evitar las etiquetas y los insultos.** Las etiquetas pueden obstaculizar el proceso de respetarse a uno mismo. Se sabe que los niños forman, durante la primera infancia, su autoconcepto a través de las «miradas» que les dirigen los demás, de las de sus cuidadores concretamente. Por ello, si encasillamos a los niños en conceptos negativos, esto pueden afectar a su autoestima.

Esta última recomendación representa un aspecto imprescindible, puesto que, para que el niño aprenda a respetarse y a respetar a los demás, el paso fundamental es haberse sentido respetado. Por este motivo, a pesar de su temprana edad, debemos tratarles con respeto y hacerles sentir importantes. Se puede manifestar respeto a través de la calidad del trato y la atención que les brindamos a los niños, así como permitiendo su autonomía y no invadiendo sus espacios.

Tratar con respeto a los niños reporta **beneficios a largo plazo** en su autoestima, pero también en la calidad del vínculo que se mantiene con ellos. Hay que considerar que, cuando los niños reciben un trato considerado, son más proclives a reaccionar con actitudes colaborativas. Si, por ejemplo, usamos frases amables en vez de recurrir al uso de las frases autoritarias, se pueden generar sentimientos de agradecimiento y confianza en sus cuidadores.

Mónica y Samuel han acudido a un cumpleaños con su hijo de seis años, Jaime. Mientras todos los niños meriendan, a Jaime se le derrama su zumo encima y sumado a la tarde de juegos en el parque hace que recolecte una serie de manchas, su madre al verle le dice:

«Eres un auténtico desastre, siempre haces lo mismo, mira cómo te has puesto, da vergüenza ir contigo a cualquier sitio...».

Este caso representa un ejemplo de un trato irrespetuoso hacia el niño que, a largo plazo, puede constituir un autoconcepto negativo en él; puede hacer que este asuma que es un desastre o una vergüenza para sus cuidadores.

Cuando Elena, pasa por la habitación de Patricia, su hija de 11 años, para preguntarle qué desea merendar, se da cuenta de que se mantiene desordenada. Es entonces cuando Elena le dice a Patricia:

«Supongo que esta mañana no has podido dejar ordenada tu habitación, me gustaría que, si has terminado tus tareas, lo hicieses ahora».

Este ejemplo nos permite ver una forma de poder hacer un petición a los niños desde el respeto. Sería una clara alternativa a usar expresiones más irrespetuosas como: «¡Eres un cochino, siempre lo dejas todo de cualquier manera! Haz el favor de ordenar tu cuarto».

Así pues, conviene recordar estas dos premisas:

- Los niños aprenden a relacionarse y a comportarse **por imitación** y por contagio. Tan importante como las habilidades que adquieren son las ideas, actitudes y sentimientos que les han rodeado y que también aprenderán por imitación y por contagio.

- Los niños sienten las emociones del mismo modo, o incluso de forma **más intensa,** que los adultos, tanto las positivas como las negativas.

Podemos apoyarnos en la **crianza consciente** para conseguir mostrar respeto hacia los niños. Veamos ahora ciertas pautas que nos ayudan a conseguirlo:

• **Respetar su crecimiento.** Acompañar al niño en su desarrollo, pero desde la paciencia; no anticiparnos ni ejercer presión en que se aceleren los logros, respetando su ritmo de maduración.

• **Favorecer su autonomía.** En este sentido, debemos facilitar el entorno para que puedan desenvolverse en sus tareas diarias y así conseguir que atiendan de manera autónoma sus necesidades. Por ejemplo, un taburete para llegar al lavabo, que sus platos y cubiertos estén en un armario accesible para ellos, etc.

• **Cuidar de su privacidad.** Al igual que los adultos, los niños necesitan poder tener ciertos momentos de intimidad, y es imprescindible que entiendan que su cuerpo es suyo y que existen partes íntimas que deben ser cuidadas y protegidas.

• **Darle voz.** A la vez que esto permite cuidar el vínculo, también muestra respeto desde la comunicación y el diálogo, con los que permitimos que pueda expresarse. Además, gracias a esto le posibilitamos que desarrolle la habilidad social de expresar sus opiniones y pensamientos.

• **Respetar sus intereses.** A pesar de ser distintos de los nuestros, tenemos que entender que no son más ni menos importantes, sino propios de su etapa vital. A pesar de ello, pueden resultarles tan relevantes como los que los adultos tienen, debemos respetarlos y darles un lugar.

• **Amarlo tal y como es.** Esta resulta la premisa más importante: el respeto tiene como pilar básico el amor, además de representar una necesidad esencial en los niños. Se debe intentar evitar las comparaciones, etiquetas, juicios o críticas excesivas.

Aceptación

Como hemos visto anteriormente, el ser humano tiene una necesidad social más allá de la supervivencia, por lo que no es de extrañar que sentirnos aceptados sea fundamental para llegar a sentirnos felices e integrados en nuestro entorno. Especialmente, los niños necesitan poder sentirse aceptados y validados por sus padres, porque eso sirve en gran parte para reforzar su autoestima.

Por ello, el papel del adulto en la infancia en este aspecto resulta tan importante. Además, aceptar al niño tal como es constituye una de las formas de aprender a respetarlo. El psicólogo estadounidense **Carl Roger** hizo hincapié, dentro de una de sus teorías más importantes *(la terapia centrada en la persona)*, en que la aceptación resulta ser el pilar fundamental de la crianza de los niños.

LA ACEPTACIÓN INCONDICIONAL

Entra en juego, por tanto, el concepto de **aceptación incondicional.** Según C. Rogers, se trata de una aceptación total de la persona y sus conductas, que genera un clima de seguridad y permite explorar el interior sin miedos.

Quizás una tarea bastante complicada en la crianza puede ser asumir el hecho de que los niños son personas independientes y distintos a nosotros. Incluso sus gustos, actitudes o forma de ver y actuar en el mundo pueden ser diferentes a los nuestros. A este respecto, la cuestión se complica, en parte porque, desde que el niño nace y mientras se desarrolla el adulto, va idealizando y proyectando el tipo de persona que ese niño será, en parte apoyado en los deseos o miedos propios y expectativas. Sin embargo, esto no garantiza que se cumpla ese resultado.

Tanto las **idealizaciones** como las **expectativas** que pueden crearse en torno a los niños suelen ser en gran medida disfuncionales, ya que a través de esto, de una manera inconsciente, se ejerce presión sobre qué debe ser o hacer el niño, robándole el carácter único que posee como gran cualidad que tiene al nacer. En ocasiones, frente a no verse cumplidas las expectativas que el adulto mantiene sobre el niño, conviene realizar un pequeño duelo, ya que esa idea falsamente generada puede llegar a no suceder. Resulta imprescindible recordar siempre que el objetivo principal debe ser que sea feliz, independientemente de qué camino le lleve a ello.

Aunque es un error muy habitual, no debemos confundir el término aceptación incondicional con un exceso de permisividad. Nosotros aceptamos quiénes son, pero eso **no implica que aprobemos todas sus conductas.** Es decir, que en esta ecuación siempre estarán presentes las normas y los límites necesarios para la educación del niño porque son totalmente necesarios para su desarrollo. Ahora bien, según hemos ido aprendiendo a lo largo de estos capítulos, serán límites que hayan sido establecidos desde el amor y el respeto, dado que el niño siempre se verá a sí mismo en función de cómo lo trata el adulto al que tiene como referencia.

Podría darse el caso en que el adulto sienta ciertas resistencias a poder desarrollar una aceptación del niño, bien porque prefiera que fuese de un modo distinto, o porque sus conductas o actitudes le resulten molestas.

Es sabido que ejercer la crianza hace que el adulto conecte con el apego que mantuvo con sus principales vínculos, o sea, que se remonte a su propia historia de vida. Por ello, en numerosas ocasiones, **los niños se transforman en espejos para los adultos** y reflejan conductas o situaciones que resultan molestas, dolorosas o que el adulto no acepta sobre sí mismo. Si esto sucede, es el momento de hacer un ejercicio de introspección y, si es necesaria la ayuda  de un profesional, puede resultar fundamental para poder hacer ese ejercicio de aceptación propia y favorecer a la vez la capacidad de aceptación incondicional del niño. De esta manera, no solo estará ayudando al niño, sino a sí mismo.

Dentro de esa aceptación incondicional, deberemos tanto admirar y potenciar sus **fortalezas** como aceptar sus **debilidades** o carencias intentando ver también lo bueno de ese lado que tienen. La misión del adulto se convierte en ayudarle a encontrar su propio camino hacia la felicidad, desde el acompañamiento y la validación.

Aprovechar cualquier ocasión para celebrar la diversidad es un aspecto positivo para alcanzar la aceptación incondicional. Además, resulta muy beneficioso para enseñar a los niños a valorar y respetar las diferencias individuales, no solo para reforzar su autoestima, sino para educar en el respeto hacia los otros. Al mismo tiempo, crear un ambiente donde se aprecie la diversidad permite que los niños sientan aceptación y lleguen a apreciar las distintas perspectivas y experiencias de los demás.

Para terminar este apartado, podríamos resumir las **pautas** que fomentan la aceptación de los niños en el siguiente cuadro conceptual que podemos ver en la página siguiente:

Responsabilidad

La responsabilidad es la habilidad para responder dentro de los límites de las normas sociales y de las expectativas comúnmente aceptadas. Otra forma de definir la responsabilidad sería como aquella cualidad que tiene un individuo que **cumple sus obligaciones** o promesas y **asume las consecuencias** de sus actos, cuando los realiza de manera consciente e intencionada.

La responsabilidad conlleva cuidar de sí mismo y de los demás como demostración de la confianza que otras personas depositan en nosotros. Un niño demuestra responsabilidad al combinar de manera creativa sus objetivos con las necesidades de los demás. Los adultos deben guiar al niño en alcanzar esa armonía, en establecer sus propias creencias y en solucionar los problemas basándose en sus propias emociones.

Para lograr que los niños comprendan y practiquen el sentido de responsabilidad, es necesario confiar en ellos y en sus capacidades. Esto incluye permitirles **que participen en la toma de decisiones,** así como darles la oportunidad de asumir las consecuencias y resultado de sus acciones, pero siempre haciéndoles saber que cuentan con el **afecto y apoyo incondicional** de sus cuidadores. Si un niño desarrolla el sentido de la responsabilidad, tiene una mayor probabilidad de tener éxito en la consecución de sus metas.

Poder transmitir y educar en el sentido de la responsabilidad a los niños es una tarea a largo plazo que debe mantenerse durante sus principales etapas del desarrollo. Esta tarea recae en primer lugar en sus principales cuidadores, pero también en otras figuras como familiares o profesores. Una pieza clave para el sentido de la responsabilidad en los niños es el **compromiso,** pudiendo trabajarse desde que los niños son pequeños, dejando que se encarguen de ciertas tareas sencillas acordes a su edad. Igualmente, podemos recurrir a los juegos para que enseñar al niño a ser responsable sea más ameno para ellos. Así se mostrarán más colaborativos y dispuestos a comprender sus deberes y obligaciones.

Tengamos en cuenta algunas consideraciones necesarias para ayudar a que los niños aprendan a ser responsables:

- **Depositar confianza en el niño.** Cuando asignamos una tarea al niño debemos confiar en que será capaz de cumplirla.

- **Enseñar el valor del autocompromiso.** Debemos transmitir al niño la importancia del compromiso, ya que esto es determinante en una persona responsable. Además, es importante enseñarles que, más allá del compromiso que se puede adquirir con los demás, el más relevante es el que se mantiene con uno mismo.

- **Ser un modelo a seguir.** Es imprescindible que el adulto sirva de ejemplo, debido al modelaje que representa en la crianza su conducta. Por tanto, si los adultos cumplen con sus responsabilidades, los niños tenderán a imitar sus conductas. Los padres deben demostrar responsabilidad para sus hijos.

- **Designar tareas adecuadas**. Cuando elijamos las tareas que asignaremos al niño, se debe tener en cuenta la edad y capacidad de este, dado que esto permitirá que puedan llevarse a cabo adecuadamente y que los niños puedan sentirse útiles.

- **Mostrar resultados.** Para que el niño pueda entender qué conlleva el sentido de la responsabilidad, es necesario mostrar las consecuencias tanto de mantener conductas responsables como las que se obtienen cuando se muestran comportamientos irresponsables.

- **No completar las tareas del niño.** En este sentido, resulta importante que se les enseñe a realizar las tareas asignadas y que se muestre paciencia en el proceso de aprendizaje, evitando intervenir o completar las tareas por ellos. Debemos ir aumentando en complejidad progresivamente, a medida que avance en su desarrollo, y así el niño ganará confianza en sus habilidades.

- **Facilitar la accesibilidad.** Hace referencia a la necesidad de mantener los materiales necesarios para sus tareas accesibles y recurrir a elementos de ayuda si fuese necesario, como, por ejemplo, un banquito para alcanzar a usar el lavabo. En caso de necesitarse también, pueden estar a su alcance las instrucciones para conseguir completar sus tareas del día a día.

- **Enseñar a administrar el tiempo.** Esto puede ser muy importante, por cuanto que esta habilidad es decisiva para conseguir cumplir con sus tareas.

Autoestima y autoconcepto

La noción de **autoconcepto** se refiere a la forma en que cada persona se percibe a sí misma cognitivamente, mientras que la **autoestima** se relaciona con los aspectos emocionales y evaluativos, esto es, con cómo nos sentimos acerca de nosotros mismos.

Estos dos conceptos mantienen una relación complementaria, ya que si alguien mantiene un autoconcepto positivo, consecuentemente desarrollará una autoestima positiva, y al contrario. La autoestima (lo que una persona siente por sí misma) está relacionada con el conocimiento propio (lo que una persona piensa de sí misma).

Ambos conceptos **son dinámicos,** se van formando a lo largo del proceso del desarrollo y están ampliamente **influenciados por las experiencias vividas,** tanto personales como sociales. Tanto los logros como los fracasos, las valoraciones o comentarios que el entorno del niño vierte sobre él, el estilo educativo de padres y profesores, los valores de la sociedad en la que viven, etc., son ejemplos de los factores de influencia en la construcción de la autoestima.

El autoconcepto se compone de distintos elementos que, en suma, nos permiten vernos a nosotros mismos en diferentes aspectos de la vida. Algunos de ellos son:

- **Autoconcepto físico.** La percepción que tiene tanto de su apariencia y presencia físicas como de sus habilidades y competencias para cualquier tipo de actividad física.

- **Autoconcepto académico**. El resultado de todo el conjunto de experiencias, éxitos, fracasos y valoraciones académicas que el niño tiene a lo largo de los años escolares.

- **Autoconcepto social.** Se refiere a la consecuencia de los vínculos sociales que se establecen, así como a su habilidad para solucionar problemas sociales, de la adaptación al medio y de la aceptación de los demás.

- **Autoconcepto personal.** Incluye la percepción de la propia identidad y el sentido de responsabilidad, autocontrol y autonomía personales.

- **Autoconcepto emocional.** Esto es, los sentimientos de bienestar y satisfacción, el equilibrio emocional, la aceptación de sí mismo y la seguridad y confianza en sus posibilidades.

La autoestima del niño **se debe fomentar desde etapas tempranas,** estimulando un ambiente donde puedan crecer conociéndose y empezando a valorarse, a aceptarse y respetándose a ellos mismos y a los demás. Como los ambientes familiar y escolar son sus principal espacios de influencia para el desarrollo de la autoestima, por la cantidad de tiempo e interacción con los demás que se realiza en ellos, el adulto debe procurar que el niño pueda desarrollarse sintiéndose seguro, querido y confiando en sus habilidades; que sienta que puede realizar cosas y obtener logros propios. Los niños deben aprender a reconocer y expresar de forma adecuada lo que está bien y lo que está mal.

La autoestima es la **pieza principal para su adecuada integración en la sociedad,** porque los niños que alcanzan una autoestima positiva pueden sentir que son importantes y valiosos, algo **fundamental para su bienestar psicológico y emocional.**

Pasemos ahora a conocer cuáles son las características que presentan los niños que alcanzan una **alta autoestima:**

- Hacen amigos con gran facilidad.
- Tienen ideas propias, las cuales definen y mantienen siempre y cuando sean razonables.
- Suelen ser creativos y cooperativos.
- Son entusiastas en las nuevas actividades y afrontan nuevos retos.
- Demuestran alegría, energía y fácil interacción social.
- Pueden jugar o realizar cualquier otra actividad sola o con otros niños; saben defender sus derechos y respetar los de los demás.
- Se encuentran emocionalmente estables, por lo que aprenden mejor.
- Reconocen y expresan sus emociones con más facilidad.
- Son empáticos y toleran mejor la frustración.
- Saben resolver los conflictos a través de la comunicación, y buscan las mejores soluciones.

Mientras que, si desarrollan una **baja autoestima,** suelen presentar características como:

- No tener iniciativas, necesitan la guía de los otros.
- Tienen miedo a los nuevos retos.
- Desprecian sus propias aptitudes.

- Manifiestan poca tolerancia a la frustración, se ponen a la defensiva fácilmente.
- Temen relacionarse, sienten que no serán aceptados.
- Tienen miedo de asumir responsabilidades.
- Muestran estrechez de emociones y sentimientos.
- Son dependientes de aquellas personas que consideran superiores; se dejan influir por los demás.

Como recomendaciones principales para fomentar la autoestima de un niño, encontramos las siguientes:

- **Comunicación no violenta: «ERES/ESTÁS».** Evitar caer en expresarnos emitiendo un juicio, para no condicionar al niño en verse de un modo negativo. Por ejemplo, en vez de decir: «Eres muy nervioso, más que tus hermanos», sería más adecuado: «Hoy parece que estás nervioso».

- **Dedicarles tiempo y escucha.** Es la única manera de estar presentes para ellos y que sientan que lo que hacen y lo que nos cuentan tiene un valor. Solo así se pueden sentir importantes.

- **Corregir desde el cariño**. Corregir sus errores haciendo énfasis en la necesidad de hacerlo bien la próxima vez. La autoestima ayuda a aceptar los errores.

- **Fomentar su autonomía con responsabilidades.** Selecciona actividades que pueda hacer y que necesiten disciplina. Se sentirá bien al hacerlas y generará seguridad.

- **Evitar las comparaciones.**

- **No utilizar palabras que lo marquen o etiqueten.** Sobre todo, si se trata de palabras negativas u ofensivas.

Autonomía

A veces se tiene la idea equivocada acerca de que la autonomía es algo que el niño debe aprender a partir de su mayoría de edad. En realidad, la autonomía resulta muy necesaria desde etapas tempranas. Esta se incrementa cuando los niños y adolescentes **asumen responsabilidades** y comprenden y reconocen que son responsables de sus actos y decisiones. Desarrollarse con independencia y obligaciones les permitirá alcanzar un nivel de **madurez** para afrontar los desafíos de la vida y experimentar mayor felicidad.

Otra idea errónea es creer que el objetivo de la autonomía es facilitar el trabajo de los cuidadores, ya que estos asumirán la tarea de fomentarla y acompañar al niño a que pueda desarrollarla adecuadamente. Cuando los niños llegan a la adolescencia, ya no tienen tanta dependencia psicológica con sus cuidadores, por lo que se debe preparar al niño para que alcance esta etapa con cierto grado de autonomía, siendo conscientes de que han de responsabilizarse de sus actos, lo cual les ayudará a ser personas adultas maduras, seguras de sí mismas y con capacidad para enfrentarse al mundo que les rodea.

Tampoco debemos confundir la autonomía con la independencia, dado que estos son dos términos distintos con diferentes significados. Estamos ante una duda recurrente, motivo por el cual es esencial explicar la diferencia. Edgard Deci, un reconocido investigador de la motivación humana, definió la independencia como «tener la capacidad de hacer las cosas por uno mismo sin depender de los demás». En cambio, de acuerdo con Deci, autonomía hace referencia a «tener la capacidad de actuar libremente y de elegir nuestras opciones».

Entendemos, por tanto, que **ser autónomo** podría entenderse como tener una **identidad diferente a los demás,** pudiendo tener pensamientos, emociones y deseos propios.

Hubo una figura muy relevante en cuanto a la pedagogía y métodos educativos se refiere, **María Montessori,** una educadora italiana que desarrolló un sistema muy innovador centrado en estimular la empatía, el respeto, la colaboración, la creatividad, la imaginación y el pensamiento crítico, respetando el ritmo de desarrollo de cada niño y fomentándolo tanto en el entorno escolar como en el familiar.

Una de las piezas clave en los que se centra el aprendizaje Montessori es alcanzar la autonomía, puesto que presupone que, si el niño consigue ser autónomo sin depender tanto del adulto, será capaz de asumir responsabilidades, tomar decisiones y sentirse más seguro e independiente.

Hemos de saber, primero, que, según el método Montessori, la independencia se trabaja en las actividades de **vida práctica,** una de las cinco áreas de aprendizaje del método, que busca preparar al niño para las experiencias reales de la vida cotidiana. Son actividades que los niños ven realizar a los adultos diariamente y con las que pueden sentirse muy familiarizados (vestirse, preparar alimentos, limpiar la mesa, barrer...).

Se dividen en **cuatro tipos de actividades:**

- **Cuidado de la persona** (todo lo relacionado con la higiene personal y el vestido).

- **Cuidado del ambiente** (todo lo vinculado con el orden y la limpieza).

- **Desarrollo de las relaciones sociales** (todo lo asociado a la cortesía, la gentileza y la «buena educación»).

- **Conocimiento y control del propio cuerpo** (todo lo relacionado con la motricidad fina y gruesa, la coordinación ojo-mano, etc.).

La autonomía se trabaja de una manera **trasversal**, es decir, en todas las áreas del aprendizaje, tratando de que se llegue por medio de la **libre elección** y así fomentar la **motivación intrínseca**. La **repetición** es también un elemento indispensable para consolidar cualquier aprendizaje. Por tanto, cuando el niño se involucra en una actividad, se le debe permitir que realice todas las repeticiones necesarias, ya que esto es lo que permitirá que mejore en esa habilidad.

La habilidad para **concentrarse** también le permite al niño sentirse tranquilo y, al lograr superar un desafío, experimentar satisfacción. Ayudar a finalizar una tarea y ordenar los objetos contribuye a desarrollar las funciones ejecutivas y las habilidades de autorregulación, lo cual contribuye igualmente a la autonomía.

Algunas pautas a considerar para acompañar adecuadamente al niño a que desarrolle su autonomía serían:

- **Preparar un ambiente adecuado.** Se deben procurar espacios organizados y seguros, además de materiales adecuados para su edad.

- **Incentivar que decidan por sí mismos.** A pesar de las rutinas y límites ya establecidos, debemos intentar que se den situaciones o momentos en los que ellos puedan decidir cosas como qué actividad realizar o qué ropa ponerse, etc., ya que esto les hará sentir responsables e independientes.

- **Estimular su capacidad de resolver problemas.** Esta capacidad es esencial para conquistar la autonomía. Hasta los niños más pequeños pueden resolver problemas sencillos como coger un juguete que se haya caído debajo del sofá. Por ello, debemos permitir que, de manera autónoma, los niños enfrenten este tipo de situaciones.

- **Promover hábitos en los que el niño ponga en práctica su autonomía.** Los niños aprenden con la práctica, así que, si deseamos que consigan dominar ciertas habilidades, deberemos permitirles que a diario puedan practicar actividades como lavarse solos las manos o limpiar la mesa.

PARTE PRÁCTICA

DINÁMICAS PARA UNA IDENTIDAD POSITIVA

Ejercicios para fomentar la responsabilidad

Aunque a continuación mostramos un listado de tareas clasificadas por edades, que entendemos que son asumibles y adecuadas, se debe tener en cuenta el ritmo de maduración y consideraciones particulares de los niños.

Igualmente, hemos de recordar que cualquiera de estas tareas propuestas debe realizarse bajo supervisión y adaptarse al entorno o necesidades del niño si fuese necesario.

TAREAS PARA NIÑOS ENTRE DOS Y TRES AÑOS
- Ayudar a recoger los **juguetes** y dejarlos guardados.
- Poner las **servilletas y los cubiertos** en la mesa.
- **Aprender a decidir** con opciones sencillas. Por ejemplo, cómo elegir entre dos cosas de postre.
- **Ayudar a darles de comer al perro o al gato,** en el caso de tener mascota.

TAREAS PARA NIÑOS DE CUATRO AÑOS
- Ya pueden **poner la mesa.**
- Ayudar a **guardar la compra.**
- Ayudar a **meter los platos en el lavavajillas.**
- Hacer entender a los niños que deben **informar siempre a los padres de dónde van a estar jugando.**
- **Recoger sus juguetes** al terminar de jugar.

TAREAS PARA NIÑOS DE CINCO AÑOS
- **Limpiar lo que han ensuciado** en la mesa después de comer.
- **Poner la mesa.**
- **Ordenar su habitación.**

- Dejar la **ropa sucia en el cesto.**
- Ayudar a **sacar la basura.**
- **Cepillarse el pelo, ducharse solos...**
- Ayudar a v**aciar el lavavajillas.**

TAREAS PARA NIÑOS DE SEIS AÑOS
- **Elegir la ropa** de acuerdo con el tiempo que hace.
- **Regar las plantas** de casa.
- **Ayudar** en la cocina.
- **Prepararse un sándwich** para el colegio o la merienda.
- **Ordenar su ropa.**
- **Sacar al perro con supervisión y acompañamiento.**
- **Atarse** bien los zapatos.

TAREAS PARA NIÑOS DE SIETE AÑOS
- Hacer **recados sencillos** que manden sus padres, en un entorno controlado y bajo supervisión.
- Ayudar en las **tareas de la casa.**
- Intentar **arreglar su bicicleta o cualquier otro juguete sencillo.**
- **Adiestra**r al perro.
- Ayudar a **llevar la compra** del coche a casa.
- Poner un despertador para **levantarse solo** por las mañanas.
- **Preparar su bocadillo** para el cole.

TAREAS PARA NIÑOS DE ENTRE OCHO Y NUEVE AÑOS
- **Bañarse solo**, bajo supervisión.
- Tener sus **armarios de la ropa ordenados.**
- Dejar las **cosas en su sitio** al llegar a casa sin que se lo digan.
- Hacer los **deberes.**
- **Ayudar** con los hermanos pequeños.
- Sacar la **basura.**

TAREAS PARA NIÑOS DE 10 AÑOS
- **Cambiar las sábanas** de su cama.
- Saber **poner el lavavajillas.**
- **Atender** a la gente que venga a casa.
- Hacer los **deberes** con regularidad.
- Hacer sus **tareas sin que se lo recuerden.**
- Ayudar a hacer la **lista de la compra.**
- Saber cuáles son sus **compromisos y los horarios** de todos los miembros de la familia.

TAREAS PARA NIÑOS DE ENTRE 11 Y 12 AÑOS

- Aprender a **ahorrar dinero** de la paga.
- Saber **estar solos en casa** durante varias horas.
- **Comportarse correctamente** en la biblioteca, en el cine o en lugares públicos.
- **Elegir sus aficiones.**
- **Ayudar a sus hermanos pequeños** a acostarse o a vestirse.
- **Ayudar en casa.**
- **Hacer recados.**
- **Ayudar a limpiar.**
- **Organizarse** perfectamente con sus deberes.

Ejercicios para fomentar la autoestima

Presentamos hasta ocho dinámicas diferentes en función de la edad de los niños para practicar el desarrollo de la autoestima de los más pequeños.

CARTELES CON CUALIDADES POSITIVAS (A PARTIR DE LOS TRES AÑOS)

En esta actividad se deben preparar varias hojas en las que escribir y una libreta que contenga en su portada el siguiente mensaje: «Así soy yo».

Después, el adulto debe colocar en distintos sitios de la casa o de la sala algunos carteles que indiquen cualidades positivas, como: «Soy simpático», «Tengo un color de pelo bonito», «Se me da bien pintar», «Soy un buen amigo», «Soy muy trabajador», etc.

El niño deberá acudir a cada letrero y, si se identifica con el mensaje, lo apuntará en su libreta. El objetivo de esta actividad es desarrollar el autoconocimiento, además de que el niño tenga la oportunidad de poder pararse a observar qué cualidades positivas tiene.

Si es necesario, podremos dejar algún cartel en blanco para que sea el propio niño quien elija el mensaje que quiere incluir y que cree que le define de manera positiva.

LA SILLA CALIENTE (A PARTIR DE TRES AÑOS)

En esta actividad, el niño se sienta en una silla y el resto de los participantes van pasando delante de él para decirle algo que les gusta de él o que les hace sentir bien cuando están juntos.

Si bien tiene unos objetivos similares a los de la actividad propuesta anteriormente, la diferencia está en que en esta ocasión se establece una comunicación afectiva más directa; existe un cruce de miradas. Es una actividad hablada y no escrita, por lo que la conexión es mayor.

EL TESORO MÁS VALIOSO DEL MUNDO (A PARTIR DE LOS TRES O CUATRO AÑOS)

Los materiales necesarios para esta dinámica serán una caja que oculte lo que contiene en su interior (mejor si es tipo cofre o similar, ya que se trata de una caja del tesoro), además de un espejo, que meteremos en el interior de la caja. Para iniciar esta actividad, primero le contaremos al niño que hemos traído una caja muy especial que contiene el tesoro más valioso del mundo; se trata de algo único, maravilloso e irrepetible.

Después, dejaremos que el niño abra la caja y encuentre el espejo, y le pediremos que nos diga en voz alta qué es lo que ha visto. Será el momento de preguntarle por qué cree que lo visto se convierte en un tesoro tan especial.

El objetivo de esta dinámica reside en ayudar al niño a que reflexione sobre el concepto que él mismo tiene de sí. Potenciando así sus cualidades positivas, esto reforzará su autoestima.

EL CÍRCULO (A PARTIR DE LOS CINCO AÑOS)

Para esta dinámica, los participantes se sentarán en círculo y tendrán a mano una hoja y un lápiz.

El objetivo de esta dinámica es observar las cualidades positivas de los demás, y también aprender a dar y recibir elogios.

Cada participante escribe su nombre en el folio que tiene y, a continuación, lo pasa a la persona sentada a su derecha. La dinámica consiste en que, cuando el niño reciba un folio de otro compañero o familiar, deberá incluir en él una cualidad positiva que cree que tiene esa persona, pudiendo resaltar tanto logros como cualidades personales o físicas.

Se harán tantas rondas como se establezcan, dependiendo de la edad de los participantes. Conviene empezar con un número reducido e ir aumentando progresivamente. Por ejemplo, comenzar con tres vueltas al círculo y en otra ocasión que sean cinco vueltas.

EL DÍA DE LOS ABRAZOS (A PARTIR DE LOS CINCO AÑOS)

Pediremos al niño que ponga en práctica sus dotes de detective para encomendarle la misión de buscar durante el día las cualidades positivas que le gusten de los demás, ya sean familiares, amigos, compañeros o cualquiera que quiera participar en esta actividad. Cada vez que identifiquen una cosa que le gusta del otro, deben decírselo en forma de elogio y darle un gran achuchón. Todos participan, por lo que el niño también recibirá elogios y abrazos.

YO PUEDO (A PARTIR DE CINCO AÑOS)

Esta actividad sería muy adecuada para realizarla a modo de juego, por la noche, antes de ir a dormir, ya que se trata de pedir al niño que repase los logros que haya conseguido a lo largo del día. En esta lista se deben incluir todo tipo de logros, desde abrocharse un botón solo, hasta terminar una tarea en clase o retirar sus cubiertos de la mesa. Podemos además utilizar la variante de esta dinámica («Yo podré»), con la finalidad de trabajar con el niño en una lista de retos por conseguir y alentarle en sus propósitos. En este sentido, si por ejemplo tuviese un examen, podríamos usar los logros ya conseguidos, como haber estudiado el día anterior, para que ello le sirviera como refuerzo para comprender que tiene la capacidad de superar ese desafío.

LAS GAFAS POSITIVAS (A PARTIR DE CINCO AÑOS)

Para esta actividad se necesitarán los siguientes materiales: cartulina, goma elástica y colores. Otra alternativa sería disponer de un antifaz ya fabricado en el que podamos escribir. La mecánica es la siguiente. En primer lugar, dibujamos una forma de antifaz en la cartulina y recortamos. Le haremos dos agujeros en los extremos para poder pasar la goma elástica y la anudamos.

Una vez elaborado, le diremos al niño que se trata de unas gafas muy especiales que le permiten ver lo mejor de sí mismo y del mundo. Le pediremos al niño que piense en qué cosas que le gustan sobre él y que además las escriba en sus gafas. Cosas como: valiente, inteligente, amable, buen bailarín, etc.

Cuando haya terminado de escribir, le invitaremos a que se ponga sus gafas y que vea con ellas ahora cómo es el mundo que le rodea, intentando usar ese poder tan especial que los niños tienen de ver las cosas buenas, y le pediremos que nos diga qué es lo que ve a través de ellas.

UNA CARTA PARA MÍ (A PARTIR DE 10 AÑOS)

En esta dinámica le pediremos al niño que escriba una carta para sí mismo. En ella tiene que incluir sus logros del último año, cómo se ha sentido al conseguirlos, y puede añadir los momentos en los que más orgulloso se ha sentido de él y por qué, sin olvidar escribir qué cosas son las que más le han gustado de él.

Igualmente, se puede poner en esta carta algo que sirva como una crítica constructiva a sí mismo, algún error que no le gustó demasiado o algo que quisiera mejorar. Así ayudamos al niño a tener un conocimiento y aceptación de cómo es.

Ejercicios para fomentar la autonomía

Nos serviremos de esta pedagogía para proponer actividades que permitan al niño desarrollar su autonomía. Serán dinámicas inspiradas en tareas que son necesarias en su **vida diaria.**

Es importante enseñarle los gestos y secuencias de estos ejercicios de manera clara y lentamente, para que el niño pueda asimilar la información. El foco de atención debe estar en tus manos. Las explicaciones deben ser cortas y claras, nombrando los materiales y objetos por su nombre y de manera precisa.

TRANSPORTAR AGUA CON UNA ESPONJA

Nos serviremos de los siguientes materiales: una bandeja, dos cubos pequeños, una toalla pequeña y una botella de agua.

Le pedimos al niño que coloque la bandeja y encima los dos cubos vacíos (la toalla se dejará encima de sus piernas o a su derecha). La dinámica consiste en llenar unos de los cubos con agua hasta la mitad con una botella y, a continuación, en explicarle y enseñarle lentamente al niño la siguiente secuencia de gestos sobre cómo hundir la esponja en el cubo para que se llene de agua.

- Se levanta con las dos manos y se espera que deje de gotear para transportarla encima del otro cubo. Entonces, se aprieta suavemente entre las dos manos para que el agua que está en su interior caiga en el otro cubo, sin salpicar.

A continuación, le pedimos al niño que repita esos movimientos hasta que el cubo quede vacío y haya podido llenar el otro cubo. Se puede repetir el trasvase de agua, pero esta vez de manera inversa, desde el cubo que está lleno al que se quedó vacío de agua.

Cuando se termina esta dinámica, se invita al niño a que se seque las manos con la toalla y a que vacíe el cubo de agua. Si es posible, intentaremos reutilizar esa agua, por ejemplo, para regar algunas plantas y, por último, que recoja los cubos y la bandeja.

VERTER CON UNA JARRA

Para practicar este ejercicio, necesitaremos una jarra y una taza (o similar, que sea de un tamaño mediano o grande) de plástico, una bandeja y arroz.

Colocando tanto la jarra como la taza, nos sentaremos al lado del niño para mostrarle la secuencia de gestos necesaria a fin de verter el contenido de la jarra llena de arroz en la taza, explicándole en todo momento qué es lo que estamos haciendo:

- Levanto la jarra, llevo la taza hasta la boca, levanto el codo para que caiga despacio el arroz...

Si algunos granos de arroz caen en la bandeja, se quitan los recipientes, se recuperan los granos y los colocamos de nuevo en la jarra, y, por último, dejamos todo de nuevo en la bandeja.

Se puede repetir este juego siempre que al niño le apetezca, y, cuando haya alcanzado la destreza para verter arroz, se puede pasar a la sémola y luego al agua. El objetivo es que el niño lo haga sin salpicar. Entonces, podrá empezar a llenar su vaso con una botellita en la mesa.

DOBLAR TEJIDO

Prepararemos para esta dinámica una caja con cinco pañuelos o cuadrados de tela de unos 15 cm, que no se encuentren doblados. A estos pañuelos les marcaremos con hilo o con un rotulador líneas guía para que el niño sepa por dónde se doblará la tela. Son necesarias las siguientes marcas:

Una costura o marca a la mitad

Una costura o marca en diagonal

Una costura o marca en cruz

Una costura o marca en equis.

Un pañuelo sin marcas

A continuación, le enseñaremos mediante gestos y explicaciones claras cómo se deben doblar por las líneas marcadas cada uno de los pañuelos y, después, le permitiremos que practique tantas veces como sea necesario. Podemos darle instrucciones como: «después de haber doblado por esta línea, usamos las manos para alisar el pañuelo...».

El pañuelo que no tiene ninguna marca es para que invitemos al niño a que lo doble como quiera. Una vez doblados todos, le pediremos que haga el proceso inverso para poder guardar todos los pañuelos de nuevo en su caja.

RECORTAR PAPEL

En esta dinámica se necesitarán un recipiente, unas tijeras de punta redondeada y tiras de papel de 15 cm de largo y de ancho que vayan aumentando en tamaño hasta tener:

- Dos tiras de 1,5 x 15 cm
- Dos tiras de 2,5 x 15 cm
- Dos tiras de 4 x 15 cm
- Dos tiras de 3 x 15 cm

A estas tiras les dibujaremos líneas trasversales a medio centímetro cada una. En una de las tiras las líneas serán gruesas, y en otras serán líneas más finas, como se muestra en el ejemplo siguiente:

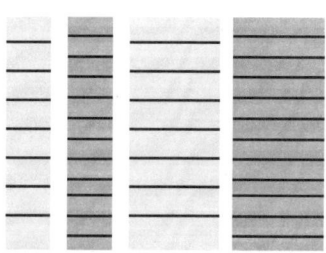

La dinámica consiste en enseñarle al niño cómo cortar esas líneas. La dificultad irá incrementando tanto porque en las tiras más anchas será necesario más de un tijeretazo, y, además, porque en las líneas finas el niño deberá prestar más atención.

Por consiguiente, le damos las tiras y las tijeras al niño colocando el bol para que los recortes que va realizando caigan en él, y le enseñamos primero el modo en que debe hacerse, dándole para ello instrucciones concisas.

Podemos ir progresando en la dificultad conforme el niño consiga la habilidad necesaria, cambiando los patrones de las tiras en líneas diagonales o en «V» o dibujando en una hoja figuras geométricas para que recorte.

ABROCHAR BOTONES

Podemos utilizar una chaqueta de punto con botones grandes o, si disponemos del conocimiento, usaremos dos trozos de tela (uno de ellos, con botones grandes cosidos, y el otro, con los ojales para poder abrocharlos).

La dinámica consiste en enseñarle al niño a desabrochar los botones, despacio, describiéndole los gestos un botón tras otro. Volviendo a abrocharlos de nuevo y colocando la prenda delante del niño, le pediremos que desabroche primero los botones para luego abrocharlos.

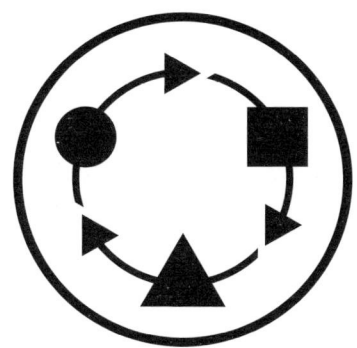

PROCESOS ADAPTATIVOS: SITUACIONES EXTRAORDINARIAS

La adaptación es un proceso que nos ayuda a sentirnos mejor cuando algo cambia en nuestras vidas y nos hace sentir malestar, tanto física como emocionalmente. **Cambios biográficos** importantes como una mudanza, un fallecimiento de un ser querido, la llegada de un nuevo hermano o la separación de los padres son ejemplos de algunos de estos cambios que pueden experimentar los niños durante su infancia.

Tales eventos, en un principio, pueden hacer que sientan malestar, pero con el tiempo y la ayuda de las personas de referencia el niño puede llegar a sentirse bien de nuevo, sin olvidar que se trata de un **proceso,** por lo que puede que necesite su tiempo. Lo importante es siempre respetar su ritmo.

Durante estos procesos de adaptación, los niños pueden ir adquiriendo ciertas habilidades que les permitan adaptarse a nuevas situaciones aprendiendo de las ya pasadas. No obstante, debemos saber que estos procesos se pueden ver influenciados por factores como pueden ser la estabilidad del entorno familiar, las habilidades emocionales tanto del niño como de los adultos de referencia, etc.

Por estas razones es imprescindible brindar apoyo a los niños en dichas situaciones extraordinarias, para que así se adapten de manera saludable. Veremos a continuación varias situaciones que pueden presentarse en esta etapa. Remarcaremos que es importante que sepamos abordarlas con ellos para procurar hacer el tránsito de la adaptación más llevadero al niño. Es así como evitaremos que se desarrollen conductas problemáticas, trastornos y patologías.

La muerte y el duelo

La muerte es un proceso natural y que forma parte de la evolución de la vida, además de ser algo presente universalmente en los seres humanos. A pesar de ser algo que acontece a diario y en todas las culturas, nuestra sociedad, en muchas ocasiones, manifiesta ciertas reservas y tabúes acerca de hablar y transmitir este concepto a los niños.

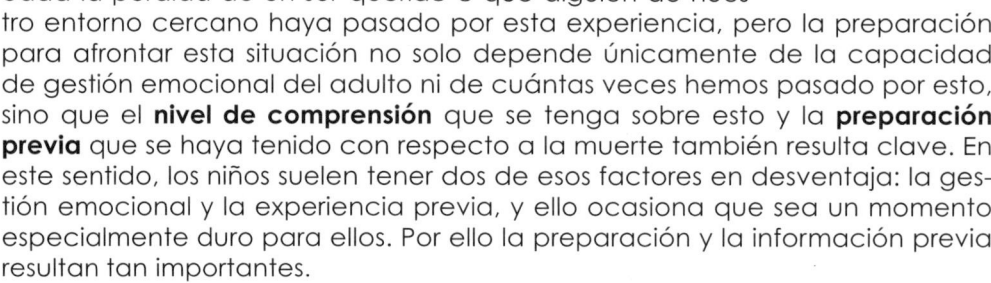

Los adultos generalmente hemos vivenciado a cierta edad la pérdida de un ser querido o que alguien de nuestro entorno cercano haya pasado por esta experiencia, pero la preparación para afrontar esta situación no solo depende únicamente de la capacidad de gestión emocional del adulto ni de cuántas veces hemos pasado por esto, sino que el **nivel de comprensión** que se tenga sobre esto y la **preparación previa** que se haya tenido con respecto a la muerte también resulta clave. En este sentido, los niños suelen tener dos de esos factores en desventaja: la gestión emocional y la experiencia previa, y ello ocasiona que sea un momento especialmente duro para ellos. Por ello la preparación y la información previa resultan tan importantes.

Hablar de la muerte con el niño, incluso de la última etapa de la vida, le va a ayudar a prepararse y sobre todo a comprender la situación. Muchas veces los niños se sienten confundidos cuando un ser querido fallece, les cuesta comprender lo que ocurre. Si evitamos esta confusión, les ayudaremos a **procesar mejor el duelo.**

HABLAR DE LA MUERTE CON LOS NIÑOS

A partir de los dos o tres años los niños pueden comenzar a mostrarse curiosos acerca del concepto de la muerte, y en ocasiones pueden plantear preguntas sobre esto. Deberíamos, como adultos, poder recoger esto con naturalidad e intentar ser claros y honestos.

Ahora bien, teniendo en cuenta también que a veces esta pregunta nos puede pillar un poco desprevenidos, es importante **no precipitarse en la respuesta.** Antes de llegar a responder, a veces conviene reflexionar qué significa para nosotros este concepto, y así podremos guiar mejor al niño para que integre la muerte como parte de la vida. Ante esta conversación debemos comprender que cada niño suele reaccionar de forma distinta, y cada una de esas reacciones es igualmente válida.

Cuando se va a afrontar esta conversación, el objetivo central debe ser que el niño se sienta seguro, ya que podría suceder que este tipo de pregunta pudiera generar **inseguridad o miedo.** Por ello debemos mostrarnos seguros con cada pregunta y podemos incluir recordatorios en la conversación del tipo: «esto no va a pasarnos durante mucho, mucho, mucho tiempo, ahora estamos a salvo», «Para que eso suceda hay que estar muy, muy, muy, enfermo antes», etc.

También se deben escuchar con atención las cuestiones o preguntas que plantea el niño, intentando ir más allá para comprender qué es lo que realmente puede preocuparle con respecto a la muerte. Solo así podremos realmente hacerle sentir seguro y acompañado.

Por último, resulta vital que el lenguaje que se utilice esté adaptado a su edad de desarrollo, intentando ser **claros, directos y concisos,** y evitando eufemismos, metáforas o lenguajes complejos que no puedan entender. Siempre puede servir utilizar una experiencia cotidiana que resulte cercana para poder abordar el tema de la muerte; por ejemplo, situaciones como las que nos proporcionan los cuentos, una planta del jardín o un insecto, para introducirles la idea de que todos los seres vivos eventualmente mueren.

TIPOS DE DUELO
En psiquiatría infantil se manejan los siguientes términos:

- **Duelo funcional o no complicado.** Los niños se ajustan a la pérdida del ser querido.

- **Duelo complicado o patológico.** Se debe a que el proceso de duelo nunca empieza, o bien se detiene, ya que a veces el shock inicial es tan intenso que no se sale de ese estado. El duelo complicado cumple los siguientes criterios:

    – Estrés por la separación afectiva que conlleva la muerte.
    – Estrés por el trauma psíquico que supone la muerte.
    – Sintomatología presente, al menos, seis meses después del fallecimiento.
    – Importante deterioro de la vida familiar y escolar.

Cuando el duelo se complica, es recomendable recurrir a la intervención de un psicoterapeuta para que, junto a los cuidadores y los hijos, se pueda ayudar a afrontar el estrés generado por la pérdida y se puedan reforzar las habilidades familiares.

- **Duelo anticipatorio.** Aparece ante una muerte inminente o enfermedad terminal del ser querido.

- **Duelo aplazado.** Es frecuente en los adolescentes que deciden «congelar» o retrasar la elaboración de su duelo.

EL DUELO EN LOS NIÑOS

El duelo es entendido en nuestra cultura como el conjunto de procesos psicológicos, individuales y sociales, que se dan después de que una persona experimente el fallecimiento de alguien con quien se encontraba vinculado. Para el niño este proceso se elaborará de forma distinta dependiendo de la etapa evolutiva de desarrollo en la que se encuentre en el momento de la pérdida. También influirán su temperamento, el entorno social y, de manera más particular, la actitud que mantengan los adultos que le rodean.  Generalmente, el duelo en los niños suele presentarse de una forma más **intermitente,** por cuanto que, si la pérdida es de un vínculo cercano, suele revivirse durante su desarrollo en circunstancias vitales transcendentes.

Hay que remarcar que el duelo infantil difiere considerablemente del adulto, y concretamente en cuanto a la forma de manifestarlo. Esto puede deberse a que en ocasiones la información acerca de la muerte que el adulto le da al niño es escasa, tardía y confusa. Asimismo, en ocasiones, cuando tiene lugar un fallecimiento, los adultos suelen ocultar sus emociones, invalidando así el impacto que puede causar esa muerte, e impidiendo por tanto al niño expresar sus emociones.

Como hemos señalado con anterioridad, **según la etapa madurativa** en que se encuentre el niño, será distinta la manera de entender el concepto de muerte y la forma de expresar su duelo:

Primera infancia (desde la lactancia hasta los tres años)

Los niños tan pequeños obviamente no comprenden el concepto de muerte, pero sí de abandono o separación percibida como amenaza a su seguridad y bienestar. Si el vínculo que se pierde es de un cuidador principal, ante su ausencia puede presentar reacciones de llanto, inquietud, nerviosismo, etc. Esto también sería aplicable ante el caso de cuidadores que se encuentren atravesando un duelo y que se distancien emocionalmente del niño. La sensación de ausencia también podría darse y, si se mantienen demasiado tiempo, podrían llevar al niño a presentar un estado de apatía y tristeza.

Niños de entre cuatro y seis años

Hay que tener en cuenta que, durante esta etapa del desarrollo del pensamiento, los niños se encuentran en la etapa preoperacional, por lo que su forma de entender la muerte es limitada; por ejemplo, creen que es algo provisional y reversible.

A esto se le suma el hecho de que predomina el «pensamiento mágico» de que los deseos pueden hacerse reales, por lo que es necesario en muchas ocasiones reiterarles lo ocurrido y su significado con un lenguaje claro y sencillo, evitando metáforas, dado que las entendería de manera literal y eso podría confundirlos aún más.

Pueden presentar algunos mecanismos de defensa como:

- Conductas de regresión (enuresis, succión del pulgar).
- Angustia de separación.
- Miedo a morir.
- Negación de la realidad, aislamiento y ambivalencia (parece no afectarles la pérdida y responden con preguntas o afirmaciones que son inadecuadas).
- Pueden sentir rabia por el abandono y dirigirla hacia sus familiares a través de juegos agresivos, manteniendo una conducta inadecuada, mostrándose irritable o presentando problemas de sueño como pesadillas.

Niños de siete a 12 años

A esta edad ya tienen la capacidad de distinguir entre la fantasía y la realidad. Puede ocurrir entonces que, aunque el niño tenga la habilidad suficiente para comprender la muerte, no cuente aún con las herramientas necesarias para poder afrontar un duelo.

- La negación (manifestada en comportamientos agresivos o excesivamente eufóricos en un intento de aislarse del dolor que no soportan).
- La idealización del fallecido.
- Culpabilidad (en niños que no pueden expresar la tristeza que sienten).
- Miedo y vulnerabilidad (enmascarada tras la hostilidad).
- Asunción de un rol adulto (hermanos mayores que se convierten en cuidadores de los pequeños).

Adolescentes

Esta etapa de por sí ya representa un momento de cambio y conflictos personales propios de la adolescencia que a veces se traducen en necesidad de aislamiento, presencia de sentimientos de culpa o impotencia por no ser capaces de cumplir las expectativas familiares, etc. Este fenómeno provoca, a veces, que afrontar un duelo pueda resultar algo más complicado.

Algunas de las reacciones que puede manifestar el adolescente frente al duelo pueden ser:

- Insomnio.
- Fracaso escolar.
- Baja autoestima.
- Aislamiento social.
- Conductas de riesgo (deportivas, sexuales, relativas al consumo de drogas).
- Apatía.
- Depresión.
- Ansiedad.

Algunas de las dificultades que pueden presentarse en la manera en que el niño tiene de afrontar el duelo pueden derivarse por:

- **Papel que desempeñaba el fallecido en la familia.** Si el fallecido ocupaba un rol importante en el núcleo familiar a nivel económico o de cuidados, se puede producir un gran desequilibrio.

- **Integración emocional.** Se refiere a la capacidad que tiene el núcleo familiar de integrar y afrontar sus emociones, ya que una familia poco integrada puede mostrar reacciones mínimas en el momento de la muerte, pero la falta de apoyo y ayuda mutuas puede originar que, pasado algún tiempo, alguno de sus miembros manifieste síntomas físicos o emocionales.

- **Expresión emocional.** Se trataría de la manera en la que la familia permite en el proceso de duelo la expresión de las emociones, ya que esto resulta básico en su elaboración y resolución.

AFRONTAR EL DUELO CON LOS NIÑOS

Si bien hemos visto que, según la etapa vital en la que se encuentre el niño, el impacto y las respuestas al fallecimiento pueden ser distintos, hay ciertas pautas generales que debemos saber a la hora de afrontar junto a ellos un duelo. Por ello queremos ahondar en ciertos aspectos que suelen influir en el desarrollo del proceso de duelo, como quién debe dar la noticia, cómo comunicar el fallecimiento o decisiones importantes durante este proceso.

¿Quién le debería dar la noticia al niño?

Esta tarea debe recaer, a ser posible, en **la persona más cercana del niño,** incluso aunque esa persona se encuentre también de duelo. A pesar de que resulta adecuado que la persona que le comunique la noticia pueda mostrar sus emociones de tristeza, es importante que pueda mantenerse bajo control porque se trata de evitar crear una alarma excesiva en el niño ante una situación que ya es bastante estresante de por sí. En caso de que la persona más cercana no pudiese hacer esto, sería la siguiente persona con más vínculo con el niño quien debería hablar con él. La figura de apego más próxima es quien le dará sosiego para recibir la noticia.

¿Qué decir y cómo decirlo?

Un aspecto muy importante es **no retrasar demasiado el momento** de darle la noticia del fallecimiento al niño, en la medida de lo posible. Para esta tarea hay que ser conscientes de que nunca se podrá crear el momento perfecto. Se trata, pues, de intentar que el niño no se entere del suceso por otras fuentes o se encuentre de repente a un grupo de personas conmocionadas sin saber qué está sucediendo a su alrededor. Igualmente, si se sabe con antelación, se debe ir preparando al niño para que sea capaz de ir integrando lo que pasa en cada momento.

El sitio más adecuado para hablar con el niño será aquel lugar que nos permita sentirnos libres de expresar nuestras emociones. Quizás, en ese sentido, no resulten cómodos los espacios públicos. Además, hay que tener en cuenta que, debido a que es una noticia impactante, conviene evitar que sea transmitida en un lugar que el niño considere un sitio feliz porque podría desorientarle o dejarle un mal recuerdo.

En cuanto a **cómo dar la noticia,** sabiendo que el contenido es una de las partes más importantes, debemos saber que, independientemente de la edad, existen unas pautas para tener en cuenta:

- **Utilizar un lenguaje directo pero sencillo,** dando una breve explicación de lo que ha sucedido y evitando entrar en detalles. Es mejor dar poca información e ir añadiendo detalles más adelante.

- **Usar frases cortas y realizando pausas entre frases importantes.** Esto le dará al niño tiempo para que asimile la información.

- **Emplear un tono de voz cálido y calmado.**

- **Mantener el contacto visual todo el tiempo con el niño** y procurar que él también nos mire a los ojos. Debemos ponernos a su altura si es necesario por su estatura.

- **Permitir las emociones.** Está bien si durante el discurso expresamos nuestra tristeza o incluso lloramos, pues así permitiremos que el niño también pueda expresarlas de forma natural. Debemos descartar la idea de que ocultar nuestras emociones es una forma de proteger al niño, porque en realidad lo que le estamos mandando es un mensaje de invalidación o de vergüenza, y por tanto puede sentirse muy solo e incomprendido en el proceso.

- **Contacto físico.** Hay que recordar que la herramienta de regulación más potente es el contacto, por lo que es vital mantener el contacto físico y abrazar al niño tanto como lo necesite.

- **Evitar los eufemismos o metáforas.** El uso de frases hechas o eufemismos como «se ha ido» o «se ha quedado dormido para siempre» puede llegar a confundir al niño, además de crearle esperanzas de un retorno que no se va a producir. Además, frases como «se lo ha llevado Dios» (al margen del carácter religioso y subrayando la parte de «se lo ha llevado») pueden alimentar la angustia por sentir que alguien puede llevárselo a él también. Otra frase que debemos evitar sería: «Nos ve desde arriba, o está con nosotros», dado que, dependiendo de la edad del niño, si se encuentra en una etapa de pensamiento muy literal, puede llegar a generar el miedo de sentirse vigilado todo el tiempo.

- **Adaptar el lenguaje dependiendo de la edad** y la etapa del desarrollo del niño, simplificando el concepto de la muerte a lo más esencial posible.

- **Dejarse guiar por los niños.** Permitir, en suma, que sean ellos los que planteen las preguntas y sus preocupaciones, que suelen ser distintas de las de los adultos. Así evitaremos saturarles de información innecesaria.

 Silvia de siete años, acaba de perder a su papá en esa mañana y su madre debe darle la noticia.

Ha recogido a Silvia del colegio y al llegar a casa le pide que le acompañe al salón y se siente junto a ella en el sofá. Cogiendo su mano y mirándole a los ojos le dice:

—Cariño tengo que decirte algo muy triste, papá ha muerto. Ya no estará más con nosotros porque ha dejado de vivir. Es muy triste, pero tenemos que recordar que nos quería mucho como nosotras a él. Siempre nos va a acompañar en nuestros recuerdos, que están en nuestra mente y nuestro corazón. Sé que es triste, pero mamá estará contigo, te quiero mucho.

Después de esto la abraza y le dice:

–¿Quieres hacer alguna pregunta ahora sobre lo que ha pasado? Si no, podemos hablar de ello cuando tú quieras.

En este caso, la persona adulta no se ha demorado en dar la noticia; ha sido la mamá, como persona más cercana, la encargada de darla, eligiendo un sitio que les permita estar tranquilas y expresar las emociones. Además, la mamá ha usado un tono de voz cálido y cercano, ha mantenido el contacto visual y físico, y ha utilizado un lenguaje sencillo, haciendo uso una única vez de la frase «ha muerto». Ha establecido pausas entre frases para dar tiempo a que se asimile la información, ha ido mentalizando las emociones, dando permiso a que se sientan, y ha invitado a la niña a que haga preguntas.

Decidir si asistir o no al funeral. Esta cuestión, en muchas ocasiones, representa un conflicto difícil de resolver. Hemos de saber que el velatorio y el funeral son parte importante del proceso de duelo. Dicha fase representaría una forma de despedirse del ser querido, aunque, como hemos mencionado, podría elaborarse esa despedida de una forma alternativa.

En este sentido, no hay una única respuesta correcta sobre si los niños deben o no asistir. Lo que sí podemos decir es que no debería acudir obligado por los adultos, ni tampoco evitar su asistencia, ya que no existe ningún estudio que indique que esto representaría un perjuicio emocional para el niño. En caso de que el niño asista, se le debe preparar para lo que verá, haciéndole saber, por ejemplo, que las personas pueden vestir de colores oscuros, que se encontrarán tristes o incluso llorando, además de explicarles que habrá un ataúd o cualquier otro detalle importante.

PAUTAS PARA FOMENTAR LA RESOLUCIÓN DEL DUELO

Consideraremos que un duelo está resuelto cuando la persona es capaz de pensar en el ser querido sin sentir dolor, lo que significa que consigue disfrutar de los recuerdos, sin que estos traigan dolor, resentimiento o culpabilidad. La resolución del duelo representaría también el momento en el que gradualmente se establece una reconexión con la vida diaria.

En este sentido, una familia que tiene una buena armonía y conexión emocional debe permitir que cada uno de sus miembros transite la pérdida a su propio ritmo, sabiendo que en general los tiempos de resolución son más cortos en los niños que en los adultos.

Tras el fallecimiento, existen algunas pautas que permiten acompañar al niño en el proceso de duelo hasta su resolución. Estas serían:

- **Mantener y recuperar las rutinas tan pronto como sea posible.** Los niños se benefician mucho de la estabilidad y seguridad que esto les proporciona.

- **Conmemorar a la persona fallecida.** Esto es parte del proceso de duelo. Compartir recuerdos puede ser una forma muy amable de hacerlo, además de mencionar su nombre o no retirar fotos durante un tiempo.

- **Permitir elaborar una despedida.** Esto será a demanda del niño, pero en muchas ocasiones donde no se ha tenido oportunidad de hacerlo resulta muy reconfortante el permitir que pueda despedirse de esa persona que ya no está, a través de un dibujo, una carta o decir unas palabras.

- **Estar cerca del niño, escucharle, abrazarle y llorar con él.** A veces, los niños pueden pensar que, tras el fallecimiento de ese ser querido, todo cambiará en su entorno, y eso les puede crear inseguridad y miedo. Por tanto, el adulto debe tranquilizarlos en ese sentido y explicarle que serán capaces de adaptarse y que pueden solicitar ayuda cuando se sientan angustiados.

- **Anima al niño a hablar sobre la muerte y a expresar lo que siente.** Es posible que, después del suceso, el niño pueda pensar que otras personas cercanas o incluso él va a morir, por lo que hay que procurar tranquilizarle, de manera lógica, serena y razonada, y hablar de la muerte como el proceso natural que es. Al principio de este apartado hemos recogido algunas ideas acerca de cómo hablar de este tema con los niños. Son recomendaciones que resultan igualmente interesantes para usarlas como recursos si no se ha tenido antes ocasión de introducir este concepto. Algo a evitar por el entorno del niño sería el uso de frases como: «no llores», «no estés triste», «tienes que ser valiente y portarte como un mayor», etc., ya que propician que el niño reprima lo que siente y pueda congelar el duelo, provocándole mucha angustia. En su lugar, podemos decirle algo del tipo: «Si tienes ganas de llorar y estar triste a solas, me parece muy bien, pero después de estar así durante un rato, sería bueno que hablaras con alguien de cómo te sientes. Si quieres, puedes compartir tus sentimientos conmigo». Otra idea que puede resultar adecuada es permitirles que escriban o dibujen acerca de lo que sienten. A través del juego también suelen expresar sus sentimientos.

- **Permitir vínculos afectivos con el ser querido.** Algunas veces, el niño coge algún objeto personal del fallecido a modo de objeto de apego que le permite mantener de alguna manera el vínculo. En otras ocasiones, a muchos niños les ayuda poseer objetos personales del fallecido como elemento de apego para seguir manteniendo su recuerdo y su unión con él. En algunos casos también pueden buscar en algún adulto cercano (maestra o familiar) una relación de suplantación afectiva por semejanzas con la persona fallecida, sin que ello implique ningún riesgo emocional para ellos.

- **No reprochar ni sancionar al niño por sus respuestas adaptativas.** Tal y como hemos visto antes, algunas respuestas como la regresión, la rabia o la negación pueden estar presentes en el proceso del duelo. Si no las aceptamos como normales ni acompañamos al niño en la búsqueda de regulación, se podría generar en él un sentimiento de culpa.

Mudanzas

El hecho de mudarse es un evento que puede desencadenar un cierto nivel de estrés en el núcleo familiar. De ahí que también pueda afectar a los niños de distintas maneras, algo que dependerá también de la etapa de desarrollo en que se encuentren.

Por ejemplo, si el niño es demasiado pequeño, quizás no comprenda qué significa exactamente mudarse, pero incluso a esa edad puede mostrarse inquieto o nervioso ante los cambios que se avecinan, y si el niño es mayor, es posible que la mudanza conlleve además un cambio de colegio, dejar amigos o extraescolares a los que lleva asistiendo años, por lo que puede haber un mayor **estrés emocional.**

Al igual que con los fallecimientos, ante un suceso extraordinario de estas características el momento de dar la noticia será uno de los de mayor impacto. Por ello, debemos tener en cuenta las siguientes recomendaciones acerca de cómo transmitirla:

- **Notificar** la mudanza al niño lo **antes posible.**

- **Ser abierto y honesto** sobre el motivo por el que se mudan, dónde y cuándo sucederá.

- **Proyectar una actitud positiva** hacia el cambio.

- **Permitir que los niños expresen sus sentimientos,** sin importar cuáles sean.

- **Mantener una comunicación fluida con el niño.** Hemos de darle la oportunidad de que el niño hable cuando así lo necesite, escuchando y validando sus emociones.

Sabiendo que en mayor o menor medida una mudanza representa un cambio de rutinas, e incluso a veces de estilo de vida, es normal que el niño pueda sentirse algo inseguro o ansioso. Queremos resaltar estas indicaciones para intentar **facilitar este proceso** lo máximo posible al niño:

INVOLUCRAR AL NIÑO EN EL PROCESO

Si el niño tiene la edad suficiente, podemos pedirle que ayude con los preparativos, adaptando por supuesto las tareas a la edad del niño. Está comprobado que, si los niños participan en el proceso, sienten un mayor control y se muestran menos estresados. Aunque sean pequeños siempre pueden asumir alguna labor. Aunque sean pequeños, siempre pueden asumir alguna labor. Pueden participar en tareas como:

- Hacer el equipaje o desembalar.

- Limpiar la nueva casa o plantar flores en el nuevo patio.

- Tomar decisiones apropiadas para su edad (¿de qué color le gustaría pintar su nueva habitación?, ¿cómo se deben colocar los muebles en la nueva sala de juegos?, etc.)

PREPARAR AL NIÑO PARA UNA NUEVA ESCUELA

Para ello podemos ayudarle a que se familiarice con el centro antes de su incorporación, haciendo por ejemplo una visita de antes de su primer día y presentarle a algunos profesores, director, compañeros… En caso de no ser posible asistir presencialmente, algunas alternativas podrían ser:

- Mirar fotos en línea de la nueva escuela con el niño.

- Leer acerca de los horarios, profesores, etc.

- Consultar los deportes y actividades extracurriculares en el sitio web del colegio.

HACER NUEVOS AMIGOS CONSERVANDO LOS ANTIGUOS

Para facilitar la tarea de hacer nuevos amigos se puede recurrir a asistir a actividades extraescolares, talleres o parques cercanos a la nueva vivienda. Además, mientras hace nuevos amigos debemos animarle a que mantenga el contacto también con los antiguos amigos, con estrategias como citas de juegos, encuentros virtuales, cartas o llamadas telefónicas.

MANTENER LAS TRADICIONES Y RUTINAS FAMILIARES

Esto es lo que les hace recuperar la sensación de normalidad, intentando mantener en la medida de lo posible rutinas diarias en el nuevo hogar. Esto les proporciona seguridad y estabilidad, además de brindarles confianza para buscar nuevas experiencias.

PERMITIRLE EXPRESAR SENTIMIENTOS NEGATIVOS

En caso de que el niño sienta malestar ante el cambio o tras él, debemos permitirle que pueda expresarlo sin juzgarle ni reprimirle. Se trata de un cambio importante en su vida por el que puede sentir tristeza, miedo o incertidumbre ante la nueva situación, por lo que debemos acompañarle en el proceso y no hacerle ver que es negativo estar triste, sino que le comprendemos y estamos a su lado.

ACERCARLE HISTORIAS CON CAMBIO DE DOMICILIO

Con materiales como cuentos, películas o vídeos que narren una situación similar, podremos ayudarle a ver que es una situación más cotidiana de lo que él imagina y puede llegar a sentirse comprendido viendo cómo otros niños pasan por la misma situación.

TENER LOS OBJETOS DEL NIÑO LOCALIZADOS DURANTE LA MUDANZA

Es importante que ciertos objetos como sus juguetes, materiales escolares, su ropa preferida, etc., estén localizados, dado que les ayudará. Procuremos que no se extravíen sus juguetes, cuadernos y pinturas, su ropa favorita… Saber dónde están sus cosas y poder colocarlas rápidamente le ayudará a instalarse más fácilmente.

QUE EL CAMBIO NO COINCIDA CON OTRO CAMBIO

Debemos procurar que no coincida con un momento de cambio para el niño, desde la retirada del pañal, un duelo o la separación de los cuidadores. Si fuese posible, lo ideal sería posponer uno de esos cambios, o bien posponer la mudanza o esperar para iniciar uno de esos cambios. Así reduciríamos el nivel de estrés del niño.

ACTIVIDADES QUE LE MOTIVEN EN EL NUEVO HOGAR

Podemos facilitarle la adaptación al cambio de casa si buscamos en el nuevo entorno (colegio, barrio, parques, ciudad) actividades que se realicen y que puedan servir para pasar tiempo de ocio juntos en esta nueva etapa.

ENSEÑARLE A INTEGRARSE

Acompañarle en el proceso de tener que integrarse en nuevos grupos resulta fundamental, ya que a veces a los niños les puede resultar algo complicado y que no han tenido que afrontar antes. Mostrarle cómo se debe acercar a un niño, cómo poder iniciar una conversación o el modo en que puede proponer nuevos planes le ayudará a sentirse seguro a la hora de establecer nuevos vínculos.

Llegada de un nuevo hermanito

El momento de la llegada de un nuevo hermano puede ser una experiencia ambivalente, por cuanto que, por un lado, podría resultar emocionante, pero, a la vez, también un gran desafío. Por una parte, se puede llegar a sentir muy feliz de tener un hermano con el que jugar y compartir, pero también puede llegar a experimentar una mezcla de emociones como **los celos,** preocupación o tristeza y producirle un cierto nivel de estrés. Por ello es recomendable poder acompañarle en este cambio vital.

ANTES DE SU LLEGADA

En la cuestión de plantearse si ampliar la familia, el niño no debe ser partícipe, ya que es una decisión de los adultos. Por tanto, preguntarle al niño si quiere tener un hermano no es buena idea, ya que su respuesta puede ser que no y que, aun así, los adultos decidan que lo harán igualmente.

Antes de la llegada del hermanito, podemos preparar al niño para el cambio:

- **Contarle lo antes posible y con honestidad la noticia.** «Vamos a tener otro bebé, y será tu hermano».

- **Favorecer el vínculo durante el embarazo.** Durante la etapa del embarazo, podemos invitarle a que hable con su hermano, que está dentro de la barriga; que le cuente un cuento o cualquier otra idea que le permita conectar con el bebé antes de nacer, siempre sin forzarlo.

- **Favorecer un vínculo más estrecho con otros adultos.** En casos donde la mamá resulta el principal vínculo, es vital que el niño comience a pasar también más tiempo con el otro cuidador para que se refuerce este vínculo antes de que nazca el bebé.

- **Enseñarle fotos de mamá cuando estaba embarazada de él.** Contarle historias y detalles acerca de esos momentos.

- **Involucrarlo en la preparación del nido.** Por ejemplo, dejando que elija algunas de sus cosas de su habitación, algo de su ropa, sus juguetes o la bolsa que necesitará para el hospital.

• **Pedirle al niño que elija un regalo para el bebé.** Podrá dárselo en el momento en que vaya a conocerlo.

REACCIONES ANTE EL NACIMIENTO DEL BEBÉ POR ETAPAS VITALES

Como ya hemos ido aprendiendo a lo largo de este libro, las reacciones del niño siempre dependerán principalmente de la edad y el nivel de desarrollo en el que se encuentren en el momento del nacimiento del bebé. Si bien los niños de una edad mayor suelen mostrar más emoción, los más pequeños pueden sentirse algo confundidos o molestos.

Niños menores de dos años. A esta edad es muy probable que no comprendan qué significa y conlleva tener un nuevo hermano. Así pues, es recomendable hablar sobre el tema. Incluso se pueden leer cuentos o ver películas acerca de esto.

Niños de dos a cuatro años. En esta etapa los niños suelen estar muy apegados a sus cuidadores y quizás pueden experimentar en ocasiones sentimientos de celos al sentir que tienen que compartir la atención con el bebé. Antes de la llegada de este, se puede hablar con el niño acerca de los cuidados que necesita un recién nacido y se le puede invitar a que participe de algún modo para no sentirse desplazado. Otra idea podría ser darle un muñeco que él también pueda cuidar imitando a sus padres con el recién nacido, o hablarle sobre los bebés y los hermanos mayores.

Niños de edad escolar. Hacerle partícipe de las actividades o cuidados del bebé. En esta etapa, además de los celos, podrían sentir cierta tristeza, al notar menos presentes a sus cuidadores. Intentemos remarcar algunas ventajas de los hermanos mayores, como poder ir a dormir más tarde o elegir su merienda, además de asegurarnos de que sus rutinas no cambian demasiado y que se le ofrece tiempo de calidad y atención individual. Otras reacciones habituales que podrían presentarse desde los dos años hasta los ocho serían:

• Regresiones.
• Enfado.
• Irritabilidad.

Tengamos en cuenta que son reacciones normales, mostremos paciencia e intentemos abordarlo desde el cariño, viendo más allá de la conducta hasta llegar a su necesidad.

PAUTAS PARA AFRONTAR LA LLEGADA DEL HERMANITO

Algunas pautas beneficiosas para intentar que los niños se ajusten emocionalmente a este cambio serían:

- **Preguntarle acerca de cómo se siente después de la llegada del bebé.** Permitir que exprese sus dudas o preocupaciones, si las tiene, para poder aclarárselas, o si nos transmite su ilusión, para poder reforzarla y compartirla.

- **No imponer el rol de hermano mayor.** Si bien conviene que le expliquemos al niño qué conlleva ser hermano mayor y que lo impliquemos en algunas tareas, debemos intentar no imponerle inconscientemente este rol, ya que podría conllevar demasiadas expectativas para los niños. No los presionemos con que ejerza de hermano mayor ni usemos frases como: «eso no lo hace un hermano mayor».

- **Hacer cambios paulatinos.** Conviene evitar que modificaciones cotidianas importantes como el cambio de habitación coincida con la llegada del bebé. Se recomienda hacerlo antes o después del nacimiento.

- **Demostrarle al niño que es importante.** Es imprescindible que el niño sienta que nada ha cambiado y que se le sigue queriendo del mismo modo, verbalizándolo.

- **No olvidar que el niño también es pequeño.** Tratarlo con esta consideración es importante, ya que, aunque en comparación con el bebé nos pueda parecer mayor, sigue siendo un niño que nos necesita.

- **Amor y paciencia.** Sabemos que es muy probable que en ocasiones presenten una emoción como el enfado, o conductas de rechazo del bebé. Debemos dejar que se exprese y que nos cuente cómo se siente y comprender que tenemos que respetar su ritmo de vinculación con su nuevo hermano.

La separación de los padres

Es indudable que la separación de los padres puede ser uno de los procesos adaptativos más difíciles de afrontar para el niño y que, si bien hoy en día es un suceso bastante frecuente y normal, esto no debe impedirnos concentrar esfuerzos en intentar **minimizar su impacto.**

Hemos de entender que en ocasiones la separación de los padres puede cambiar la forma de comprender el amor y las relaciones que el niño tiene, pudiendo percibir que son frágiles, inestables o una fuente de decepciones y sufrimiento. Además, un alto nivel de conflicto parental puede convertirse en un modelo disfuncional en el manejo de las relaciones que el niño pueda establecer en el futuro, disminuyendo sus habilidades de afrontamiento.

Si bien puede ser una **transición difícil** para los niños, por la que experimenten sentimientos intensos, numerosos estudios relacionan el incremento de problemas en la salud mental de niño con niveles más altos de estresores posdivorcio y no tanto con los cambios estructurales (monoparentalidad).

Algunos de esos factores que predisponen a alterar en mayor medida el bienestar del niño son, por ejemplo, si el divorcio es conflictivo, si existe un empeoramiento de la situación económica, si existe un mal funcionamiento conductual o emocional de los padres, si se pierde el contacto con uno de sus cuidadores, la ausencia de acuerdos entre los adultos o la persistencia de conflictos. Por todo ello es vital que los adultos acompañen en este proceso a los niños de la mejor manera posible.

REACCIONES ANTE LA SEPARACIÓN POR ETAPAS VITALES
Cómo reaccionan los niños no solo depende de su edad y desarrollo, sino también de la capacidad de los padres para permanecer atentos a sus necesidades, a pesar del enorme estrés y cambios en sus propias vidas.

Niños hasta dos años
En esta etapa vital el bebé no llega a comprender demasiado qué significa ni qué implica un divorcio, pero a esta edad son muy **sensibles a los cambios.** Debemos entender que es el momento de afianzar sus apegos con los cuidadores, por lo que la ausencia de uno de sus progenitores será perceptible para el niño. La incertidumbre acerca de si este volverá puede causarle nerviosismo y angustia.

Algunas de las reacciones que se podrían dar a esta edad serían:

• Llantos intensos e irritabilidad.
• Alteraciones en el sueño y la alimentación.

De dos a tres años
En este momento el niño atraviesa algunos cambios importantes como el desarrollo de la marcha, el control de esfínteres, el desarrollo del lenguaje, ciertos cambios en su alimentación, etc., por lo que es posible que ante un estresor como la separación de sus cuidadores muestre un poco de **descontrol** o dificultades para lograr estos hitos.

Algunas de las reacciones que suelen presentarse a esta edad frente a este evento serían:

- Problemas psicomotores.
- Falta de control de esfínteres.
- Alteraciones del sueño.
- Retraso en el habla.
- Conductas de regresión.
- Emociones de ira, rabia o tristeza que no pueden controlar.
- Fantasías acerca de que sus padres volverán juntos.

Niños de tres a cinco años

En esta etapa se desarrolla la imaginación, hacen muchas preguntas y tienen un pensamiento bastante egocéntrico que les hace tener la idea de que todo lo que ocurre a su alrededor tiene relación con él. No sería raro, entonces, que llegase a desarrollar el pensamiento de «mis padres se han separado porque me he portado mal» o cualquier idea similar que le ponga a él como centro del suceso y le haga **sentir culpa**.

A esta edad es muy común que se desarrollen algunos miedos. Ante este evento podrían desarrollar el **miedo a que lo dejen solo o le dejen de querer**.

Niños de seis a 12 años

Normalmente en esta edad el niño dedica gran parte de su energía en el ámbito escolar y social, ya han dejado atrás la etapa del egocentrismo y comprenden mejor que existen diversas perspectivas, haciéndoles más sensible a sus emociones y las de los demás. Todo esto les hace más capaces de comprender lo que es el divorcio y lo que esto implica, pero en ocasiones se pueden mostrar reservados para no preocupar a sus cuidadores. Otras reacciones comunes en esta etapa serían:

- Miedo al rechazo.
- Sentimientos de culpa.
- Pesadillas.
- Regresiones.
- Sentimientos de abandono.
- Fantasías sobre la unión de sus padres, que, si no se confirman, le hacen sentir tristes, rabiosos o fracasados si no lo consiguen.
- Bajo rendimiento escolar.

Adolescentes

Esta etapa, como hemos visto anteriormente, representa de por sí un momento complicado en la que el adolescente intenta buscar una identidad propia y se encuentra inmerso en sus conflictos emocionales comunes y propias de esta edad. Por consiguiente, una separación coincidente con esta fase puede dificultar un poco la construcción de esta identidad, por la **falta de seguridad** que este cambio representa para él.

Podría experimentar cosas como:

- Miedos.
- Aumento de la rebeldía.
- Sentimientos de soledad.
- Encerrarse en sí mismo.
- Dependencia hacia sus iguales.
- Expresiones de ira y hostilidad.
- Trastornos de alimentación o de sueño.
- Conductas de riesgo.
- Intentos de reconciliación de sus padres a través de ruptura de normas o quejas psicosomáticas.
- Bajo rendimiento escolar.

AFRONTAR LA NOTICIA

Es muy frecuente, que ante la separación, los padres sientan culpa o sensación de fracaso y que también sientan preocupación acerca de cómo puede afectar esto a los niños. Si bien la situación idílica es que la familia siga funcionando como núcleo, esto no siempre es posible y, ante un ambiente hostil en el hogar, es preferible la idea de separación, puesto que la situación no es buena ni para los padres ni para los niños. Si los padres pueden tener una mayor **estabilidad**  **emocional** estando separados, también serán capaces de pasar un mayor tiempo de calidad con los niños, y esto es un escenario más positivo para todo el núcleo familiar.

Es posible que los niños de menor edad, al no tener una amplia comprensión acerca de lo que el divorcio conlleva, deban escuchar más a menudo sobre lo que ha pasado o pasará y también oír repetidamente que no ha sido su culpa y que sus padres lo quieren igualmente. Sin embargo, los niños de mayor edad o los adolescentes pueden solicitar saber más detalles y necesiten conversaciones más sinceras y completas, por lo que el papel de sus cuidadores será **resolver sus dudas,** proporcionar espacios de comunicación y acompañar las reacciones emocionales que el niño pueda manifestar.

Independientemente de la edad del niño, a la hora de dar la noticia **se recomienda:**

- **Elegir un sitio íntimo y cómodo.** El lugar para dar la noticia será aquel que permita hablar tranquilamente sobre esto, e intentaremos no retrasar el momento de darle la noticia; hay que evitar que se entere por otras fuentes.

- **Preferiblemente, la noticia deben darla ambos padres juntos.** Usando un tono calmado, y dando espacio a que el niño vaya integrando la información, se deben hacer pausas entre frases que contengan información importante.

- **Dar mensajes claros y sencillos.** Tratando de omitir detalles confusos que puedan hacerle creer que él tiene que resolver la situación o que pueda ser la causa, adaptar la información y el lenguaje a la edad del niño también resulta importante.

- **Validar sus emociones ante la noticia.** Es esencial que se le permita expresar sus sentimientos, haciéndole saber que está bien que se sienta enfadado, confuso o triste, y animarle a que haga preguntas o se tome su tiempo para ello.

- **Explicar al niño qué es lo que sucederá.** Debemos comunicarle qué es lo que cambiará y qué no a raíz de la separación, al menos en lo relativo a lo más importante, como dónde vivirá cada uno, cuándo se verán de nuevo, etc. (no es necesario abrumarlo con mucha información, pero sí se debe explicar lo básico para que se sientan seguros).

- **Mantener sus rutinas.** La prioridad de la situación debe situarse en preservar el bienestar de los niños. Por ello procuraremos que sus rutinas se mantengan lo máximo posible, ya que ello les otorgará seguridad y estabilidad en su día a día.

- **Incluir frases relevantes y significativas.** A la hora de contarle la noticia, existen mensajes que podrían ser muy útiles para que puedan minimizar el impacto emocional de la situación. Podemos destacar los siguientes:

    - «Mama y papá serán felices, al igual que tú».

    - «Habrá dos casas donde serás querido».

    - «Cada uno de nosotros seguirá siendo una parte importante de tu vida».

- «Nuestro amor por ti no ha cambiado y nunca cambiará».

- «Nada de lo que ha pasado es culpa tuya».

Alberto y Carola han tomado la decisión de separarse y es el momento de darle la noticia a Samuel, su hijo de ocho años. Han decidido hacerlo juntos y en el salón de casa, le piden que se siente para decirle lo siguiente entre los dos:

—Samuel, mamá y yo ya no nos queremos como se quieren los casados y hemos decidido que no podemos vivir juntos y por qué no queremos seguir casados. No fue una decisión fácil, pero fue una decisión de adultos. No tiene absolutamente nada que ver contigo; tú no tienes la culpa. Ambos te queremos con todo el corazón y te seguiremos queriendo siempre, los dos seremos parte importante de tu vida. Ahora te contaremos algunas cosas que van a pasar y después puedes hacer todas la preguntas que quieras, o tomarte un tiempo.

Esto sería un ejemplo de cómo darle la noticia al niño, escogiendo un lugar cercano y cómodo, siendo claros y con frases sencillas y permitiendo que el niño haga las preguntas que necesite.

PAUTAS PARA ACOMPAÑAR EMOCIONALMENTE A LOS NIÑOS TRAS LA SEPARACIÓN

Los adultos pueden ayudar al niño a minimizar el impacto emocional durante este proceso de adaptación tras la separación. Aquí dejamos algunas recomendaciones importantes:

- **Intentar proteger al niño del conflicto.** Una de las cosas más importantes a evitar es que el niño presencie peleas o conflictos entre sus cuidadores. En caso de no poder llegar a una vía de entendimiento, se recomienda optar por la figura de un mediador.

- **Seguir participando positivamente en su vida.** Otra recomendación fundamental es que ambos cuidadores sigan presentes en las actividades y pormenores de la vida del niño. Esto le hará sentir cuidado e importante, y permitirá adaptarse mejor a los cambios.

- **Mantener una crianza coherente y consistente.** En la medida de lo posible, ambos cuidadores deben mantener el mismo estilo de normas y valores de crianza con los niños. Los límites deben estar presentes, aunque, por supuesto, serán impuestos siempre desde el cariño. Es importante, en este sentido, que ambos se respalden y no minimicen ni invaliden la autoridad que tiene el otro cuidador.

- **No obligar al niño a que tome partido.** El niño debe mantener el vínculo con ambos progenitores.

- **No se debe criticar al otro progenitor.** En presencia del niño, no se debe hablar de manera negativa sobre el otro cuidador, ni directamente con él tampoco.

- **No convertir al niño en un confidente.** No se ha de hablar con el niño sobre los problemas o sentimientos hacia el otro progenitor. Como tampoco es funcional que el niño ejerza un rol de cuidador de los adultos.

Lo prioridad de este proceso debe ser preservar la estabilidad emocional del niño, hacerle sentir querido y seguro, validando sus emociones y atendiendo sus necesidades psicológicas. No olvidemos nunca que los adultos son los encargados de acompañar al niño en la misión de la regulación emocional.

El niño regulado y realizado

A lo largo de este libro hemos ido «creciendo» con el bebé desde su llegada al mundo. Le hemos proporcionado todos los cuidados que cubriesen sus necesidades fisiológicas, pero pronto nos hemos centrado en las otras necesidades: las emocionales y psicológicas. Hemos tenido que prescindir de una serie de mitos asociados a la crianza que podían lastrar su desarrollo personal y hemos aprendido a establecer un apego seguro que le haga sentirse valorado y querido desde el principio, estableciendo la mejor base posible para el futuro.

Este bebé ha sido estimulado durante su desarrollo tanto sensorial como psicomotrizmente, pero sobre todo ha puesto el foco de atención en la gestión y regulación emocional. Al niño en el que se convierte el bebé le hemos enseñado a valorar el mundo que le rodea a través de la curiosidad y la creatividad y le hemos ayudado a conectar con el resto de las personas, asegurando también un desenvolvimiento social óptimo.

Sin embargo, ese niño no solo necesita conocer a los demás, quizá sea más importante que se conozca a sí mismo, por lo que hemos trabajado el establecimiento de su propia identidad desde una aceptación incondicional y una autoestima fuerte y saludable.

No nos hemos olvidado de que en la vida podemos encontrarnos con situaciones adversas que precisen de un proceso adaptativo especial, como la muerte de un ser querido o la separación de los padres; o situaciones que, aunque sean positivas, generen inquietud, como la llegada de un nuevo miembro a la familia o una mudanza.

La intención de este libro en todo momento ha sido la de formar y acompañar a padres y educadores en la siempre delicada tarea de criar a un ser humano, y lo hemos hecho desde el convencimiento de que educar en positivo, sin castigos, pero con límites, con afecto y respeto, es la mejor manera de dejar situado a un niño en el mundo. Este proceso de acompañamiento en el cuidado y crecimiento del niño puede parecer un desafío, pero debemos recordar que no tenemos que tratar de alcanzar la perfección sino estar dispuestos siempre a aprender y crecer con ellos.

BIBLIOGRAFÍA

- **ABC Familia** (2015, 27 de abril). La madre de los 13 hijos de Qatar: «Somos una familia normal». *ABC*. https://www.abc.es/familia-padres-hijos/20150427/abci-madre-quatar-hijos-201504011031.html

- **Academia Americana de Pediatría** (AAP) (21 de noviembre de 2015). Desarrollo social en niños en edad preescolar.

- **Adam & Mila.** (s. f.). Brain development in children 0-6 years. https://www.adam-mila.com/brain-development-children-0-6-years/

- **AEPNYA (s. f.).** Artículo de revista. https://aepnya.eu/index.php/revistaaepnya/article/view/880/972

- **Agudelo Gómez, L., Pulgarín Posada, L. A. y Tabares Gil, C.** (2017). *La estimulación sensorial en el desarrollo cognitivo de la primera infancia. Fuentes, 19* (1), 73-83.

- **Agudelo, Y.** (2017). *Crisis de Autoridad Positiva y Falta de Límites en la Crianza de los Hijos En 8 Familias del Barrio la Hojarasca* (Tesis de grado). Universidad Nacional Abierta y a Distancia UNAD. Colombia.

- **Aguirre Salazar, T. J.** (2021). *El desarrollo de la Autoestima Infantil en niños de 4 y 5 años.*

- **AILA Psicología.** (s. f.). Tipos de apego emocional y características. https://ailapsicologia.com/tipos-apego-emocional-caracteristicas/

- **Ainsworth M. D. S.**
  - (1991). Attachments and Other Affectional Bonds Across the Life Cycle. In Attachment Across the Life Cycle, C.M. Parkes, J. Stevenson-Hinde & P. Marris (Eds). Routledge.

  - Blehar MC, Waters E, Wall S. Patterns of attachment: a psychological study of the strange situation. Hillsdale, NJ: Lawrence Erlbaum Associates; 1978.

  - (1989). Attachments beyond infancy. *American psychologist, 44* (4), 709-716. https://doi.org/10.1037/0003-066X.44.4.709

  - Blehar, M. C., Waters, E. y Wall, S. N. (1978). Patterns of attachment: A psychological study of the strange situation. Londres, Reino Unido: Routledge.

- **Alava Mendoza, N. J., & Yagual Borbor, B. G.** (2024). *Aprendizaje por descubrimiento en el desarrollo de la curiosidad en niños de 4 a 5 años* (Bachelor's thesis, La Libertad: Universidad Estatal Península de Santa Elena. 2024).

- **Aldeas Infantiles SOS Perú.** (s. f.). Cuatro mitos sobre la paternidad. https://www.aldeasinfantiles.org.pe/noticias/cuatro-mitos-sobre-la-paternidad

- **Aldrete-Cortez, V., Carrillo-Mora, P., Mansilla-Olivares, A., Schnaas, L., & Esquivel-Ancona, F.** (2014). From emotional and cognitive regulation to selfregulation development in the first year of life.

- **Alondra** (s. f.). Colecho seguro con el bebé. https://alondra.es/blogs/news/colecho-seguro-con-el-bebe?gad_source=1&gclid=Cj0KCQiA5-uuBhDzARIsAAa21T-7kvhazKXduVszh3pnmSB1AnCM9VIhMDP0pakfCR-k8ewZuM-xz4-laArlJEALw_wcB

- Amamantar, una elección, un deseo. Comunidad de Madrid. 2008.

- **AQ Acentor** (s. f.). Mudanza con niños. https://aq-acentor.com/mudanza-con-ninos/

- **Araya, Y. C.** (2005). Una revisión crítica del concepto de creatividad. *Revista Electrónica Actualidades Investigativas en Educación*, 5 (1), 0.

- **Asociación Española de pediatría.** 2008. Manual de lactancia materna. De la teoría a la práctica.

- **Asociación REA** (s. f.). Apego. https://www.asociacionrea.org/?s=apego

- **Bales, D.** (1998). Better Brains for Babies. Nos. Publicación FACS 01-1 , 01-2 , 01- 4 , 01-6 y 01- College of Family and Consumer Science, University of Georgia.

- **Baranauskiene, I., & Saveikiene, D.** (2016). Estrategias de disciplina positiva. Construir puentes: promover el bienestar familiar, 1-253.

- **Barg Baltrame, G.** (2011). Bases neurobiológicas del Apego. Revisión Temática. Ciencias Psicológicas, 5(1), 69-81. Doi: 10.22235/cp.v5i1.101

- **Barylko, J.** (1995). *Los hijos y los límites*. Buenos Aires, Argentina: Emecé Editores, S. A.

- **Bebecenter.** (s. f.). ¿Qué es el apego seguro y cómo fomentarlo en mi bebé? https://www.bebecenter.es/blog/publicaciones/salud-y-bienestar/psicologia-del-bebe/que-es-el-apego-seguro-y-como-fomentarlo-en-mi-bebe/

- **Bebés y Más. (s. f.).**
  - Castigarle para que aprenda no sirve para educar: cómo criar de forma respetuosa sin castigos. https://www.bebesymas.com/ser-padres/castigale-aprenda-no-sirve-para-educar-como-criar-forma-respetuosa-castigos

  - El desarrollo psicomotor de bebés y niños. https://www.bebesymas.com/desarrollo/el-desarrollo-psicomotor-de-bebes-y-ninos

  - Llegada de un hermanito: qué puede sentir tu primer hijo y cómo acompañarlo. https://www.bebesymas.com/ser-padres/llegada-hermanito-que-puede-sentir-tu-primer-hijo-como-acompanarlo

- **Belén Picado Psicología.** (s. f.). Mentalización. https://belenpicadopsicologia.com/mentalizacion/

- **Benito, R.** (s. f.). Bases neurobiológicas del apego: el modelado de la figura significativa. https://xn--petalesespaa-khb.org/bases-neurobiologicas-del-apego-modelado-figura-significativa-rafael-benito/

- **Benlloch Bueno, S.** (2020). Teoría del Apego en la Práctica Clínica: Revisión teórica y Recomendaciones. *Revista de Psicoterapia, 31* (116), 169-189. https://doi.org/10.33898/rdp.v31i116.348

- **Bermejo, P.** (2002). La regulación afectiva, la mentalización y el desarrollo del self [Fonagy, P., Gergely, G., Jurist, E., Target, M.].

- **Bilbao, Á.** (s. f.). Los 5 «síes» y los 5 «noes» para recibir al recién nacido en casa sin dañar la confianza del hermano mayor. https://alvarobilbao.com/los-5-sies-y-los-5-noes-para-recibir-al-recien-nacido-en-casa-sin-danar-la-confianza-del-hermano-mayor

- **Blog Vitaliza.** (s. f.). Teoría del apego. https://blog.vitaliza.net/teoria-del-apego/

- **Bower, D.** (1998). Better Brains for Babies. Nos. Publicación FACS 01-3 y 01-5. College of Family and Consumer Science, University of Georgia.

- **Bowlby J.**
  - (1958). The Nature of the Child's Tie to His Mother. *International Journal of Psychoanalysis, 39,* 350-371.

  - Attachment. New York, NY: Basic Books; 1969. Attachment and loss; vol. 1.

  - (1977). The making and breaking of affectional bonds. *The British Journal of Psychiatry, 130* (3): 201-210.

  - (1988). *Una base segura.* Paidós. https://www.academia.edu/42798326/Una_base_segura_de_Bowlby

  - (1998). *El apego.* Tomo 1 de la trilogía *El apego y la pérdida.* Barcelona, Paidós

- **BROTHERSON, S.** Comprendiendo el Desarrollo del Cerebro en los Niños Pequeños.

- **Buencoco** (s. f.). Desregulación emocional. https://www.buencoco.es/blog/desregulacion-emocional

- **Cantón J, Cortés M. y Justicia, M.** Las consecuencias del divorcio en los hijos. *Psicopatología clínica legal forense.* 2002, 2 (3): 47-66.

- **Carson, T Carson, Thomas L.** (2006). *The Definition of Lying.* Nous.

- **Centro sobre el Niño en Desarrollo de la Universidad de Harvard.** (s. f.). Habilidades para la vida y el aprendizaje.

- **Child Mind Institute** (s. f.).
  - Cómo ayudar a los niños a calmarse. https://childmind.org/es/articulo/como-ayudar-a-los-ninos-a-calmarse/#%c2%bfqu%c3%a9-es-la-desregulaci%c3%b3n

  - Guía sobre cómo ayudar a los niños a enfrentar el duelo. https://childmind.org/es/guia/guia-sobre-como-ayudar-a-los-ninos-a-enfrentar-el-duelo/#block_65724381e3688

- **Children's Health** (s. f.). How to Help Your Child Adjust to a Move. https://es.childrens.com/health-wellness/how-to-help-your-child-adjust-to-a-move

- Company Romero, R. (2016). Psicología diferencial en regulación emocional adaptativa y desadaptativa. Universitat Ramon Llull, 2016.

- Comportamientos del sueño en recién nacidos y lactantes Por Deborah M. Consolini, MD, Thomas Jefferson University Hospital. Revisado/Modificado en septiembre de 2023.

- **Consejería de Sanidad, Junta de Comunidades de Castilla-La Mancha** (s. f.).
  - Lactancia artificial. https://toledo.sanidad.castillalamancha.es/ciudadanos/protege-tu-salud/mujer-y-recien-nacido/alimentacion/lactancia-artificial

  - Lactancia materna. https://toledo.sanidad.castillalamancha.es/ciudadanos/protege-tu-salud/mujer-y-recien-nacido/alimentacion/lactancia-materna

  - Guía de lactancia materna. https://toledo.sanidad.castillalamancha.es/files/documentos/guia_de_lactancia_materna_amamantar_0.pdf

  - (2002). Consejos para la lactancia materna.

- **Corona, M.** (s. f.). El apego y sus características. https://www.psic-maribelcorona.com/post/el-apego-y-sus-caracteristicas

- **CPA Psicólogos** (s. f.). Consecuencias de la falta de amor y cariño en la infancia. https://cpap-

sicologos.com/consecuencias-de-la-falta-de-amor-y-carino-en-la-infancia/#:~:text=Las%20razones%20por%20las%20que,por%20ello%20ser%C3%A1n%20mejores%20personas

- **Crianza Natural** (s. f.). El niño que no duerme. https://www.crianzanatural.com/art/art190.html

- **Criar con Sentido Común** (s. f.). La llegada de un hermano o hermana. https://www.criarconsentidocomun.com/la-llegada-de-un-hermano-o-hermana/

- **CuerpoMente** (s. f.).
  - La falta de cariño en la infancia: cómo nos afecta y cómo sanarnos. https://www.cuerpomente.com/salud-mental/falta-carino-en-indancia-como-nos-afecta-como-sanarnos_6572

  - Padres perfectos, hijos heridos. https://www.cuerpomente.com/blogs/ramon-soler/padres-perfectos-hijos-heridos_9115

- **Cuida Tu Vida** (s. f.). Habilidades sociales en niños. https://cuidatuvida.com/estilo-de-vida/habitos-saludables/habilidades-sociales-en-ninos/

- **CuidatePlus** (2016). Síntomas de la carencia afectiva en niños. https://cuidateplus.marca.com/familia/nino/2016/09/09/sintomas-carencia-afectiva-ninos-114217.html

- **Da Costa, S., Páez, D., Oriol, X. y Unzueta, C.** (2014). Regulación de la afectividad en el ámbito laboral: validez de las escalas de heteroregulación EROS y EIM. *Revista de Psicología del Trabajo y de las Organizaciones, 30* (1), 13-22. https://dx.doi.org/10.5093/tr2014a2

- **De Hoyos López, M. C.** (2015). ¿Entendemos los adultos el duelo de los niños? Acta Pediátrica Española, *73* (2), 27-32.

- **DeCasper, A. J., & Fifer, W. P.** (1980). Of human bonding: Newborns prefer their mothers' voices. *Science, 208* (4448), 1174-1176.

- **Editorial Aces** (s. f.). Consejos para corregir a un niño. http://educacion.editorialaces.com/consejos-para-corregir-a-un-nino/

- **Edmunds, E.** (2014). *Mindfulness training and social anxiety reduction in adolescents: a model training program* (Tesis Doctoral). Alliant International University, California School of Professional Psychology, San Francisco, Estados Unidos.

• **Educa Qualitas** (s. f.). El desarrollo social en los niños. https://educaquali-tas.com/el-desarrollo-social-en-los-ninos/

• **Educapeques (**s. f.). Etapas del desarrollo cognitivo del niño. https://www.educapeques.com/escuela-de-padres/etapas-del-desarrollo-cognitivo-del-nino.html

• **Educar es Todo** (s. f.).
  - ¿Por qué es mejor alentar que elogiar o premiar a nuestros hijos? https://educarestodo.com/blog/por-que-es-mejor-alentar-que-elogiar-o-premiar-a-nuestros-hijos/

  - ¿Qué hay detrás de un niño que quiere constantemente llamar la atención? https://educarestodo.com/blog/que-hay-detras-de-un-nino-que-quiere-constantemente-llamar-la-atencion/

• **Efisio Pediatría** (s. f.). Desarrollo del cerebro 0-6 años. https://efisiopedia-tric.com/desarrollo-del-cerebro-0-6-anos/

• **Ekman, P.** (1999). Basic emotions. En T. Dalgleish & M. J. Power (Eds.), *Handbook of Cognition and Emotion* (pp. 45- 60). Nueva York: John Wiley & Sons Ltd.

• **El Bebé** (s. f.). Desarrollo social en niños de 3 a 5 años: los primeros amigos. https://www.elbebe.com/ninos-3-5-anos/desarrollo-social-ninos-3-5-anos-primeros-amigos

• **El Confidencial** (2022, 29 de marzo). El llanto controlado: la técnica que puede solucionar la vida de padres y bebés. https://www.elconfidencial.com/alma-corazon-vida/2022-03-29/el-llanto-controlado-la-tecnica-que-puede-solucionar-la-vida-de-padres-y-bebes_3397979/

• **El Prado Psicólogos** (s. f.). Duérmete, niño (Stivill). https://www.elpradop-sicologos.es/blog/duermete-nino-stivill/

• **Enciclopedia Infantes** (s. f.). El apego durante los primeros años (0-5) y su impacto en el desarrollo. https://www.enciclopedia-infantes.com/apego/segun-los-expertos/el-apego-durante-los-primeros-anos-0-5-y-su-impacto-en-el-desarrollo

• **Engel, S.** (2011). Children's need to know: Curiosity in schools. *Harvard educational review, 81* (4), 625-645.

• **Eres Mamá** (s. f.). ¿Contarles la verdad a los niños? Hasta ¿qué punto? https://eresmama.com/contarles-verdad-ninos-hasta-que-punto/

- **Escuela Bitácoras** (2019). La paternidad comienza antes del parto: el papel del padre durante el embarazo. https://escuela.bitacoras.com/2019/03/13/la-paternidad-comienza-antes-del-parto-el-papel-del-padre-durante-el-embarazo/

- **Espriú, R. M.** (2005). *El niño y la creatividad*. México: Editorial Trillas Eduforma.

- **Estimulación Psicomotriz** (s. f.). Psicomotricidad. https://estimulacionpsicomotriz.com/psicomotricidad-8-2/

- **Fallis, D.** (2009). What is Lying? *Journal of Philosophy*.

- **Fermoso, D. A., Cruzes, G. C., & Ruiz, E. J. C.** (2019). Habilidades sociales en niños de primaria. *IE Revista de Investigación Educativa de la REDIECH, 10* (19), 191-206.

- **Fernández, L.** (8 de mayo de 2020). 5 fórmulas para desarrollar las habilidades sociales en tu hijo. Eres Mamá.

- **Fernández-Abascal, E. G., Rodríguez, B. G., Sánchez, M. P. J., Díaz, M. D. M., & Sánchez, F. J. D.** (2010). *Psicología de la emoción*. Editorial Universitaria Ramón Areces.

- **Fernández, R.** (2007). Disciplina positiva. Una herramienta imprescindible en la metodología comunicativa. *Revista Electrónica de Didáctica ELE*, (5), 1-25. http://www.educadores.diaadia.pr.gov.br/arquivos/File/2010/artigos_teses/LinguaEspanhola/artigos/4fernandez_disciplina_positiva_2007.pdf

- **Fonagy, P. y Target, M.** (1998). Mentalization and changing aims of child psychoanalysis. *Psychoanalytic Dialogues, 8*, 87-114.

- **Formainfancia** (s. f.). Desarrollo psicomotor.

- **Gago, J.** (2014). Teoría del apego. El vínculo. *Escuela Vasco Navarra de Terapia Familiar, 11*, 1-11.

- **Garaigordobil, L.** (2006). Efectos del juego en la creatividad infantil. *Revistas Científicas Complutenses, 21*.

- **García de León, S.** (2019). *La conducta de apego: sus diversos factores: ¿Un nuevo tipo de apego?* Editorial Académica Española.

- **García Vega, L.** (2020). *Castigar no es educar: Todas las ventajas de la disciplina positiva.* La Esfera de los Libros.

- **García-Rubio, C., Luna Jarillo, T., Castillo Gualda, R. y Rodríguez-Carvajal, R.** (2016). *Impacto de una intervención breve basada en mindfulness en niños: un estudio piloto.*

- **Garnefski, N. y Kraaij, V.** (2006). Relaciones entre estrategias de regulación cognitiva de las emociones y síntomas depresivos: un estudio comparativo de cinco muestras específicas. *Personalidad y diferencias individuales, 40* (8), 1659-1669.

- **Gazzaniga, M.**(2015). *El cerebro ético.* España: Paidós.

- **Glover, M.** (26 de junio de 2018). Cómo mejorar las habilidades sociales en niños. Psicología Online.

- **Golanó Fornells, M.** (2015). La mentalización parental durante la primera infancia: Adaptación y Validación de la Parent Development Interview (PDI).

- **Gómez Sánchez, C., Lopera Vanegas, E. N., y Rodríguez Bustamante, A.** (enero-junio, 2020). Separación conyugal, efectos en la salud mental de los hijos. *Poiésis*, (38), 107-129. DOI: https://doi.org/10.21501/16920945.3557

- **Gómez-León, M. I.** (2020). Bases psicobiológicas de la creatividad en los niños con altas capacidades. *Psiquiatría biológica, 27* (1), 28-33.

- **González, C., Carranza, J.A., Fuentes, L.J., Galián, M.D. y Estévez, A. F.** (2001). Mecanismos atencionales y el desarrollo de la autorregulación en la infancia. *Anales de Psicología, 17* (2), 275- 286. Recuperado de: http://www.um.es/analesps/v17/v17_2/11-17_2.pdf

- **González, J. V. R.** (2016). La curiosidad en el desarrollo cognitivo: análisis teórico. *Zegusqua*, (6), 1-20.

- **Gross, J. J.**
    - (2013). Emotion regulation: Taking stock and moving forward. *Emotion Review, 13*, 359-365. DOI: 10.1037/ a0032135

    - Feldman, L. (2011). Emotion generation and emotion regulation: One or two depends on your point of view. *Emotion Review, 3*, 8-16. DOI: 10.1177/ 1754073910380974

- **Guerrero, E.** (2014). *Poner límites: Una manera de amar a los hijos. Una propuesta de talleres para padres y madres de niños de 5 años* (Doctoral dissertation, Disertación Previa a la obtención del título de Licenciatura en Ciencias de la Educación con Especialización en Docencia Parvularia).

- **Guía del Niño** (s. f.). 5 juegos para que el niño gane en autonomía. https://www.guiadelnino.com/educacion/el-nino-de-2-a-3-anos/5-juegos-para-que-el-nino-gane-en-autonomia

- **Guía Infantil** (s. f.).
    - Ejercicios de estimulación motriz para los bebés. ttps://www.guiainfantil.com/articulos/bebes/estimulacion/ejercicios-de-estimulacion-motriz-para-los-bebes/

    - Guía Infantil (s. f.). La importancia de la amistad en la infancia. https://www.guiainfantil.com/a

    - Guía Infantil (s. f.). 7 maneras de mostrar respeto a los niños para que aprendan a respetar. https://www.guiainfantil.com/familia/padres/7-maneras-de-mostrar-respeto-a-los-ninos-para-que-aprendan-a-respetar/

    - Guía Infantil (s. f.). La responsabilidad: educar en valores a los niños. https://www.guiainfantil.com/articulos/educacion/valores/la-responsabilidad-educar-en-valores-a-los-ninos/

- **Guillermo, G. A. y Del Carmen, I.** (s. f.). *Regulación emocional en niños y adolescentes.* Universidad Pontificia Comillas. https://repositorio.comillas.edu/xmlui/bitstream/handle/11531/31893/GullAn%20Guillermo%2c%20Iciar%20del%20Carmen.pdf?sequence=1&isAllowed=y

- **HealthyChildren.org** (s. f.).
    - Adjusting to Divorce. https://www.healthychildren.org/spanish/family-life/family-dynamics/types-of-families/paginas/adjusting-to-divorce.aspx

    - Bathing Your Newborn. https://www.healthychildren.org/Spanish/ages-stages/baby/bathing-skin-care/Paginas/bathing-your-newborn.aspx

- **Heras Sevilla, D.** (2016). Desarrollo emocional en la infancia. Un estudio sobre las competencias emocionales de niños y niñas. *Revista INFAD De Psicología. International Journal of Developmental and Educational Psychology, 1* (1), 67-74. https://doi.org/10.17060/ijodaep.2016.n1.v1.217

- **Hospital Manises** (s. f.). Cordón umbilical. https://www.hospitalmanises.es/blog/cordon-umbilical/

- https://www.imageneseducativas.com/15-juegos-de-clase-para-desarrollar-habilidades-sociales-en-ninos/

- **Infobae** (2022, 11 de mayo). Mito de la teoría del apego: el niño necesita más que solo a la madre. https://www.infobae.com/america/agencias/2022/05/11/mito-de-la-teoria-del-apego-el-nino-necesita-mas-que-solo-a-la-madre/

- **Instituto Carl Rogers** (s. f.). Tipos de apego. https://www.institutocarlrogers.org/tipos-de-apego/

- **Instituto Colombiano de Bienestar Familiar (ICBF)** (s. f.). Efectos del castigo físico y el maltrato en el desarrollo de los niños. https://www.icbf.gov.co/ser-papas/efectos-del-castigo-fisico-y-el-maltrato-en-el-desarrollo-de-los-ninos

- **Instituto Nacional de Salud Infantil y Desarrollo Humano Eunice Kennedy Medline Plus** (11 de octubre de 2018). Desarrollo de los niños en edad preescolar.

- **Izquierdo Alfonso, R. D., Jaime Cortes, J. P. y Meladze, M.** (2018). Guía para fomentar la creatividad en los niños de preescolar (4-6 años).

- **Jové, R.** (2006). *Dormir sin lágrimas: dejarle llorar no es la solución*. La Esfera de los Libros.

- **Kaizen Familia** (s. f.). La importancia de los límites para los niños. https://www.kaizenfamilia.es/la-importancia-de-limites-para-los-ninos/

- **KidsHealth** (s. f.).
    - Alimentación del recién nacido. https://kidshealth.org/es/parents/feednewborn.html

    - Cólicos. https://kidshealth.org/es/parents/colic.html

- **Kinedu (2014).** La importancia de la curiosidad en el aprendizaje y cómo desarrollarla. http://blog-es.kinedu.com/la-importancia-de-lacuriosidad-en-el-aprendizaje-y-como-desarrollarla/

- **La Mente es Maravillosa** (s. f.).
    - ¿Es verdad que los niños se portan mal para llamar la atención? https://lamenteesmaravillosa.com/es-verdad-ninos-se-portan-mal-llamar-atencion/

    - Cómo fomentar la creatividad de los niños. https://lamenteesmaravillosa.com/fomentar-la-creatividad-de-los-ninos/

    - La neurobiología del apego humano. https://lamenteesmaravillosa.com/la-neurobiologia-del-apego-humano/

    - Las etapas del vínculo de apego. https://lamenteesmaravillosa.com/las-etapas-del-vinculo-de-apego/

- **La Nación** (2022, 25 de agosto). Una pediatra explica por qué los padres perfectos son un mal ejemplo. https://www.lanacion.com.ar/salud/una-pediatra-explica-porque-los-padres-perfectos-son-un-mal-ejemplo-nid25082022/

- **La Rioja** (2018, 31 de julio). Neurodesarrollo: los primeros años. https://www.larioja.com/culturas/neurodesarrollo-anos-20180731235613-ntvo.html?ref=https%3A%2F%2Fwww.larioja.com%2Fculturas%2Fneurodesarrollo-anos-20180731235613-ntvo.html

- **La Semilla Violeta** (s. f.).
    - ¿Debemos contar la verdad a los niños y niñas? https://lasemillavioleta.es/debemos-contar-la-verdad-a-los-ninos-y-ninas/

    - Cómo la presencia del adulto influye en el desarrollo de la infancia. https://www.lasemillavioleta.es/como-la-presencia-del-adulto-influye-en-el-desarrollo-de-la-infancia/

- **La Vanguardia** (2014, 19 de marzo). La Contra: Anna Rigat. https://www.lavanguardia.com/lacontra/20140319/54403798865/la-contra-anna-rigat.html

- **Lacunza, A. B.** (2009). Las habilidades sociales como recursos para el desarrollo de fortalezas en la infancia.

- **Le Boulch** (1995). *El desarrollo psicomotor desde el nacimiento hasta los 6 años.* Barcelona: Editorial Paidós.

- **Libella Psicología (s. f.).** Problemas psicológicos en los niños tras la separación de sus padres. https://libellapsicologia.es/tratamientos-y-trastornos/trastornos-en-la-etapa-infantil-y-adolescente/problemas-psicologicos-en-los-ninos-tras-la-separacion-de-sus-padres/

- **Linehan, M. M., Bohus, M., & Lynch, T. R.** (2007). Dialectical behavior therapy for pervasive emotion dysregulation: Theoretical and practical underpinnings. En K. D. Vohs & R. F. Baumeister (Eds.), Handbook of self-regulation: Research, theory, and applications (pp. 581-605). Guilford Press.

- **López Sánchez, P.** (2003). *Los límites y la sobreprotección.* Aula libre.

- **López, A. y González, J. V. R.** (2013). La curiosidad en el desarrollo cognitivo: análisis teórico. *Una ciencia. Revista de Estudios e Investigaciones,* 6 (11), 116-128.

- **López, F.** (2009). *Amores y desamores: procesos de vinculación y desvinculación sexuales y afectivos.* Madrid: Biblioteca Nueva.

- **Maestra de Corazón** (s.f.). Juegos de apego. https://maestradecorazon. com/juegos-de-apego

- **Magisnet** (2021, 15 de abril). Más presencia paterna y menos agenda infantil: claves para educar a los hijos. https://www.magisnet.com/2021/04/ mas-presencia-paterna-y-menos-agenda-infantil-claves-para-educar-a-los-hijos/

- **Maguaré** (s. f.). Diversidad y Primera Infancia. https://maguared.gov.co/ wp-content/uploads/2017/10/DiversidadyPrimeraInfancia.pdf

- **Martínez-Escribano, L., Piqueras, J. A. y Salvador, C.** (2017). Eficacia de las intervenciones basadas en la atención plena (mindfulness) para el tratamiento de la ansiedad en niños y adolescentes: una revisión sistemática. *Psicología Conductual,* 25 (3), 445-463

- **Martínez-Pampliega, A., Iraurgi, I., Sanz M. e Iriarte, L.**
    - (2007). Impacto de la ruptura familiar y del conflicto interparental en el bienestar de los hijos. En C. Guillén y R. Guil (Coords.). Psicología Social: un encuentro de perspectivas, v. I, pp. 1183-1194. Actas del X Congreso Nacional de Psicología Social. Ed. Asociación de Profesionales de Psicología Social, Cádiz.

    - Impacto de la ruptura matrimonial en el bienestar físico y psicológico de los hijos. Síntesis de los resultados de una línea de investigación. *La Revue du REDIF.* 2009; 2:7-18.

- **Materna** (s. f.). Los 10 mitos y los 10 principios de la crianza. http://www. materna.com.ar/articulos/9292-los-10-mitos-y-los-10-principios-de-la-crianza

• **Medac.** (s. f.). Crianza con apego. https://medac.es/blogs/sociocultural/crianza-con-apego

• **Mejor con Salud** (s. f.). Motivos por los que los niños se portan mal. https://mejorconsalud.as.com/motivos-ninos-portan-mal/

• **Mentes Abiertas Psicología** (s.f.).
    - ¿Qué es el apego desorganizado? https://www.mentesabiertaspsicologia.com/blog-psicologia/que-es-el-apego-desorganizado#:~:text=Caracter%C3%ADsticas%20del%20apego%20desorganizado,desequilibrio%20en%20el%20ni%C3%B1o%2Fa

    - Tipos de apego y sus implicaciones psicológicas. https://www.mentesabiertaspsicologia.com/blog-psicologia/tipos-de-apego-y-sus-implicaciones-psicologicas

• **Mercer, J.** (2006). *Understanding Attachment: Parenting, child care, and emotional development* (en inglés). Westport, CT: Praeger Publishers. ISBN 0-275-98217-3. OCLC 61115448. LCCN 2005019272.

• **Mesa, A. M. y Gómez, A. C.** (2010). La Mentalización como estrategia para promover la Salud Mental en bebés prematuros. *Revista Latinoamericana de Ciencias Sociales, Niñez y Juventud, 8* (2),835-848. ISSN: 1692-715X. https://www.redalyc.org/articulo.oa?id=77315155005

• **Mi Bebé y Yo** (s. f.).
    - Cólicos del lactante. https://mibebeyyo.elmundo.es/enfermedades/enfermedades-bebes/colicos-del-lactante-1784

    - El lenguaje en el niño: etapas. https://mibebeyyo.elmundo.es/bebes/salud-bienestar/psicologia/lenguaje-nino-etapas-521

• **Mis Primeros Tres** (s. f.). ¿Existen los padres perfectos? https://misprimerostres.org/categoria/acompanamiento-primera-infancia-dos-anos/existen-los-padres-perfectos/

• **Moneta C., M. E.** (2014). Apego y pérdida: redescubriendo a John Bowlby. *Revista Chilena de Pediatría, 85* (3), 265-268. https://dx.doi.org/10.4067/S0370-41062014000300001

• **Montagud Rubio, N.** (2021, junio 9). Los 15 tipos de mentiras y sus características. Portal Psicología y Mente. https://psicologiaymente.com/social/tipos-mentiras

- **Montessori Space** (s. f.). El apego en los primeros años. https://montessorispace.com/blog/el-apego-en-los-primeros-anos/

- **Mora Gutiérrez, A.** (2019). El desarrollo y fortalecimiento de la autoestima desde la infancia y la educación infantil.

- **Mujer Hoy** (2019, 30 de septiembre). Cómo ser padres perfectos. https://www.mujerhoy.com/actualidad/201909/30/como-ser-padre-madre-perfectos-isabel-menendez-rev-20190930083600.html?ref=https%3A%2F%2Fwww.mujerhoy.com%2Factualidad%2F201909%2F30%2Fcomo-ser-padre-madre-perfectos-isabel-menendez-rev-20190930083600.html

- **Neuro Class** (s. f.).
    - Apego y neurociencia: La mente en desarrollo. https://neuro-class.com/apego-y-neurociencia-la-mente-en-desarrollo/

    - El castigo según la disciplina positiva. https://neuro-class.com/el-castigo-segun-la-disciplina-positiva/

- **NeuronUP** (s. f.). La teoría del apego: ¿Qué es, postulados, aplicaciones y trastornos? https://www.neuronup.com/neurociencia/neuropsicologia/la-teoria-del-apego-que-es-postulados-aplicaciones-y-trastornos/

- **Ochsner, K. N., Silvers, J. A., & Buhle, J. T.** (2012). Functional imaging studies of emotion regulation: a synthetic review and evolving model of the cognitive control of emotion. *Annals of the new York Academy of Sciences, 1251* (1), E1-E24.

- **Olle J, Sahler MD.** El niño y la muerte. *Pediatric Review.* 2000; *21* (10): 350-353

- **Palau, E.** (2005). *Aspectos básicos del desarrollo infantil. La etapa de 0 a 6 años.* Barcelona: Ediciones CEAC

- **Parra, M., Montañés, J., Montañés, M. y Bartolomé, R.** (2012). Conociendo mindfulness. Ensayos, *Revista de la Facultad de Educación de Albacete, 27,* 24-46.

- **Partanen, E., Kujala, T., Tervaniemi, M., & Huotilainen, M.** (2013). Prenatal music exposure induces long-term neural effects. *PloS one, 8* (10), e78946.

- **Pediatría Integral** (2015) Desarrollo psicomotor normal. XIX (9): 640.e1-640.e7

- **Pieiro, E.** (s.f.). La regulación emocional en los primeros meses de vida. https://xn--elenapieiro-7db.com/la-regulacion-emocional-en-los-primeros-meses-de-vida/

- **Portilla Castellanos, S. A.** (2015). Disciplina positiva una estrategia de amor para la promoción de pautas de crianza y manejo de las emociones. *Nuevos Cuadernos de Pedagogía*, 1 (5), 11-17. http://hdl.handle.net/20.500.12749/13838

- **Psicología Infantil Mallorca** (s.f.). El castigo y su impacto en niños y progenitores. https://psicologiainfantilmallorca.com/el-castigo-y-su-impacto-en-ninos-y-progenitores/

- **Psicología Online** (s. f.). Tipos de apego emocional. https://www.psicologia-online.com/tipos-de-apego-emocional-3830.html#anchor_1

- **Psicología y Mente** (s. f.). Apego desorganizado. https://psicologiaymente.com/desarrollo/apego-desorganizado/

- **Psisemadrid** (s. f.). Teoría del apego. https://psisemadrid.org/teoria-del-apego/

- **Quirónsalud** (s. f.). Actividades de estimulación para el desarrollo psicomotor. https://www.quironsalud.com/kenko/es/0-2-anos-53b0f/actividades-estimulacion-desarrollo-psicomotor

- **Ranzabal, K.** (s. f.). Tareas para niños según edad: Consejos para padres. https://katiaranzabal.com/consejos-para-padres/tareas-ninos-segun-edad/

- **Rehacertuvida** (s. f.). Educación de los hijos: apego seguro. https://www.rehacertuvida.com/educacion-de-los-hijxs/apego-seguro

- **Ribero-Marulanda, S., & Vargas Gutiérrez, R. M.** (2013). Análisis bibliométrico sobre el concepto de regulación emocional desde la aproximación cognitivo-conductual: una mirada desde las fuentes y los autores más representativos / Bibliometric analysis on the concept of emotional regulation from cognitive behavioral approach: a view from the sources and representative authors. *Psicología Desde El Caribe*, (3), 495.

- **Rojas Maldonado, A. P., Sanabria López, D. P. y Suárez López, C. J.** (2016). *Material educativo sobre la disciplina positiva, como una alternativa al castigo físico y humillante* [Trabajo de Grado, Pontificia Universidad Javeriana]. Repositorio Institucional, Pontificia Universidad Javeriana.

• **Rubio Díaz, M. F.** (2018). Estrategias lúdicas para potenciar la curiosidad, a través de la experimentación científica, en los niños/as de 3 años.

• **Ruiz de Miguel, C.** (1999). La familia y su implicación en el desarrollo infantil. *Revista complutense de educación, 158,* 1130-2496.

• **Sabater, V.** (6 de junio de 2019). Cómo desarrollar las habilidades sociales en los niños. La Mente es Maravillosa.

• **Sabatier, C., Restrepo Cervantes, D., Moreno Torres, M., Hoyos De los Rios, O., &Palacio Sañudo, J.** (2017). Emotion Regulation in Children and Adolescents: concepts, processes and influences / Regulación emocional en niños y adolescentes:conceptos, procesos e influencias. *Psicología Desde El Caribe,* (1), 101.

• **Salamero Baró, M.** La mentalización parental en la investigación y la clínica con padres: La Parent Development Interview-Revised (PDI-R). Adaptación y validación al castellano y al catalán.

• **Santa Cruz, F. F. y D'Angelo, G.**
 - (2020). Disciplina positiva para el desarrollo de las habilidades emocionales. *Revista de Investigación Psicológica,* (24), 53-74. http://www.scielo.org.bo/scielo.php?script=sci_arttext&pid=S2223-30322020000200005&lng=es&tlng=es

 - (2020). Disciplina positiva para el desarrollo de las habilidades emocionales. *Revista de Investigación Psicológica,* (24), 53-74.

• **Sapos y Princesa**s (s. f.). Juegos para mejorar la autoestima en niños. https://saposyprincesas.elmundo.es/ocio-en-casa/juegos-para-ninos/juegos-mejorar-autoestima-ninos/

• **Sauceda-García, J. M., Olivo-Gutiérrez, N. A., Gutiérrez, J., & Maldonado-Durán, J. M.** (2006). El castigo físico en la crianza de los hijos: Un estudio comparativo. *Boletín médico del Hospital Infantil de México, 63* (6), 382-388.

• **Semple, R. J., Lee, J., Rosa, D. y Miller, L. F.**
 - (2010). A randomized trial of mindfulness-based cognitive therapy for children: promoting mindful attention to enhance socialemotional resiliency in children. *Journal of Child and Family Studies, 19,* 218-229.

 - (2005). Treating anxiety with mindfulness: an open trial of mindfulness training for anxious children. *Journal of Cognitive Psychotherapy: An International Quarterly, 19,* 379-392.

• **Silk, J.S., Steinberg, L., Myers, S.S., & Robinson, L.R.** (2007). The role of the family context in the developmental of emotion regulation. *Social Development, 16* (2), 361-388. http://www.ncbi.nlm.nih.gov/pubmed/19756175

• **Sinews** (s. f.). La importancia de poner límites y cómo hacerlo en niños y adolescentes. https://www.sinews.es/es/la-importancia-de-poner-limites-y-como-hacerlo-ninos-y-adolescentes/

• **Sipos L. y Solano, C.** El duelo en los niños. Psiquiatría.com. 2001. http://www.psiquiatria.com/depresion/el-dueloen-los-ninos/

• **Siquia** (s. f.). Apego evitativo y salud mental: relación. https://www.siquia.com/blog/apego-evitativo-y-salud-mental-relacion/

• **Soler, E.** (1992). *La Educación Sensorial en la Educación Infantil.* Madrid: Rialp, S.A

• **Solo Hijos** (s. f.). Respetar a los hijos. https://www.solohijos.com/web/respetar-a-los-hijos/

• **Solter, A.**
  - (1992). Understanding tears and tantrums. *Young Children, 47* (4), 64-68.

  - (1998). *Tears and tantrums: What to do when babies and children cry.* Goleta, CA: Shining Star Press.

• **Sureda García, I., García-Bacete, F. J., & Monjas Casares, M. I.** (2009). Razones de niños y niñas de diez y once años para preferir o rechazar a sus iguales. *Revista latinoamericana de psicología, 41* (2), 323-334.

• **Suyon Ocaña, Z. J.** (2019). *Consecuencias del apego infantil.* Repositorio Institucional UNAT. https://repositorio.untumbes.edu.pe/handle/20.500.12874/1291

• **Toloza, N., Valero, Y. M., Barbosa, L., Perea, P., Fierro, N., Cañón, G. y Palacios, R.** Los niños y niñas descubriendo el mundo..., contagiados por la curiosidad. de experiencias de acompañamiento in situ 2016, 249.

• **Tottenham, N. et al.** (2010). The NimStim set of facial expressions: judgments from untrained research participants. *Psychiatry Research, 168* (3), 242-249.

• **Tu Canal de Salud.** (s.f.). Aprende a estimular el lenguaje del bebé. https://www.tucanaldesalud.es/es/tusaludaldia/articulos/aprende-estimular-lenguaje-bebe#:~:text=Desarrollo%20del%20lenguaje%20en%20 reci%C3%A9n%20nacidos&text=A%20 partir%20del%20segundo%20mes%2C%20 los%20beb%C3%A9s%20comienzan%20 a%20emitir,emitir%20sonidos%20de%20ma- nera%20espont%C3%A1nea

- **Tu Conducta** (s. f.). Tipos de apego. https:// www.tuconducta.com/guia-infantil/tipos- de-apego

- **Turner M.** (1998). Cómo hablar con niños y jóvenes sobre la muerte y el duelo. Barce- lona: Paidós.

- **Understood** (s. f.). La diferencia entre disciplina y castigo. https://www. understood.org/es-mx/articles/the-difference-between-discipline-and- punishment

- **Universidad de León** (s. f.). La responsabilidad. https://educar.unileon.es/ Antigua/practicu/responsa.htm

- **Universidad Francisco de Vitoria** (s. f.). La teoría del desarrollo cogniti- vo de Piaget. https://www.ufv.es/cetys/blog/la-teoria-del-desarrollo- cognitivo-de-piaget/#:~:text=Seg%C3%BAn%20Piaget%2C%20los%20 ni%C3%B1os%20interact%C3%BAan,de%20sus%20esquemas%20menta- les%20existentes

- **Universidad Internacional de La Rioja** (UNIR) (s. f.). Estimulación sensorial en educación infantil. https://www.unir.net/educacion/revista/estimula- cion-sensorial-educacion-infantil/

- **Valiente, C. M.** (2017). La creatividad, una revisión científica. *Revista cien- tífica de Arquitectura y Urbanismo, 38* (2), 53-62.

- **Van der Graaff, J., Branje, S., De Wied, M., Hawk, S., Van Lier, P., & Meeus, W.** (2014). Perspective taking and empathic concern in adolescence: gender differences in developmental changes. *Developmental psycho- logy, 50* (3), 881.

- **Vera Castro, J. S.** (2018). Estrategias para desarrollar la creatividad en los niños de etapa preescolar del centro de educación inicial el Clavelito, año lectivo 2016-2017 (Bachelor's thesis).

- **Verdú, A.** Manual de Neurología Infantil. 2.ª edición. Editorial Panameri- cana.

- **Vínculos** (s. f.). 10 mitos de crianza desmentidos por el Dr. Barbuchas. https://vinculos.co/10-mitos-de-crianza-desmentidos-por-el-dr-barbuchas

- **Zimmermann, P. & Iwanski, A.** (2014). Emotion regulation from early adolescence to emerging adulthood and middle adulthood: Age differences, gender differences, and emotion-specific developmental variations. *International Journal of Behavioral Development, 38*, 182-194. Doi: 10.1177/0165025413515405